중국 현대 신유학의 자아전환

중국 현대 신유학의 자아전환

최대우 · 이경환 옮김

전남대학교출판부

이 책은 李明輝의 『當代儒學之自我轉化』(中央硏究院 中國文哲硏究所, 民國83)를 완역한 것이다.

옮긴이의 말

일반적으로 중국철학의 특징을 한 마디로 말한다면 천인합일(天人合一) 내지는 내성외왕(內聖外王)의 추구일 것이다. 이것은 중국철학의 이론과 실천 모두를 중시하였던 과거의 전통을 정확히 반영한 말이다. 칸트의 용어를 빗대어 말하면 이론 없는 실천은 맹목이고 실천 없는 이론은 공허하기 때문이다.

현대 중국철학의 흐름은 크게 현대 신유학, 자유주의, 마르크스주의로 나누어진다. 자유주의는 5·4신문화 운동 이후 큰 영향력을 발휘하였다. 그러나 오늘날 그들이 기치로 내걸었던 전통에 대한 부정 혹은 비판을 주장하는 학자는 거의 찾아볼 수 없게 되었다. 원인은 중국사회의 역사적 상황이 이미 크게 변화하였기 때문일 것이지만, 더 근본적으로는 스스로 전통문화를 부정함으로써 자신이 서 있을 곳이 없게 되었기 때문이다.

현재 중국 대륙의 주도적 사상은 마르크스주의이다(이른바 모택동주의를 포함한다). 1920년대 형성된 중국의 마르크스주의가 중국 대륙의 공산화(1949)로 주도적 지위를 차지하면서 전반적으로 철학사유의 이론적 기반이 되었다. 그러나 학술영역(모종삼의 표현으로 學統에 해당한다)에 정치영역이 개입되면서(모종삼의 표현으로 政統이다) 학술은 이미 학술이 아니라 하나의 정치적 선전물이 되어버렸다. 그 폐단이 지난 20세기의 역사, 특히 문화혁명 때 남김없이 드러났다. 그러나 현재 중국 대륙의 공산당 정부도 정치적 변화를 도모하고 있다. 그들 역시 공산당 일당에 의한 통치의 취약성을 잘 알고 있기에 현재 변화의 길을 모색하고 있는 것이다. 그것은 먼저 등소평(鄧小平)의 개혁개방(改革開放) 정책으로 나타났다. 그렇지만 이것은 어디까지나 경제적 측면일 뿐이다. 앞으로 남은 것은 이른바 정치적 개혁개방일 것이다.

결국 위에서 말한 세 가지 학술 경향에서 남은 것은 현대 신유학뿐이다. 현대 신유학의 출발점은 중체서용(中體西用)에 있다. 19세기 초 아편전쟁의 패배는 전통 중국사회에 큰 충격을 주었다. 이 충격은 이전의 중국 유학이 겪어보지 못했던 것으로 유학을 근본에서부터 동요하게 만들었다. 이 과정에서 발생한 문제가 이른바 내성외왕에서 신외왕(新外王)의 문제였다. 여기에서 신외왕은 서양의 민주와 과학을 의미하는 것으로, 이것을 어떻게 받아들일 것인가 하는 것이었다. 달리 말해서 이것은 중국의 정신과 서양의 물질을 융합하는 문제였다. 그러나 중체서용파의 이러한 작업은 결국 실패로 끝났다.

중체서용이 중국을 체(體)로 하고 서양을 용(用)으로 삼아 중국을 중심으로 서양의 물질문명을 받아들이고자 한 노력이라고 한다면, 현대 신유학은 여기에서 한 걸음 더 나가 중학(中學)과 서학(西學)의 체와 용의 융합을 시도한 것이다. 이 문제가 이 책에서는 유가철학과 칸트철학의 융합으로 나타나고 있다. 이와 관련된 내용은 이 책의 「제1장 모종삼 철학에서 "물자체" 개념」, 「제2장 모종삼 사상에서 유가와 칸트」에 잘 나타나 있다. 그러나 여기에서 간과할 수 없는 것은 중국철학과 서양철학의 근본적 차이점이다. 중국철학과 서양철학의 융합이 중요하지만 그들 사이에 존재하는 차이는 무시할 수 없기 때문이다. 이 주제를 보여주는 것이 「제4장 유가사상에서 내재성과 초월성」이다. 모종삼의 관점에 의하면 중국철학과 서양철학의 각각의 특징은 내재초월(內在超越)과 외재초월(外在超越)로 나타난다. 이러한 작업은 앞으로도 오랜 기간 이루어져야 할 과제이다.

중국 대륙에서는 중국 공산당 정부의 주도로 80년대 이후 유학연구가 활발하게 이루어지고 있다. 그 결과 중국 정부에 의해 '현대신유가사조연구'(現代新儒家思潮硏究)가 '75'기간국가중점연구과제(七五期間國家重點硏究課題)가 되었다. 그러나 그 의도와 방법은 여전히 큰 문제점을 보여주고 있다. 현재 중국 대륙에서 정부 주도하에 유학연구가 이루어지고 있다는 점은 여러 가지 측면에서 의혹을 일으킨다. 혹여 과거의 전통 유학이 보여주었던 폐단을 되풀이하지 않을까 하는 염려이다. 따라서 이러한 불신을 해소하려면 현대 신유학은 무엇보다도 먼저 자유주의자와 대륙의 일부 유학자들이 비판하고 있는 것처럼 전통 유학 자체에 대한 철저한 자기반성이 전제되어야 한다. 만약 철저한 자기반성이 전제되지 않은 상황에서 이른바 유학부흥을 내세운다면 현대 신유학은 다시 정권에 이용되어 과거의 전통 유학이 보여주었던 '사람을 잡아먹는 예'라는 폐단을 되풀이하게 될 것이고 그 재앙은 매우 심각할 것이다. 이 점이 바로 자유주의자가 두려워했던 문제라고 생각된다. 이와 관련된 내용이 이 책의 「제3장 서복관과 은해광」, 「부록: 중국 대륙의 현대 신유학 연구-배경 · 성과와 평가」의 핵심 주제이다.

위에서 간략히 설명한 내용은 전통과 현대를 어떻게 연결할 것인가 하는 문제로 귀결된다. 그러나 전통과 현대의 관계는 하나를 긍정하고 다른 하나를 부정하는 방식의 배타적인 것이 되어서는 안 된다. 이것이 성공할 수 없음은 이미 역사적으로 증명되었기 때문이다. 그렇다고 해서 전통과 현대를 어정쩡하게 땜질하는 방식으로 해결할 수도 없다. 이 책에서 말하는 것처럼 '자아전환'을 통해 융합하는 수밖에 없다. 이에 관한 내용이 「제5장 현대 신유가의 도통론」에서 논의하고 있는 도통(道統), 정통(政統), 학통(學統)의 문제이다.

아무튼 이 책에서 다루고 있는 여러 가지 주제들은 현재 중국 철학이 해결해야만 하는 여러 가지 핵심 과제들이다.

번역 과정에서 칸트의 원전 부분은 백종현의 번역본을 참조하였다. 그 문헌의 목록은 다음과 같다.

Ⅰ. 칸트, 『순수이성비판』 (1/2), 백종현 옮김, 아카넷, 2013/2011

Ⅰ. 칸트, 『판단력비판』, 백종현 옮김, 아카넷, 2012

Ⅰ. 칸트, 『실천이성비판』, 백종현 옮김, 아카넷, 2012

Ⅰ. 칸트, 『윤리형이상학 정초』, 백종현 옮김, 아카넷, 2011

번역의 어려움을 실감한다. 개념의 이해, 번역 용어의 선택 등 번역자의 역량을 넘는 문제들이 너무 많았다. 번역에 분명 여러 가지 오류가 있을 것이라 생각한다. 다만 중대한 오류가 없기를 기대할 뿐이다. 잘못된 부분은 다음에 기회가 주어진다면 바로잡도록 하겠다.

이 책의 번역과 출판은 여러 사람들의 도움으로 가능하였다. 특히 인물색인과 개념색인은 철학과 박사과정에 있는 최영희 선생의 도움이 있었다. 도움을 주신 모든 분들께 감사드립니다.

최대우 · 이경환

목차

옮긴이의 말 ____________ 5

서 언 13

이끄는 말: 현대 유학의 자아전환 22

제1장 모종삼 철학에서 "물자체" 개념 51
제2장 모종삼 사상에서 유가와 칸트 90
제3장 서복관과 은해광 135
제4장 유가사상에서 내재성과 초월성 187
제5장 현대 신유가의 도통론 214

부록: 중국 대륙의 현대 신유학 연구 — 배경 · 성과와 평가 247

참고문헌 271
인물색인 284
개념색인 288

서 언

이 책은 필자가 최근 2년 동안 현대 유학의 자아전환과 그 지위를 새롭게 정하는 문제를 고찰하여 얻은 약간의 성과이다. 근 백여 년 이래로 유가 사상은 서양으로부터 온 심각한 도전에 직면하여 끊임없이 붕괴되고 실패해 왔다. 5·4신문화 운동이 격화되면서 전반적인 반 전통 사상을 이루어 "유학[孔子店]을 타도하라"(打倒孔子店)는 구호 아래 유가 전통은 중국 지식인들에게 흡입력을 완전히 상실하였다. 1949년 공산당이 중국 대륙을 차지하자 미국학자 J. R. 레빈슨(Joseph R. Levenson)은 유가 전통은 이미 사망하였음이 증명되었다고 보았다. 그렇지만 중국 지식인의 전반적인 반 전통 사상이 정점에 도달하자 또 다른 일부는 유가 전통을 변호하고자 하는 문화 보수주의 사조를 역시 형성하기 시작하였다. 이 사조는 양수명(梁漱溟), 웅십력(熊十力) 두 사람이 그 실마리를 열었고, 항일전쟁 시기에는 이미 무시할 수 없는 역량이 되었다. 현실 정치의 측면에서 이 사조가 비록 큰 힘을 발휘하지는 못하였지만, 학술 사상 방면에서는 오히려 당시 영·미

의회 민주를 고취하던 중국 자유주의와 러시아 혁명을 모범으로 삼은 중국의 마르크스-레닌주의와 더불어 정립되었다.

1949년 이후 이 보수주의 세력은 대만과 홍콩 지역으로 옮길 수밖에 없게 되었다. 1958년 당군의(唐君毅), 모종삼(牟宗三), 장군매(張君勱) 및 서복관(徐復觀) 네 학자가 연명(聯名)하여 〈중국 문화를 위하여 세계인사에게 삼가 알리는 선언〉(爲中國文化敬告世界人士宣言)을 발표하면서 이 세력의 새로운 모임을 대표하였다. 선진시대의 고전 유학 및 송·명시대의 신유학과 구별하기 위하여 이 보수주의 사조를 "당대 신유학"(當代新儒學) 혹은 "현대 신유학"(現代新儒學)이라(비록 이 호칭의 적용 범위가 불시에 학자들 사이에 논쟁을 불러 일으켰지만) 이름하였다. 40여 년 동안 이들 학자들의 반성과 연구로 유가사상은 한 차례 철저한 전환을 겪게 되었다. 최근에 일본과 아시아의 네 마리 용이 경제 방면에서 뛰어난 성과를 나타내자 국내외의 학술계는 유가사상에 대하여 한 차례 새로운 평가를 하였고, 또 독일 사회학자 막스 베버(Max Weber)의 유가 전통에 대한 자본주의 이론의 적용성(適用性)을 반성하기 시작하였다. 80년대 이래로 중국공산당(中共)의 개방정책이 실시되면서 중국 대륙에서는 전통 문화를 새로 탐구하고 평가하는 "문화열"(文化熱)이 흥기하였다. 이미 오랫동안 침묵했던 "현대 신유학"은 이러한 정세에 의하여 중국 대륙 지식인의 시야에 다시 들어오게 되었다. 중국 공산당 당국은 심지어 1986년에 정식으로 "현대 신유가 사조 연구"(現代新儒家思潮研究)라는 과제를 〈칠오〉(七五)기간국가중점연구과제의 하나로 삼아 역량을 집중하여 이 방면의 연구를 추동하였다. 이것은 의심할 여지없이 현대 신유학이 중국 현대 사조 중에서 차지하는 위치를 인정한 것이다.

이상의 간단한 서술로부터 우리는 이미 다음과 같은 것을 알 수 있다. 비록 반세기 이래로 유가사상이 전대미문의 도전에 직면하였지만 레빈슨이 말한 것과 같이 이미 완전히 생명력을 상실한 것이 아니다. 반대로 유가사상은 이러한 심각한 도전 속에서 한 차례의 철저한 전환을 완성하였다. 이러한 전환은 대외적 도전으로 인하여 피동적으로 대응한 것만이 아니라, 또한 자각적인 선택과 정립에서 나온 것이다. 그러므로 유가사상의 "자아전환"[自我轉化]이라고 칭한 것이다.

이 자아전환의 과정 중에서 현대 유가는 흔히 불교학 및 서양사상에서 사상 자원을 흡수하였다. 웅십력과 양수명 두 사람의 사상 발전에서 불교사상이 차지하는 중요성은 모두들 잘 알고 있는 것이고, 모종삼, 당군의 두 사람에 대한 영향도 매우 분명하다. 현대 유학이 서양에서 섭취한 사상 자원은 적지 않다. 풍우란의 신실재론(新實在論), 모종삼의 칸트철학, 당군의의 헤겔철학, 장군매의 독일 생명철학(Lebensphilosophy)이 그 두드러진 예이다. 이밖에 플라톤, 베르그송, 실존철학 내지는 마르크스주의는 모두 많거나 적게 현대 유학의 발전에 영향을 주었다. 만약 1958년에 발표한 〈중국문화를 위하여 세계인사에게 삼가 알리는 선언〉의 네 학자가 대표하는 사상 방향으로 한정한다면 우리는 이렇게 말할 수 있다. 칸트에서 헤겔에 이르는 독일관념론(deutscher Idealismus)은 그들이 서양에서 흡수한 주요 사상 자원이다. 이것은 우연히 나온 것이 아니라 유가사상과 독일관념론 사이에 본질상의 친화성이 존재하여 그들이 자연스럽게 독일관념론 사상과 개념을 빌어 유가사상을 새롭게 해석하도록 만든 것이다. 당연히 필자는 현대 유학의 중건 과정에서 우리가 그 밖의 서양사상에서 적지 않은 자원을 섭취하였다는 점을 부정하는 것은 아니다. 예를 들어 베버, 하이데거, 프랑크푸르트학파 등이 있다. 이들의 연구 방향은 모두 우리가 한걸음 더 나아가 개척해야 한다.

이 책의 각 편은 몇 가지 다른 각도에서 현대 유학의 자아전환을 기술하였다. 자아전환이지만 이 전환 과정에서 현대 유학은 반드시 유학이 바로 유학이 되는 특징, 그 본질을 유지해야 한다. 필자의 견해로는 이 본질은 그 "내성외왕"(內聖外王)의 사상 형식에 있다. 개인의 학술 과정 및 그 힘의 한계로 이 책에서 탐구한 것은 모종삼의 사상에 편중되어 있다. 비록 웅십력, 전목(錢穆), 서복관, 당군의 등의 사상을 논의하였지만 분량이 한정되어 있다. 그렇지만 이것은 결코 필자가 이들 인물들의 사상을 중시하지 않는다는 것을 의미하지는 않는다. 필자는 이후의 연구 작업에서 점차 그들의 사상에 대한 연구도 확장되기를 기대한다.

이 책에서 「이끄는 말 — 현대 유학의 자아전환」은 이러한 자아전환이 다루고 있는 여러 가지 문제들에 대하여 전면적인 종합 논술을 하였다. 이 글은 일찍이 1993년 11월 대만대학(臺灣大學) 삼민주의연구소(三民主義硏究所)가 주관한 "국가발전과 양안관계"(國家發展與兩岸關係) 학술토론회에서 발표하였고, 그 후에 『아호학지』(鵝湖學志) 제11기 (1993년 12월)에 실었다. 위에서 언급한 것처럼 현대 유학은 그 자아전환 과정 중에서 흔히 서양 철학의 개념과 이론을 빌어 유가 전통에 대해 전면적이고 새로운 해석과 (유학의) 위치를 탐구하였다. 「모종삼 철학에서 "물자체" 개념」(牟宗三哲學中"物自身"概念)과 「모종삼 사상에서 유가와 칸트」(牟宗三思想中的儒家與康德) 두 논문은 모종삼을 사례로 하여 현대 유학은 어떻게 칸트철학을 통하여 자아전환을 진행하였는가를 설명하였다. 앞의 논문은 일찍이 1992년 7월 뮌헨 "국제중국철학회 제7회 국제회의"(國際中國哲學會第七屆國際會議)에서 발표하였고, 그 후 『중앙연구원중국문철연구소집간』(中央研究院中國文哲研究所集刊) 제3기 (1993년 3월)에 실었다. 뒤의 논문은 1992년 4월 중정대학(中正大學) 역사연구소(歷史研究所)가 주관한 "제1회 대만경험연토회"(第一屆臺灣經驗研討會)에서 발표하였고, 그 후에 『아호학지』 제10기 (1993년 6월)에 실었으며, 『대만경험(2) — 사회문화편』(臺灣經驗(二) — 社會文化篇)(臺灣: 東大圖書公司, 1994년)에도 수록하였다. 현대 유학이 "내성외왕"의 사상 형식을 계승한 것은 그들의 민주와 과학의 이론 중에서 분명하게 볼 수 있다. 위에서 서술한 〈선언〉을 예로 말하면 그것은 민주와 과학을 도덕의식의 간접적 표현으로 본다는 점이다. 이것은 신유가 학자와 자유주의자 사이 논쟁의 초점이 되었다. 「서복관과 은해광」(徐復觀與殷海光) 이 논문은 이 두 학자를 이들 사상 진영의 대표자로 삼아 그들 사이에 있었던 논쟁을 빌어 신유가 학자의 민주와 과학에 대한 독특한 관점을 드러내고자 하였다. 이 논문은 1992년 6월 동해대학(東海大學)이 주관한 "서복관 학술사상 국제연토회"(徐復觀學術思想國制研討會)에서 발표하였고, 그 후에 『동해대학 서복관 학술사상 국제연토회 논문집』 (東海大學徐復觀學術思想國際研討會論文集)(臺灣: 東

海大學, 1992)에 수록하였다. 유가사상에서 그 "내성외왕"의 사상 형식과 본질적 관계가 있는 또 다른 특색은 이른바 "내재초월성"(內在超越性)의 기본 형식으로—서양 종교 중의 "외재초월성"(外在超越性)의 기본 형식에 대비된다. 그러나 최근에 "내재초월성"의 개념은 몇몇 학자들이 의문을 제기하였다. 「유학사상에서 내재성과 초월성」(儒學思想中的內在性與超越性) 이 논문은 바로 이러한 개념을 밝힌 것으로, 또 약간의 오해를 분명히 하였다. 이 논문은 1992년 12월 아호월간사(鵝湖月刊社)와 동방인문학술기금회(東方人文學術基金會) 중국철학연구중심(中國哲學研究中心)이 주관한 타이베이 "제2회 당대 신유학 국제연토회"(第二屆當代新儒學國制硏討會)에서 발표하였다. 현대 신유학의 신도통론(新道統論)은 논리적으로 보면 "내성외왕"의 사상 형식으로 파생되어 나오게 되는데, 이 신도통론은 비록 전통 유가의 도통론을 계승하였지만 또 현대적인 새로운 의미를 가지고 있다. 현대 학자들은 흔히 이러한 새로운 의미를 가볍게 보고 현대 유학의 신도통론에 대하여 오해를 하기도 한다. 「현대 신유가의 도통론」(當代新儒家的道統論) 이 논문은 현대 유학에서의 "도통" 개념을 밝히고, 또 현대 학자들의 오해를 분명하게 드러냈다. 이 글은 1993년 8월 홍콩의 "제34회 아시아 및 북아프리카 연구 국제회의"(第三十四屆亞洲及北非硏究國際會議)에서 발표하였고, 그 후에 『아호월간』 제224기 (1994년 2월)에 수록하였다.

부록으로 둔 「중국 대륙의 현대 신유학 연구-배경 · 성과와 평가」(中國大陸有關當代新儒學的硏究: 背景 · 成果與評價)는 필자가 1991년 5월 중앙대학철학연구소(中央大學哲學硏究所)의 요청에

응해 타이베이 〈대만해협 양안 학술 발전과 교류의 성찰과 전망 토론회〉(臺海兩岸學術發展與交流之省察與展望硏討會)에서 발표하고, 그 후 대만의 『당대』(當代)라는 잡지 제63기 (1991년 7월)에 게재한 것이다. 이 논문에서 필자는 중국 대륙학자들의 현대 신유학에 대한 연구의 배경과 동기를 분석하였고, 또 그 성과에 대해 소개와 평가를 하였는데, 특히 상술한 중국공산당의 〈칠오〉 기간국가중점연구과제 가운데 하나인 〈현대신유가사조연구〉(現代新儒家思潮硏究) 과제에 중점을 두었다. 필자는 이 글에서 특별히 이렇게 지적하였다. "중국대륙에서 신유학 연구의 최대 장애는 의식형태에 대한 제한에 있는데, 이러한 제한은 그 연구 작업이 돌파할 수 없는 병폐를 형성하였다." 2, 3년이 지난 뒤에 대륙학자들은 신유학연구 방면에서 또 적지 않은 새로운 성과를 쌓았지만 의식형태의 돌파라는 측면에서는 별로 큰 진전이 없다. 그런 까닭에 이 글은 지금도 완전히 가치를 상실한 것 같지는 않아 이 책의 부록에 수록하였다. 최근에 『당대』 잡지 제86기 (1993년 6월)에 대륙학자 중유광(仲維光)의 「전체주의의 완전한 의식형태화와 과학사상토론-49년 이후 성장한 새로운 세대 지식인을 어떻게 볼 것인가」(極權主義的完全意識形態化和科學思想討論-如何看待四九年以後成長的新一代知識分子)라는 논문을 게재하였다. 그는 이 글에서 부위훈(傅偉勳)이 '대륙학술계의 전위상징'(中國大陸界的前衛象徵)이라 칭한 김관도(金觀濤)를 사례로 하여 중국대륙의 새로운 세대 지식인이 마르크스·레닌 의식형태의 구속에서 벗어날 수 없는 곤경을 설명하였다. 그 결론이 필자가 위에서 서술한 판단과 공교롭게도 일치한다. 그는 이렇게 말하였다.

> 80년대에 진입한 이후 해외에서 대륙 지식인에게 많은 접촉과 교류의 기회를 만들었지만 김관도를 예로 볼 때 이러한 교류 가운데 많은 대륙 지식인들은 거의 아무런 변화가 없는 것 같다. 언어에서 사유에 이르기까지 변화가 없다. 언어에서 사유방법에 이르기까지, 주제를 선택하는 것에서 문제를 분석하는 것에 이르기까지, 그리고 문헌의 이해는 기본적으로 옛날과 같다.(31쪽)

이른바 '전위상징'이라는 학자가 이와 같으니 그밖의 자각하지 못하고 있는 지식인들이 어떠한 지는 더 생각해보면 알 수 있다.

필자의 이 글은 〈현대신유가사조연구〉 과제를 담당하고 있는 방극립(方克立) 교수의 큰 불만을 사게 되었다. 그는 1993년 제2기 (3월 20일 출판) 〈남개학보〉(南開學報)에 「현대 신유학 연구의 자아반성-비평자 제위에게 삼가 답함」(當代新儒學研究的自我回省-敬答諸位批評者)이라는 글을 발표하여 필자의 비평에 대해 반박하였다. 『당대』 잡지 제89기 (1993년 9월)에 이 글을 게재하였다. 필자는 즉시 이 잡지의 다음호에 「학술변론과 의식형태 투쟁-방극립 교수에게 삼가 답함」(學術辯論與意識形態鬪爭-敬答方克立教授)이라는 글을 써서 응답하였다. 필자는 이 글에서 한 걸음 더 나가 이렇게 지적하였다. 현대 신유학의 연구에서 대륙학자들은 의식형태의 제한을 받는데 그들은 흔히 의식적이든 무의식적이든 학술사상과 의식형태를 뒤섞고, 이러한 뒤섞음은 또 마르크스·레닌주의 의식형태에 근거하여 이론 합리화의 근거를 얻게 된다. 대륙학자들은 흔히 마르크스·레닌 관점에 근거하여 유가사상을 완전한 의식형태로 보고 그것에 의식형태와 독립된 객관적 의의가 있음을 인정하지 않는다. 만약 이러한 편견을 타파하지 않는다면 그들은 곧 유가사상에 대한 객관적 이해를 할 수 없고, 또한 객관적 학술 연구와 토론을 진행할 수 없는데 — 한마디로 말해서 그들은 현대 신유가가 창도하여 말한 '학통'(學統)을 건립할 수 없다. 이것은 유학에 관심을 갖고 연구하는 사람들이 반드시 공통적으로 마주하게 되고 회피할 수 없는 중요한 문제이다.

이끄는 말

- 현대 유학의 자아전환

우리들이 살아가는 이 시대에 유가 사상에 관심을 갖고 연구하는 사람들은 항상 다음과 같은 상황을 만나게 된다. 유가 사상과 관련이 있다면 어떤 문제가 되었든지 거의 모두 중요한 논쟁을 일으키게 되어 일치된 견해를 얻기 어렵다. 이와 같은 논제는 몇 가지 근본적인 문제들을 포함하는데, 예를 들어 다음과 같은 것들이다. 유학의 본질은 무엇인가? 오늘날 유학 사상은 중국 문화권에서 얼마나 큰 영향력이 있는가? 유학 사상은 현대화 과정에 유용한가? 이와 같은 문제들과 관계가 있는 토론이 비록 이미 수 없이 많았지만 유학 사상이 오늘날에도 여전히 생명력이 있다고 믿는 사람들은 이러한 문제들에 다시 직면하여 유가 사상을 새롭게 정립하지 않으면 안 된다.

위에서 열거한 몇 가지 문제에서 "오늘날 유학 사상은 중국 문화권에서 얼마나 큰 영향력이 있는가?" 이 문제가 가장 대답하기 쉬운 것 같으므로 우리 논의의 출발점으로 삼고자 한다. 왜냐하면 이 문제는 주로 사실의 확인 문제이기 때문이다. 그러나 이 문제에 대해서는 여러 가지 다른 관점 심지어는 대립되는 관점이 있다. 이 문제에서 가장 극단적인 관점은 미국학자 레빈슨(Joseph R. Levenson)이 『유교 중국과 그 현대적 운명』(Confucian China and its Modern Fate)에서 제시한 견해이다. 그는 유가 전통은 근대 서양 문화의 충격으로 이미 생명력을 상실하였고, 그것이 의지하여 성장하였던 종법 봉건 사회(宗法封建社會)를 벗어났으므로 "박물관의 유물"(博物館化)이 되었다고 생각한다. 그에 의하면 1949년 공산국가 중국의 등장은 유가 전통의 이와 같은 운명을 증명한다.

이와 비슷하지만 더 자세한 관점은 임육생(林毓生)의 견해이다. 그는 『중국 의식의 위기』(中國意識的危機)라는 책에서 5·4 신문화운동 시기의 전반적인 반 전통 사상을 분석하였는데, 그의 분석은 한 가지 이론적 전제에서 출발하였다. 그것은 신해혁명(辛亥革命) 이후 유가 전통을 주로 하는 전통 문화 질서와 도덕 질서는 이미 결정적인 해체를 맞이하였다는 것이다. 그는 다음과 같이 말하였다.

> 나는 결코 문화와 도덕 체계의 해체로 인하여 중국인의 모든 전통 사상과 가치 관념 역시 모두 상실되었다고 말하는 것은 아니다. 더 분명하게 말하면 과거에 고도로 정합적이었던 중국 사회에서 형성된 사상과 가치의 숲은 문화와 도덕 계통의 해체 이후 파괴된 것이 아니라 탈골된 것이다. 혹자는 전통 문화와 도덕의 틀은 이미 다시 존재하지 않는다고 말한다. (따라서) 전통 문화와 가치를 견지하거나 지키고자 하는 사람들은 새로운 변화의 이유를 찾도록 강요당

> 할 것이다. (즉) 중국 전통 사상의 내용은 이미 안정적인 어떠한 대안도 미리 준비한 것이 없으므로 전통 문화의 어떤 내용이라고 하더라도 질문과 공격을 받게 될 것이다.[1)]

레빈슨의 극단적인 관념에 비하여 임육생은 적어도 다음과 같은 점을 받아들인다. 비록 그것들을 통합할 수 있는 형식과 그 형식의 명확한 위치를 잃어버렸다고 하더라도 중국 전통 문화에서 약간의 사상과 가치 관념은 아직 생명을 잃지 않았다.

여영시(余英時) 역시 비슷한 관점이 있다. 그는 「현대 유학의 곤경」(現代儒學的困境)[2)]에서 다음과 같이 지적하여 말하였다. 유학은 단지 일종의 단순한 철학과 종교가 아니라 인간 질서를 전면적으로 안배하고 있는 사상 계통으로, 전통 유학은 한편으로 제도화를 통하여 전통 문화를 지배하였고, 다른 한편으로 또 중국 전통 제도에 의지하였다. 이런 까닭에 전통 유학과 중국 전통 제도 사이에 일종의 긴밀하면서도 나누어질 수 없는 관계를 형성하였다. 그의 관점에 의하면 현대 유학의 가장 큰 곤경은 아래와 같은 점에 있다. 최근 100여 년 동안 중국의 전통 제도가 점차 붕괴되면서 유학은 현대 사회에서 점차 근거지를 잃게 되었다. 유학과 현대 사회 사이의 연계가 완전히 단절되면서 유학은 "떠도는 영혼"(遊魂)이 되었다.

---

1) 林毓生 著 · 穆善培 譯, 『中國意識的危機』(貴陽: 貴州人民出版社, 1988), 23-24쪽. 이 책은 원래 영문판이 있는데 제목이 The Crisis of Chinese Consciousness: Radical Antitraditionalism in the May Fourth Era (Madison, 1979)이다.

2) 이 글은 『中國文化與現代變遷』(臺北: 三民書局, 1992)에 수록되었다.

만약 우리들이 위에서 소개한 세 학자들의 관점을 받아들인다면 우리들은 다음과 같은 점을 받아들여야 한다. 유가 사상이 현대 중국 사회에서 이미 주도적 역량을 상실하였으므로, 비록 얼마간의 영향력이 아직 남아 있다고 하더라도 미미하여 언급할 만한 것이 되지 못한다. 만약 레빈슨이 말한 것처럼 공산국가 중국의 등장이 유가 전통의 몰락을 증명하는 것이라면 유가 전통은 공산국가 중국에서 당연히 다시는 얼마간의 영향력도 없을 것이다. 그렇다면 우리들은 중국 공산당이 문혁기간 중에 일으킨 "공자를 비판하고 진시황을 높인다"(批孔揚秦)는 운동과 80년대 이후 중국 대륙 지식인 사회에서 보편적으로 유행한 반 전통 사조["하상"(河殤)이라는 드라마가 그 한 가지 예이다]를 어떻게 해석할 것인가? 미국학자 마이어스(Ramon H. Myers)와 메츠거(Thomas A. Metzger)는 그들의 공동 저작『한학의 음영: 미국의 현대 중국 연구 근황』(漢學的陰影: 美國現代中國硏究近況)에서 임육생이 앞에서 언급한 관점에 대하여 몇 가지 질문을 제기하였는데 그 가운데 하나가 바로 아래와 같은 것이다.

> 임육생의 관점은 반전통론자의 목적을 불명확하게 하였는데 그들은 결국 이미 완전히 불에 타버린 집에 불을 지르는 것과 같았기 때문이다.[3)]

만약 유가 사상이 위에서 언급한 세 학자들이 말한 것과 같이 현대 중국 사회에서 이미 약간의 영향력도 없다고 한다면 중국

---

3)『食貨月刊』復刊 제10권 제10기 (1981년 1월), 제34쪽.

공산당의 "공자를 비판하고 진시황을 높인다"는 운동과 80년대 이후 대륙 지식인 사회의 반 전통 사조는 "이미 완전히 불에 타 버린 집에 불을 지르는 것"과 같아서 그 동기를 이해하기가 쉽지 않다. 우리들은 다음과 같이 말할 수 있다. 모택동이 일으킨 "공자를 비판하고 진시황을 높인다"는 운동은 문화 운동이라는 구실을 내세워 정치 투쟁을 진행한 것이다. 우리들은 또 "하상" 및 그와 유사한 작품은 대륙에만 있는 "비틀기 사학"(影射史學)의 산물로 볼 수 있고, 그것들은 유가 비판의 형식을 빌려서 공산당을 비판한 것이라고 생각한다. 그러나 빌린 것이라고 하더라도 그들이 빌린 현상 역시 상당한 정도의 진실성이 있어야만 그들이 빌린 것은 영향이 있게 된다. 이런 까닭에 반 전통 사상은 공산주의 중국이 계속 존재하는 가운데에서 레빈슨이 유가 사상은 중국에서 이미 "박물관의 유물"이 되었다고 단정하는 것을 직접적으로 부정하는 것과 같다.

또 중국 대륙에 이와 같은 기이한 현상이 존재한 까닭으로 말미암아 80년대 후기 중국 대륙의 문화 토론 중에는 이른바 "마르크스주의 유가화"(馬克思主義儒家化)라는 학설이 출현하였다. 필자는 일찍이 「이른바 "마르크스주의 유가화"에 대한 논의」(論所謂"馬克思主義的儒家化")라는 글에서 포준신(包遵信), 감양(甘陽), 김관도(金觀濤)를 각각 구분하여 사례로 삼고서 이른바 "마르크스주의 유가화"라는 학설을 분석하였다.[4] 이 학설에 대하여 가장 완벽한 설명과 대표성을 갖는 것은 김관도의 「현대 중국 마르크

4) 이 글은 필자의 『유학과 현대 의식』(儒學與現代意識)(臺北: 文津出版社, 1991)에 수록하였다.

스주의의 유가화」(當代中國馬克思主義的儒家化)라는 글이다. 이 글은 처음에 1988년 8, 9월 무렵 싱가포르에서 거행된 "유학 발전의 문제와 전경"(儒學發展的問題及前景)이라는 토론회에서 발표되었다. 이 글의 주요 논점은 이 글 제1장 속의 한 단락에서 보인다.

> 구조상으로 말하면 현대 중국 대륙에서 주도적 지위를 차지하고 있는 의식 형태는 서양의 마르크스주의(신마르크스주의 유파를 포함한다)도 소련의 마르크스-레닌주의도 아니고, 일종의 마르크스주의 언어로 표현한, 그러나 구조상 매우 유사한 유가 문화의 사상 계통이다. 이런 까닭에 현대 중국 문화사에서 가장 기이한 현상이 출현하였다. 표면상으로는 마르크스주의를 이용하여 구문화를 철저하게 비판하지만, 이와 같은 운동은 또 필연적으로 유가 문화 발전의 내재적 논리에 따라서 전개된 것이다. 그러므로 한편으로 전통은 명목상으로는 비판을 받았지만, 다른 한편에서는 그와 동등한 것이 오히려 그러한 운동 가운데 만들어져 나오면서 현대라는 명목 아래에서 기이한 강대함을 얻게 되었다.[5)]

김관도에게 유가 사상과 마르크스주의가 표면상으로 얼마나 많은 차이점이 있고 심지어는 대립되는 점이 있는가에 상관없이 이 둘은 심층의 문화 구조에서는 오히려 어떤 "동일한 대응 구조"가 있다고 할 것이다. 그는 이 점에 근거하여 왜 유가 전통이 중국

---

5) 1988년 8월 30일 "중국시보"(中國時報) 문화면에 보인다. 이 글은 뒤에 「유가 문화 심층 구조의 마르크스주의 중국화에 대한 영향」(儒家文化的深層結構對馬克思主義中國化的影響)으로 표제를 바꾸어 김관도 · 유청봉(劉青峰)의 『신십일담』(新十日談)(臺北: 風雲時代出版社, 1989)에 수록하였다.

대륙에서 이처럼 심각한 비판과 공격을 받은 후에도 젊은 세대는 여전히 자기 자신이 이 전통의 진흙탕 속에 빠져있다고 느끼는 지를 해석하였다. 바꾸어 말하면 이들 대륙 학자들에게 있어서 중국 사회에 대한 유가의 영향력은 일반인들의 상상을 매우 뛰어넘는 것이다. 유가 전통은 "돌아갈 곳이 없어 떠도는 영혼"(遊魂無歸)이 아니라 "중음신이 되어 떠나지 않는 것"(陰魂不散)이라고 할 것이다.

이들 대륙 학자들이 현대 중국 사회에서 유가 전통의 영향력을 특히 강조한 것은 그들이 기본적으로 유가 사상을 중국의 현대화에 장애가 된다고 보았기 때문이다. 기이한 현상은 70년대부터 시작하여 국내외의 일부 학자들은 일본과 동아시아 네 마리의 작은 용의 걸출한 경제 발전을 보고 다시 독일 사회학자 M. 베버(Max Weber)의 유가 윤리와 자본주의 이론을 검토하면서 유가 윤리의 몇 가지 특징으로 이른바 "동아시아 경제 기적"을 해석하려고 하였다. 이들 학자들은 유가 사상을 현대화에 도움이 된다고 보는데, 이것은 위에서 말한 대륙 학자들의 관점과 상반되는 것이다. 그러나 그들은 유가 사상이 오늘날 동아시아 사회에 실제적 영향력이 있다는 것을 긍정한다는 점에서는 대륙 학자들과 일치한다. 이와 같은 논점에서 가장 대표적인 것은 H. 칸(Herman Kahn)의 "포스트-유가 가설"(post-Confucian Hypothesis)과 피터 L. 버거(Peter L. Berger)의 "두 가지 유형의 현대화"(兩型現代化) 설이다. 칸의 설에 의하면 유가 윤리는 일본과 동아시아 네 마리의 작은 용이 뛰어난 성과를 이루는 데 있어서 중요한 요인이지만 이 유가 윤리와 전통적 유가 윤리는 서로 다른 점이 있으므로

"포스트-유가적"(後儒家的)이라고 부를 수 있다고 하였다.[6] 버거는 이렇게 지적한다. 지금 세계에는 서양 국가에서 발전해 나온 현대화 이외에 동아시아의 특색을 갖춘 현대화가 형성되고 있다. 이 후자 형태의 현대화는 일종의 "통속적 유가 사상"(庸俗的儒家思想, vulgar Confucianism)이 큰 작용을 하였다.[7] 오늘날 유가 사상의 실제적 영향력으로 말하면 칸과 버거의 설은 다른 측면에서 볼 때 위에서 언급한 대륙 학자들의 관찰을 지지한다고 할 것이다.

객관적 사실은 단지 한 가지인데 어떻게 해서 이처럼 확연히 다른 판단을 할 수 있을까? 그 원인은 이들 학자들이 말하는 내용이 서로 다르기 때문이다. 이러한 상황은 우리들로 하여금 "유학" 또는 "유학 사상"이라는 개념의 복잡한 함의를 분석할 필요가 있고 또 이 분석에 근거하여 유학의 본질을 결정하도록 요구한다. 김요기(金耀基)는 「동아시아 경제 발전의 문화 해석—홍콩의 이성적 전통주의를 논함」(東亞經濟發展的文化詮釋-論香港的理性傳統主義)에서 두 가지 의미의 "유학"을 구분하였다. 하나는 "황제제도 유학"(帝制儒學: imperial Confucianism) 또는 "제도화된 유학"(制度化儒學: institutional Confucianism)이고 다른 하나는 "사회

6) 칸의 학설은 H. Kahn, "*World Economic Development*", 1979 and Beyond (London 1979)에 보인다.

7) 버거의 학설은 P. L. Berger, "Secularization: West and East"에 보인다. 이것은 버거가 1983년 일본국학원 대학 창립 100주년 학술 대회에서 읽은 논문이다. 任元杰이 중국어로 번역하여 『中國論壇』 제19권 제6기(1984년 12월 25일 출간)에 수록하였다. 이 간행물의 같은 호에 또 버거의 강연록 「一個東亞發展的模型: 戰後臺灣經濟經驗中文化因素」를 수록하였으므로 참고하기 바란다.

화된 유학"(社會化儒學: social Confucianism)이다. 이른바 "황제제도 유학" 또는 "제도화된 유학"은 "일종의 매우 복잡하고 정미한 혼합물로 그 중에 국가의 통치 의식, 완정한 전략적 제도를 포함하는데, 예를 들어 사대부라는 신분 집단, 과거제도와 같은 것으로 특히 황권 관료주의(皇權官僚主義)"이다.[8] 이른바 "사회화된 유학"은 "결코 일종의 엄격한 신앙 체계가 아니라"(並不是一種嚴格的信仰體系), "하나의 사회 행위를 이끌어 가는 원칙인데, 이것으로 사람들이 가정과 가정 외부의 사회관계를 이끌어 가는 것"(一組指導社會行爲的原則, 以用來指導人們處理家庭及家庭外部的社會關係)이다.[9] 김요기의 관점에 의하면 베버가 이해하고 있는 "유학"은 "제도화된 유학"에 속하는 것으로, 이와 같은 유학은 홍콩에서 이미 사라졌다.[10] 그런데 오늘날에도 여전히 홍콩에 존재하고 또 경제 발전에 대하여 추동력을 발휘하고 있는 유학은 그가 말하는 이른바 "이성적 전통주의"(理性的傳統主義) 또는 "도구적 이성 전통주의"(工具理性傳統主義)이다. 그는 다음과 같이 해석하였다.

> 이른바 "이성적 전통주의"라는 나의 생각은 사람들이 반드시 감정상으로 이른바 전통 문화의 내재적 가치를 중시하는 것이 아니라 전통을 선택적으로 보존하는 것은 그것들이 경제적 목표를 추구할 때 외재적 유용 가치가 있기 때문이라는 말이다.[11]

---

8) 金耀基, 『中國社會與文化』, 香港: 牛津大學出版社, 1992, 166쪽.
9) 위와 같음.
10) 위와 같음.
11) 같은 책, 159쪽. 165-166쪽 참조.

그는 또 특히 이렇게 강조하였다. 이것은 일종의 "인지적 선택"(認知的選擇: cognitive selection)의 결과이다.[12] 그는 "이성적 전통주의"를 이른바 "사회화된 유학"에 귀결시킨다.

김요기의 유학에 대한 구분을 빌어 우리들은 다음과 같이 말할 수 있다. 오늘날 중국 대륙, 대만이나 동남아시아 중국 교포사회, 심지어 유학의 영향을 받은 지역을 막론하고 "제도화된 유학"은 모두 존재하지 않는다. 앞에서 제기한 모든 학자들은 이 점에 대하여 이견이 없을 것이다. 임육생, 여영시, 칸, 버거 네 사람은 아마도 다음과 같은 점을 받아들일 것이다. 이들 지역에서 "사회화된 유학"은 여전히 모종의 방식으로 지속적으로 존재한다는 것이다. 그러나 이와 같은 구분은 김관도의 관점을 함축할 수 없는데 그가 중국 공산당의 중국 대륙에서 관찰한 "유학"은 심층의 문화 구조에 연계되어 존재하는 것이지 당사자가 의식적으로 선택하여 나온 것이 아니기 때문이다. 심지어는 아마도 일부 대륙 학자들이 주목한 것과 같이 "유학"은 여전히 현대 중국의 심적 퇴적물에 존재하여 지속적으로 그들의 사유와 행위 형식을 지배하고 있다고 할 것이다.[13] 이 두 가지 유형의 "유학"이 만약 존재한다면 사회학 또는 심리학의 연구 대상이 될 수 있다. 그러나 그것은 분명 김요기가 말한 "사회화된 유학"에 넣을 수 없는 것인데, 그것들은 당사자가 분명하게 의식하고 있는 것이 아니기 때문이다. 이러한 의미의 "유학"은 아마도 "심층화된 유학"이라

12) 같은 책, 159쪽.

13) 甘陽의 「儒學在現代中國的角色與出路」는 이러한 관점을 대표한다. 이 논문은 『我們在創造傳統』(臺北: 聯經出版公司, 1989)에 수록되었다.

부를 수 있을 것이다. 이밖에 임육생은 5·4신문화 운동 시기 중국 지식인의 전반적 반 전통 사상을 분석할 때 그 원인을 이들 지식인들이 자각하지 못한 가운데 중국 전통(특히 유가 전통) 중의 이른바 "사상·문화를 빌어 문제를 해결한다"(借思想·文化以解決問題)는 유기적 일원론 사상 형식의 영향을 받았다는 점에 돌린다.[14] 만약 그의 관점이 성립할 수 있다면 우리들은 이렇게 말할 수 있다. 전통 유가 사상 형식은 여전히 현대 중국인의 사고에 유력하게 영향을 주고 있으며, 심지어 그들 유가 전통에 반대하는 사람들도 모두 부지불식간에 그 영향을 받고 있다. 이와 같이 사유 형식으로서의 "유학"은 당사자들이 분명하게 의식할 수 있는 것이 아니라면, 그것은 마땅히 "심층화된 유학"에 귀결시켜야 한다. 만약 우리들이 유학의 이 세 가지 층차를 분명하게 한다면 위에서 논의한 설들은 아마도 표면상으로 보이는 것과 같이 서로 받아들일 수 없는 것은 아니라고 할 것이다.

이 세 가지 측면에서 유가 사상을 탐구한다면, 우리들이 유학 사상이 과거와 현재에 주는 실제적 영향력을 이해하는데 도움이

14) 林毓生, 『中國意識的危機』, 제3장. 또 「五四反傳統思想與中國意識的危機」와 「五四時代的激烈反傳統思想與中國自由主義的前途」 2편의 글을 참고하기 바란다. 이 두 편의 글은 모두 『歷史與人物』(臺北: 聯經出版公司, 1983)에 수록되어 있다. 임육생은 바로 사상 형식으로 5·4신문화 운동 시기 중국 지식인의 전반적 반 전통 사상을 해석하는데 살펴보지 않은 것이 없다. 그러나 그가 이른바 "사상·문화를 빌어 문제를 해결하는 방법"(the cultural intellectualistic approach)을 분석할 때 오히려 사상 형식과 사상 자체를 뒤섞어서 말하고 있어서 그 해석의 힘을 약화시키고 있다. 필자는 여기에서 다음과 같이 강조하고자 한다. 중국 전통의 일원론 관점은 반드시 "일원론적 사상 형식"(一元論的思惟模式)을 이끌어내는 것은 아니고, 이 두 가지는 서로 다른 측면에 속하는 것이므로 뒤섞어서 말할 수 없다.

될 것이다. 그러나 만약 우리들이 유가 사상은 중국 민족의 정신적 생명의 표현이지 단지 역사적 정경에 대한 무자각적인 피동적 반응이 아니라고 한다면, 이 세 가지 의미의 "유학"은 분명 모두 유학의 본질을 해결할 수 없다. 첫째, "심층화된 유학"으로 말하면 그것은 단지 무의식적 문화 구조 또는 심리적 퇴적에 존재하는 것이지 당사자의 자각적인 이성적 선택에서 나온 것이 아니므로 이것으로부터는 공・맹 및 역대 유학자의 정신 생명의 창조성을 드러낼 수 없다.

둘째, "제도화된 유학"은 유학 사상이 과거에 비록 중국의 전통 제도에 기탁하였지만, 이와 같은 제도는 유가의 이상을 완전히 체현하였다고 말할 수 없고, 또 유가 사상이 단지 이와 같은 제도에 적합하게 된 의식 형태에 불과하다고 말할 수 없다. 첫 번째 관점은 서복관(徐復觀)이 그의 여러 저작에서 재차 강조하였던 것으로, 중국의 과거 2천여 년 동안의 군주제도하에서 유가 사상은 심각하게 왜곡되었으므로 그 이상을 완전히 펼칠 수 없었다. 그는 「중국의 역사적 운명에 대한 유가의 역할」(儒家對中國歷史運命持扎之一例)에서 이 의미를 심도 있게 밝혔다.[15] 다른 한 측면으로 중국 대륙학자들은 마르크스 역사유물론의 영향을 받아 항상 두 번째 관점을 견지한다. 예를 들어 대륙학자 여돈강(余敦康)은 「무엇이 유학인가?」(什麼是儒學?)라는 글에서 유학의 본질을 "종법봉건주의"(宗法封建主義)라고 규정하였다. 왜냐하면 그는 다음과 같이 인식하기 때문이다. "유학의 본질이라는 이 문

15) 이 글은 『學術與政治之間』(臺北: 臺灣學生書局, 1980)에 수록되어 있다.

제는 중국 고대 사회의 특정한 문제와 긴밀하게 연계되어 있다. 만약 단지 바로 사상을 가지고서 사상을 논하기만 하고 이러한 사상이 형성된 현실적 토양을 탐구하지 않으면 정확한 답안을 찾을 수 없다."[16] 그러나 이 관점은 사상의 본질 문제와 그 형성의 역사적 원인 문제를 뒤섞어서 말하고 있는 것이다. 이것은 일체의 사상 및 문화의 초월성을 부정하는 것과 다르지 않아서 역사결정론에 빠지지 않을 수 없다. 뿐만 아니라 완전히 역사적 맥락과 사회 구조를 초월한 사상이 있는지 여부와는 상관이 없이, 우리들이 문화는 독립적 영역이라는 점을 받아들이기만 한다면 역사와 사회에 대하여 상대적 초월성을 갖고[17], 우리들은 바로 이미 고대 사회의 특징에 근거하여 유학의 본질을 규정하는 관점을 거부할 충분한 이유를 갖게 된다. 이런 까닭에 유학의 본질을 결정하기 위해서 우리들은 일정한 한도 안에서 "바로 사상을 가지고 사상을 논하는"(就思想論思想) 것이 필요하다.

마지막으로 설령 김요기의 이른바 "사회화된 유학"이라는 관점을 따른다고 하더라도 우리들은 유학의 본질을 살펴볼 수 없다. 왜냐하면 비록 이러한 의미의 "유학"이 의식적으로 나온 것, 심지어 이성적 선택이라고 하더라도 당사자는 이미 유학이 본래 가지고 있는 전체적 의미를 버리고 그 부분적 요소를 선택하여 도구적 해석을 덧붙인 것이기 때문이다. 이와 같은 선택과 해석을 한 후의 "유학"은 이미 유학의 본질적 의미를 상실한 것이다. 유가

---

16) 余敦康, 「什麽是儒學?」, 『中國論壇』 제313기 (1988년 10월 10일 출간), 11쪽.

17) 이 문제에 관해서는 余英時의 『論文化超越』을 참조할 수 있다. 이 글은 『中國文化與現代變遷』에 수록되었다.

사상으로 "동아시아 경제 기적"을 해석하는 학자들이 이해하고 있는 "유학"은 대부분 이 유형에 속한다.

유학의 본질을 확정하기 위해서는 우리들은 모름지기 유학 사상이 위에서 논의한 세 가지 측면 외에도 또 다른 한 측면이 있으며 이 측면이 유학 사상의 초월성을 나타낸다는 점을 받아들여야 한다. 여영시의 "유학유혼론"(儒學遊魂論)은 분명 이 초월적 측면을 예비한 것으로, 이 논점은 유학의 "혼"(정신)은 특정한 제도를 초월할 수 있고 여전히 독립적 의의를 가지고 있다는 것을 받아들이는 것과 다르지 않다. 유학의 본질은 제도에 있는 것이 아니라 이 "혼"에 있다. 유학이 자신의 몸을 의탁했던 제도를 벗어나도 그 본질에는 손실이 없음을 알 수 있다. 공·맹의 시대에 유가의 이상은 아직 제도의 측면에 실현되지 않았으므로 유학자들은 흔히 세상 물정에 어둡고 실제적이지 못하다고 생각한다. 이런 상황에서 유학이 어찌 "떠도는 영혼"이 아니겠는가? 본질적 의미의 유학이 제도의 측면에서 실현된 것은 진한시대 이후의 일이다. 동중서(董仲舒)가 "백가(百家)의 학문을 물리치고 유술(儒術)을 독존한다"(罷出諸子, 獨尊儒術)고 말한 것은 다만 기정사실화된 것을 정식으로 선언한 것에 불과하다.

공자 자신이 유가 사상의 이러한 초월성을 인정한다는 것은 의심할 여지가 없다. 그는 비록 주대 문화의 계승자로 자임하여 "주나라는 하(夏)·은(殷) 2대를 거울삼았으니 문채가 무성하도다! 나는 주나라를 따르겠다"(周監於二代, 郁郁乎文哉! 吾從周. 『論語』「八佾」)고 하였고, 심지어는 "조술할 뿐 창작하지 않는다"("述而不作. 『論語』「述而」)고 하였지만, 이것은 결코 유가의 본질이 주나라 전장제도에 있다는 것을 증명하기에는 부족하다. 왜냐하면 공자가 비록 전통 제도를 존중하였지만 오히려 제도의 가변성을 받아들였기 때문이다. 그는 "은나라는 하나라 예문화에서 나온 것이니 그 손익(損益)을 알 수 있다. 주나라는 은나라 예문화에서 나온 것이니 그 손익을 알 수 있다. 그 어떤 나라가 주나라를 계승한 나라라면 비록 백세가 된다고 하더라도 알 수 있다"(殷因於夏禮, 其損益可知也. 周因於殷禮, 其損益可知也. 其或繼周者, 雖百世可知也.『論語』「爲政」)고 말하였다. 더 나아가서 말하면, 주대 문화의 가치는 제도 자체에 있는 것이 아니라 그 표현된 정신 가치에 있다. 공자는 "인"(仁)이라는 글자로 이러한 정신 가치를 표현하였는데, 그는 "예라! 예라! 말하는 것이 옥백(玉帛)을 말하는 것이겠는가? 악이라! 악이라! 말하는 것이 종고(鐘鼓)를 말하는 것이겠는가?"(禮云禮云, 玉帛云乎哉? 樂云樂云, 鍾鼓云乎哉?『論語』「陽貨」)라고 말하였다. 또 "사람이 되어 어질지 아니하면 예가 무슨 소용이 있겠는가? 사람이 되어 어질지 아니하면 음악이 무슨 소용이 있겠는가?"(人而不仁, 如禮何? 人而不仁, 如樂何?『論語』「八佾」)라고 말하였다. 이런 까닭에 유학의 본질은 "인"이라는 글자가 담고 있는 정신 가치에 있는 것으로, 이러한 정신 가치는 특정한 제도와는 독립적인 것이고 그 초월성을 갖는다.

그러나 이상에서 말한 것은 다음과 같은 것을 의미하지는 않는다. 즉 유학은 역사적 맥락과 사회 구조를 떠난 이론일 따름으로 실천에까지 꼭 이르는 것은 아니다. 왜냐하면 유가 사상의 두드러진 특색은 바로 아래와 같은 것이기 때문이다. 즉 유학 사상은 초월성 이외에도 동시에 내재성(內在性)을 가지고 있다. 현대 유가학자들은 흔히 유가 사상의 이러한 특색을 "초월적이면서 내재적인 것"(超越而內在) 또는 "내재초월성"(內在超越性)이라 칭하고, 서양 문화(특히 종교) 속의 "초월적이면서 외재적인 것"(超越而外在) 또는 "외재초월성"(外在超越性)의 기본 유형과 서로 대비시킨다.[18] 유가 사상의 내재성은 그것과 현실 생활 및 현실 세계 사이의 본질적 관계 속에서 표현되었다. 그러므로 그것은 단지 추상적 이론일 수 없고 모름지기 일종의 실천의 학문[實踐之學]이다. 바로 이러한 실천적 성격이 적지 않은 서양학자들(예를 들어 헤겔이나 베버)로 하여금 유가 사상은 초월성 혹은 초월정신이 결핍되었다고 오해하게 만들었다.

유가 사상의 실천적 성격은 결코 개인 도덕에 제한되는 것이 아니라 정치 및 사회 영역으로 향한다. "인"의 도는 "자기 자신이 서고 도달하는 것"(己立, 己達)을 요구할 뿐만 아니라 "다른 사람을 서게 하고 도달하게 하는 것"(立人, 達人)을 요구한다. 성인은 "자신을 이루는 것"(成己)을 요구할 뿐만 아니라 "사물을 이루는 것"(成物)을 요구한다. "내성외왕"(內聖外王)이라는 말은 비록 『장자』(莊子) 「천하」(天下)편에서 처음으로 보이지만, 매우 타당하게 유학의 기본 정신을 말하였다. 그렇지만 "내성"과 "외왕" 사이에서 "내성"은 반드시 "외왕"의 기초가 되어야 하고, "외왕"은 "내성"

18) 이 관점을 밝힌 사람이 매우 많아 여기에서는 일일이 예를 들 수 없다. 비교적 계통적인 서술은 余英時의 「從價值系統看中國文化的現代意義」로 『中國思想傳統的現代詮釋』(臺北: 聯經出版公司, 1987)에 수록되었다. 杜維明의 「超越而內在—儒家精神方向的特色」은 『儒學第三期發展的前景問題』(臺北: 聯經出版公司, 1989)에 수록되었다.

의 확장이다. 유학은 또 "자기 자신을 이루기 위한 학문"[(爲己之學): 이른바 "옛날에 학문을 한 것은 자기를 이루기 위한 것"(古之學者爲己)이다]으로, "자기 자신을 이루기 위한 것"이라는 의미는 자기의 도덕 인격을 이루는 것이다. 그러므로 유가의 실천은 도덕 실천을 근본으로 하고, 이것으로부터 다시 확장하여 사회와 정치 속에서 실천에 도달하는 것이다. 우리들은 이 두 가지에 근거하여 유학의 본질을 "내성의 학문, 덕을 이루는 가르침"(內聖之學, 成德之教)이라고 정의한다. 그러나 내성외왕의 근본으로 말하면 내성의 측면이 더 본질적 성격을 갖추고 있다. 내성의 학문을 떠나고서 "실천"(마르크스가 말하는 "실천"과 같은)을 말한다면 유가는 필시 근본이 없는 학문으로 보게 된다. 유가의 내성의 학문은 반드시 외왕을 이끌어 내야하고, 이것은 유학의 본질적인 모습에 속하는 것이다. 그러나 외왕은 역사적 시공 속의 우연한 조건에 연계되었기에 또 비본질적인 일면이 있다.

전통 유가는 "외왕"을 "내성"의 확장으로 삼았을 뿐만 아니라 그 직접적인 확장으로 보았다. 예를 들어 『대학』은 "수신"(修身), "제가"(齊家)에서 곧바로 "치국"(治國), 평천하(平天下)로 향하여 나아간다. 이것은 분명 정치 영역을 도덕 영역으로 집어 삼켜버리는 것과는 같지 않다. 왜냐하면 바로 서복관이 지적한 것처럼 전통 유가는 "수기"(修己: 개인도덕)와 "치인"(治人: 정치)의 표준 사이에 엄격한 구분이 있기 때문이다.[19] 그러나 이것은 또 현대적 의미의 정치를 충분히 실현하기에는 부족하다. 헤겔의 용어

19) 徐復觀의 「儒家在修己與治人上的區別及其意義」를 참조하다. 이 글은 『學術與政治之間』에 수록되었다.

를 사용하여 말하면 이것은 정치로 하여금 그 "진실성"(眞實性: Wahrheit)을 표현하기에는 부족하다. 현대 신유학자들은 전통 유가 정치사상의 한계에 대하여 이미 매우 깊은 반성이 있다. 그들은 다음과 같은 점을 이해하고 있다. 전통 유가의 "덕치"(德治) 사상은 내성으로부터 직접적으로 외왕을 열어 나가는 것인데, 그 궁극을 충실하게 한다고 하더라도 다만 "성군현상"(聖君賢相)의 정치적 국면을 세울 수 있을 뿐으로, 이러한 정치적 국면은 결코 유가의 내성의 학문의 충실한 실현이 아니라 반대로 어떤 의미에서 그 전개를 제한한다. 예를 들어 1958년 당군의(唐君毅), 모종삼(牟宗三), 장군매(張君勱), 서복관(徐復觀) 네 사람이 연명하여 발표한 〈중국 문화를 위하여 세계 인사에게 삼가 알리는 선언〉(爲中國文化敬告世界人士的宣言)에서 말하였다.

과거 중국의 군주제도에서 군주는 덕으로 천하를 다스릴 수 있었고 인민에게는 그 덕의 교화[德化]라는 은혜를 베푸는 것으로 천하를 맑고 공정하게 하였다. 그러나 인민이 단지 군주의 덕의 교화라는 은혜를 받는 존재라면 인민은 여전히 그저 피동적으로 덕의 교화를 받아들일 뿐으로, 인민의 도덕 주체는 수립될 수 없고 단지 군주만이 스스로 그 도덕 주체를 세울 뿐이라고 말할 수 있다. 그렇지만 단지 군주만이 스스로 그 도덕 주체를 세우고 인민으로 하여금 그 도덕적 주체를 세우도록 하지 못한다면 이와 같은 군주는 혼자서는 성군이 될 수 있더라도 한 사람이 홀로 "성군"(聖)이 되는 것이니 이것은 즉 "성"을 사사로이 하여 자신의 소유물로 삼는 것이 될 것이다. 그렇지만 이것은 진실로 그 "성"을 이루는 것이 아니므로 역시 그 도덕주체를 세울 수 있는 것이 아니다.[20]

서복관 역시 일찍이 「중국의 치도-육선공전집서를 읽고 난 후(中國的治道-讀陸宣公傳集書後)」에서 전통 유가의 정치사상 속에는 "이중주체성"(二重主體性)의 모순이 있다고 지적하였는데, 바로 이런 의미에서 한 말이다. 유가 전통은 기본적으로 인민을 주체로 하지만 현실적 전제 정치 속에서는 오히려 군주를 주체로 하기 때문에 조화시킬 수 없는 대립이 형성되었다.[21] 이밖에 모종삼은 『정도와 치도』(政道與治道)에서 지적하여 말하였다. 전통 유가의 "덕치" 사상은 "천하를 얻는"(得天下) 방면에서 정권의 이양 문제를 합리적으로 해결할 수 없고, "천하를 다스리는"(治天下) 방면에서는 "(도덕적 주체가 되는 것은) 우연히 될 수는 있지만 구할 수는 없음"(可遇不可求), "(도덕적 주체가 된 성군인) 사람이 살아 있으면 정치가 올바르게 작동하지만 사람이 죽으면 정치도 작동하지 않음"(人存政擧, 人亡政息), "치자가 과중한 부담을 짊어지게 됨"(治者負擔過重)이라는 이 세 가지 요소가 결핍되었다.[22]

이것은 다음과 같은 것을 의미하는가? 유가는 오늘날 반드시 "내성외왕"의 사상 형식을 버려야 하는가? 근본적으로 유가 전통 사상에 대하여 부정적인 사람으로 말하면 이와 같은 문제는 자연히 존재하지 않는다. 그러나 만약 우리들이 여전히 유가 전통을 우리 문화의 한 대상으로 삼고 동시에 유학이 오늘날 이 시대에

---

20) 이 글은 뒤에 「中國文化與世界」라는 제목으로 唐君毅의 『中華人文與當今世界』 (臺北: 臺灣學生書局, 1975)에 수록되었다. 인용한 글은 이 책 903쪽에 보인다.

21) 이 글은 『學術與政治之間』에 수록되었다.

22) 牟宗三, 『政道與治道』 (臺北: 臺灣學生書局, 1987), 132-140쪽.

반드시 자아전환을 하여 새로운 시대 상황 속에서 적응해야 한다는 점을 받아들인다면 우리들은 이 문제를 신중하게 고려하지 않을 수 없다. 전통 유가의 "내성외왕"이라는 사상 형식은 오늘날 흔히 "범도덕주의"(泛道德主義)라는 이름을 등에 매고 있기 때문에 현대 사회의 다원성과는 서로 용납될 수 없다고 생각한다. 중국 현대의 몇몇 자유주의 학자들은[예를 들어 은해광(殷海光), 장불천(張佛泉) 등과 같은] 이 사상을 힘써 비판하면서 이와 같은 사상 형식은 민주 정치를 세우는데 도움이 되지 않을 뿐만 아니라 반대로 전체주의 정치[極權政治]로 나아가게 될 것이라고 생각한다. 이것은 그들과 신유가 학자들(주로 서복관) 사이에 논쟁의 초점이다.

설령 얼마간 유가 사상에 대하여 동정적인 학자들이라 하더라도 역시 이 사상 형식을 받아들이지 않는다. 여기에는 유가 사상에 대한 "창조적 전환"[創造性轉化]을 주장하는 임육생[23]과 마땅히 유가 사상에 "비판적 계승"(批判的繼承)을 가할 것을 강조하는 부위훈(傅偉勛)을 포함한다.[24] 임육생의 "창조적 전환"으로 말하면 그는 「무엇이 "창조적 전환"인가?」(什麽是"創造性轉化"?)라는 글에서 이렇게 해석하였다.

---

23) 林毓生, 「新儒家在中國推展民主的理論面臨的困境」. 이 글은 『政治秩序與多元사회』(臺北: 聯經出版公司, 1989)에 수록되었다.

24) 傅偉勛의 「中國文化往何處去?」를 참조. 이 글은 『"文化中國"與中國文化』(臺北: 東大圖書公司, 1988)에 수록되었다. 또 傅偉勛의 『儒家思想的時代課題及其解決線索』을 참조. 이 글은 『批判的繼承與創造的發展』(臺北: 東大圖書公司, 1986)에 수록되었고, 또 杜念中·楊君實이 편집한 『儒家倫理與經濟發展』(臺北: 東大圖書公司, 1987)에 수록되었다.

> 궁극적으로 "창조적 전환"은 무엇을 가리키는 것인가? 그것은 아래와 같은 것을 나타낸다. 다원적 사유 방식을 사용하여 몇몇(전체가 아니다) 중국 전통 중의 부호·사상·가치와 행위 방식에 새로운 조직과/또는 개조(어떤 것은 새롭게 조직한(重組) 후에 개조해야 하고, 어떤 것은 단지 새로운 조직이 필요하고, 어떤 것은 새로 조직할 필요가 없고 철저하게 개조할 필요도 없다)를 하여 새로운 조직과/또는 개조의 부호·사상·가치와 행위의 방식을 통하여 변혁에 유리한 자원이 되게 하는 동시에 변혁 중에서 계속해서 문화적 일체감을 유지한다.[25]

이 글의 다른 곳에서 그는 더 구체적으로 말하였다.

> "창조적 전환"은 중국 전통의 폐쇄적, 일원적 사유 방식과 완전히 상반되는 것이다. 그것은 전통 중의 낡고 나쁜 성분에 대하여 엄격한 거부의 태도를 취하는 것이다. 동시에 그것은 홍콩, 대만 지역 신유가의 이른바 민주와 과학은 중국 전통에서 "이끌어 낼 수 있다"(開出)는 설에 동의하지 않으면서 동시에 5·4신문화 운동 이래로 중국에서 주류적 지위를 차지한 전반적 반 전통주의에도 찬성하지 않는다.[26]

필자가 여기에서 질문하고자 하는 것은 이런 점이다. 바로 유가 전통으로 말하자면 임육생은 궁극적으로 어떤 표준에 근거하여 어느 성분이 새로운 조직 또는 개조를 통하여 보전되고 전해질 수 있다고 하는가? 그의 설명에 의하면 그 표준은 "변혁에 유

---

25) 林毓生, 『政治秩序與多元社會』, 388쪽.

26) 위와 같음.

리하다"(有利於變革)는 것의 여부이다. 그러나 이렇게 한다면 그의 유가 전통에 대한 태도는 김요기가 묘사한 홍콩 학자들과 다를 바 없이 유가 전통에 대하여 일종의 도구주의적 관점을 취하는 것 같다. 이것은 유가 사상의 본질적 의미를 부정하는 것과 다르지 않은 것인데 또 어떻게 "전환"을 겪은 후에 "문화적 일체감을 계속해서 유지할 수"(繼續保持文化的認同) 있겠는가?

"창조적 전환"이라는 관점을 부정할 생각은 없지만 필자가 이해하고 있는 "창조적 전환"은 결코 "내성외왕"의 사상 형식을 취사선택하는 것이 아니라 창조적 해석을 통하여 이 사상 형식에 일종의 현대적 의미를 새로 부여하는 것이다. 왜냐하면 이렇게 해야만 우리들은 유학이 전환된 이후에도 계속해서 문화적으로 인식을 같이 할 수 있을 것이기 때문이다. 이와 똑같이 우리들 역시 다음과 같이 말할 수 있다. 유가 사상에 대하여 "비판적 계승"을 가할 때, 우리들이 마땅히 계승해야 할 것은 무엇인가? 유학의 본질을 버리고 "계승"을 한다면 아마도 다시는 유가 사상을 문화적 일체감을 갖는 대상으로 삼을 수는 없을 것이다. 그러므로 필자는 시종일관하여 이렇게 생각한다. "내성외왕"의 사상 형식은 오늘날에는 단지 새롭게 전면적인 해석을 통하여 전환하는 것이 필요할 뿐이지 버릴 필요는 없는 것이다. 신유가 학자들은 이러한 전환을 위한 매우 훌륭한 사례를 제공하였다.

현대 신유가가 비록 내성외왕의 기초를 인정하지만 결코 간단하게 외왕을 내성의 직접적 확장으로 보지는 않는다. 앞에서 말한 1958년의 〈선언〉에서 한 가지 구상을 제기하였다. 그것은 어떻게 변증적 과정을 통하여 "중국인들이 심성학[心性之學]으로부터 자아가 하나의 '도덕 실천적 주체'(道德實踐的主體)임을 자각하고 동시에 정치상으로 하나의 '정치적 주체'(政治的主體)임을 자각하여 자연계·지식계에서 '인식적 주체'(認識的主體) 및 '실용기술적 활동의 주체'(實用技術的活動之主體)가 되는 것"[27]을 설명할 것인가 하는 점이다. 모종삼이 이 구상에 대한 완비된 철학적 해석을 제시하였다. 그는 "양지의 자아감함"(良知之自我坎陷, self-negegation)으로 내성과 "신외왕"(新外王: 民主政治)의 관계, 도덕과 지식(특히 과학지식)의 관계를 설명하였다. 그는 칸트 철학 중의 "현상"(現象)과 "물자체"(物自體)의 구분 및 "실천이성이 사변이성에 우선한다"(實踐理性優先於思辨理性)는 기본 관점에 이러한 의미가 이미 있다고 해석한 까닭에 칸트 철학은 현대 신유학의 자아전환을 위하여 중요한 사상 자원을 제공하게 되었다. 간단히 말해 현대 신유가에 있어 내성이 외왕과 지식으로 향함에서 중간단계의 전환은 우회적인 것[曲通]이지 직접적인 것[直通]은 아니다. 이것이 현대 신유가의 "신"(新)이라는 것이다.[28]

현대 신유학의 "내성의 학문으로부터 민주와 과학을 이끌어낸다"(由內聖之學開出民主與科學)는 관점은 최종적으로 모종삼의 "삼통"(三統)설로 귀결된다. 이른바 "삼통"은 도통(道統), 정통(政統)과 학통(學統)이다. 간단히 말해서 내성의 학문은 도통을 대표하고 민주정치는 정통을 대표하며 과학지식은 학통을 대표한다.

---

27) 唐君毅, 『中華人文與當今世界』, 896쪽.

28) 현대 신유학의 "유학은 어떻게 민주와 과학을 펼칠 것인가"(儒學如何開出民主與科學)라는 이 문제에 대한 관점은 필자가 「論所謂〈儒家的泛道德主義〉」라는 글에서 상세하게 밝혔다. 필자의 졸저 『儒學與現代意識』, 99-115쪽을 참조하기 바란다.

“내성외왕”의 사상 형식에서 모종삼도 도통으로 정통과 학통을 “통섭”(統攝)한다. 이 “통섭” 관계는 도통으로 정통과 학통을 덮어버리거나 집어삼키는 것을 의미하지는 않는다. 칸트의 술어를 빌어 말한다면 이 관계에서 도통은 정통과 학통에 대하여 “규제적”(規制的: regulativ) 작용만 있는 것이지 “구조적”(構造的: konstitutiv) 작용을 갖지 않는다. 그러므로 “삼통”설은 정치 영역과 지식 영역의 독립적 의미를 부정하지 않으므로 일종의 “환원주의”[化約主義, reductionism]는 아니다. 이것은 현대 신유학을 “범도덕주의”라고 비판하는 사람들이 흔히 가볍게 보는 점이다. 필자는 일찍이 「이른바 “유가의 범도덕주의”를 논함」(論所謂 “儒家的泛道德主義”)이라는 글에서 이에 대하여 분명하게 밝힌 바가 있으므로 독자들은 참고할 수 있을 것이다.

그렇지만 이상의 말은 결코 다음과 같은 것을 의미하지는 않는다. 즉 “내성외왕” 사상의 전환은 단지 현대 중국인의 문화적 일체감을 만족시켜 그 문화적 향수를 달래주기 위한 것은 아니다. 만약 이렇다면 전환 후의 유가 사상은 객관적인 이론 근거 및 보편적 의미가 너무 부족하게 될 것이다. 현대 신유가가 “내성외왕”의 사상 형식을 견지하고 또 도통으로 정통과 학통을 “통섭”하고자 하는 것은 사실 더 깊은 의미가 있는 것으로, 즉 중국의 현대화가 가져올 폐단을 위하여 비판적 표준을 제공하는 것이다. 중국이 현대화 과정에서 추구하는 두 가지 목표—과학과 민주—로 말하면 그것들은 한편으로 “과학일층론”(科學一層論)의 폐단을 방지해야 하고, 다른 한편으로 “범민주주의”(泛民主主義)의 폐단을 방지해야 한다. “과학일층론”과 “범민주주의”는 모종삼이 사용한 용어이다.[29] 이른바 "과학일층론"은 사실 바로 통상적으로 말하는 "과학주의"(scientism)이다. 이것은 일종의 의식 형태화의 관점으로, 과학의 방법과 작동 과정은 아무런 제한이 없이 모든 지식 영역, 심지어 가치 영역에까지 나아가야 한다고 주장한다. 현대 신유가는 과학에 반대하지는 않지만 과학주의를 일관되게 비판하였다. 이것은 초기에 양수명(梁漱溟)의 "이성"(理性)과 "이지"(理智)의 구분, 웅십력(熊十力)의 "성지"(性智)와 "양지"(量智)의 구분 내지는 장군매가 "과학과 현학의 논전"(科學與玄學論戰)에서 견지한 입장으로부터 분명하게 살펴볼 수 있다. ""에 대하여 모종삼은 어떤 때에는 "범정치주의"(泛政治主義)라고 부르기도 한다. 이것은 일종의 이지(理智)적 측면에서만 자유 민주를 긍정하는 것이지 도덕 이성에서 그 근원적 정치 관점 혹은 태도까지 탐구하기를 원하는 것은 아니다. 이러한 입장은 호적(胡適), 은해광(殷海光), 장불천(張佛泉) 등과 같은 자유주의 학자가 대표적이다. 모종삼은 분명히 다음과 같이 지적하였다. "과학일층론"과 "범민주주의"는 흔히 서로 표리를 이루고, 그 배후에 있는 공통적인 기초는 "이지일원론"(理智一元論) 혹은 "천박한 이지주의"(淺薄的理智主義)이다.[30]

우리들은 서양학자들의 서양 현대 사회에 대한 반성으로부터 현대 신유가의 이러한 측면의 고민 및 이론의 현대적 의미를 이해할 수 있다. 막스 베버는 서양 사회의 현대화를 "이성화"(理性

29) 牟宗三, 『政治與治道』, 57-62쪽; 또 『道德的理想主義』(臺北: 臺灣學生書局, 1978), 253-259쪽 참조.

30) 牟宗三, 『道德的理想主義』, 242-244쪽; 또 『生命的問題』(臺北: 三民書局, 1970), 212-213쪽 참조.

化: Rationalisierung)의 과정으로 보지만, 그는 이 과정에서 내재적 모순을 발견하였다. 이 모순은 두 가지 측면에 있다. 첫째, 과학기술의 측면에서 이성의 작용은 주로 수단과 목적 관계의 합리적 평가에서 표현되었는데, 이러한 합리성을 "목적 합리성"(目的合理性: (Zweckrationalität))이라고 불렀다. 그러나 이러한 합리성은 목적의 선택과 가치를 저울질 하는 데에는 미치지 못하는 것으로, 이러한 선택과 저울질은 "가치 합리성"(Wertrationalität)에 속하는 것이다. 서양 사회의 과학기술 발전 과정에서 "목적 합리성"의 동력은 원래 목적의 선택에서 "가치 합리성"이 제공하는 것이지만, "목적 합리성"이 과도하게 팽창한 결과 오히려 "가치 합리성"을 날로 위축시켜 사람들이 원래 과학기술을 발전시킨 목적을 망각하게 만들었다. 다음으로 정치 조직 측면에서 근대 서양 사회의 "이성화"는 주로 "과학층차화"(科層化: Bürokratisierung)로 표현되는데, 그 목적은 전문 기술 관료 계층과 형식화된 법 체계를 갖추어 그것을 기초로 현대적 과학층차제를 세우는 것이다. 이와 같은 과학층차제의 특징은 다음과 같다. 그 통치 체계는 순 형식적 법규범 혹은 과정에 의거한 것이지 어떤 특정한 가치에 근거하여 나온 법 혹은 윤리 원칙에 따라 진행하는 것이 아니다. 그러므로 그것이 표현한 합리성은 "형식 합리성"(形式合理性: formale Rationlität)에 속하는 것이지 "실질 합리성"(實質合理性: materiale Rationlität)이 아니다. 베버의 용법에서 "목적 합리성"과 "가치 합리성"의 구분 및 "형식 합리성"과 "실질 합리성"의 구분은 기본적으로 등가적이다. 그러나 그가 "목적 합리성"이란 용어를 사용할 때에는 수단의 유효성을 강조하고, "형식 합리성"

이란 용어를 사용할 때에는 과정(결과가 아니라)의 합리성을 강조한다. 서양 사회의 경험으로 말하면 "과학층차화"의 과정은 모종의 "실질 합리성"의 고려에서 시작된 것으로, 모종의 종교적 혹은 세속적 목적을 만족시키기 위해서 발생한 것이다. 그러나 그 결과 오히려 "형식 합리성"의 고려는 "실질 합리성"의 요구를 엄폐하여 일종의 형식상으로는 합리적이지만 실질적으로는 불합리한 "관료주의"(官僚主義: Bürokratismus)를 형성하였다.

베버 이후 프랑크푸르트학파는 계속하여 서양 지식계 중의 과학주의 및 서양 산업 사회의 의식 형태를 깊이 있게 비판하였다. 과학의 발전은 실로 근대 서양의 산업 사회를 형성하였지만 그 사회의 근본을 부식시키기에 충분한 "과학주의"를 낳았다. "과학층차화"는 근대 서양 민주 정치에 없어서는 안 될 요소이지만 현대적 형태의 "관료주의"를 필연적으로 낳아 인간의 자유를 제한하고 심지어는 부정한다. 종합하면 근대 서양 사회의 "이성화"는 원래 서양 계몽주의 운동 중의 이성정신을 잉태하였지만 그 결과는 오히려 이성의 부정을 초래하였다. 이것이 바로 호르크하이머(Max Horkheimer)와 아도르노(Theodor W. Adorno)가 말한 이른바 "계몽의 변증" (Dialektik der Aufklärung)이다. H. 마르쿠제(Herbert Marcuse)는 그의 유명한 저작 『일차원적 인간』 (One-Dimensional Man)에서 이렇게 지적하였다. 현대 서양 산업 사회에서 "기술 합리성"의 과도한 팽창은 "일차원적 철학"(일체의 형식적 실증주의 철학, 특히 영·미의 日常言語 分析哲學을 가리킨다)이 승리를 얻게 하여 "일차원적 사회"를 형성하게 하였다.

베버가 과도하게 "목적 합리성" 혹은 "형식 합리성"을 높이고

"가치 합리성" 혹은 "실질 합리성"을 폄하하는 태도라고 우려하면서 인용하고 있는 것은 바로 모종삼의 이른바 "이지일원론" 혹은 "천박한 이지주의"로 "이지일원론"이 형성한 철학은 바로 마르쿠제의 이른바 "일차원적 철학"이다. 만약 우리들이 한 걸음 더 나아가 현대 신유가의 "과학일층론"과 "범민주주의"에 대한 비판을 이해한다면 그 안의 더 많은 곳에서 베버와 프랑크푸르트학파의 분석과 서로 호응하면서 밝혀주고 있음을 발견하게 될 것이다. 그러므로 필자는 현대 신유가의 내성으로 말미암아 신외왕을 펼친다는 철학 구상을 단지 아큐식(阿Q式) "중체서용"(中體西用)론의 현대적 판박이라고 주장하는 학자들의 생각에는 동의할 수 없다.[31] 우리들은 당연히 현대 신유가와 베버·프랑크푸르트학파는 서로 완전히 다른 시간과 공간의 맥락에서 현대화에 대하여 비판을 제기하였다는 점을 부인하지는 않는다. 그러나 바로 이 점 때문에 우리들이 오늘날 현대 산업 사회의 전환기적 상황에 처한 대만사회를 본다면 현대 신유가의 자아전환의 노력에서 그 현실적 의미를 더욱 분명하게 찾을 수 있을 것이다. 설령 우리들이 "제도화된 유학"은 이미 다시 존재하지 않고 유학이 오늘날 이미 "떠도는 영혼"이 되었다고 하더라도 이것이 어쩌면 완전히 잘못된 일은 아닐지도 모른다. 왜냐하면 유학이 본질상 인류의

31) 예를 들어 대륙학자 方克立은 「現代新儒學與中國現代化」에서 이렇게 썼다. "유학의 '내성외왕'(內聖外王)의 학은 본래 '내성'을 체(體)로 하고 '외왕'을 용(用)으로 한다. 신유가가 제시한 '근본으로 돌아가 새로움을 펼친다'(返本開新), '내성에서 신외왕을 펼쳐 낸다'(由內聖開出新外王)는 구호는 여전히 '체용'(體用)의 형식을 연용한 것으로, 좀 직접적으로 표현하면 '중체서용'(中體西用) 사상의 판박이[翻版]이다."(『南開大學』, 1989년 제4기, 8쪽.)

상도(常道)와 이상(理想)을 대표하여 지속적으로 시대와 현대 사회에 대해 비판적 역할을 할 수 있다면, 이것은 또 하나의 전환이 되고 유학이 자아인식과 자아전환을 한 후에 새롭게 전개되는 것이 아니겠는가?

제1장

모종삼 철학에서 "물자체" 개념

1

현대 중국 철학에서 모종삼(牟宗三)과 칸트 철학의 밀접한 관계는 사람들이 잘 알고 있다. 일찍이 1949년에 그는 이미 대저(大著) 『인식심의 비판』(認識心之批判)을 써서 칸트의 『순수이성비판』에 대한 깊이 있는 탐구를 하였다. 이 책은 주로 칸트가 지성(知性: Verstand)의 기능에 대해 설명한 것에 따르면서 B. 러셀(Bertrand Russell), L. 비트겐슈타인(Ludwig Wittgenstein) 등의 논리와 수학에 관한 이론 등을 취하였다. 그러나 이 책은 오래 전에 절판되었고, 그 뒤 1990년 대만 학생서국(學生書局)에서 중판을 출판할 무렵 모종삼은 〈중판의 말〉(重版誌言)이라는 글에서 이 책에 대한 불만을 다음과 같이 표시하였다.

가장 큰 잘못은 내가 당시에 단지 지성의 논리적 성격만 이해하였

지 칸트의 '지성의 존재론적 성격'의 체계를 이해할 수 없었다는 점이다.[1)]

『인식심의 비판』이 이루어진 뒤에 15년이라는 오랜 세월이 지나도 그는 칸트철학에 대하여 계통이고 전문적인 탐구를 쓰지 못하였다. 1964년에 이르러서야 그는 칸트의 『도덕에 관한 형이상학의 기초』(道德底形上學之基礎)를 다시 번역 하였다.

1961년부터 그는 계속해서 『심체와 성체』(心體與性體)의 각 장절을 연속해서 쓰기 시작하였고, 1969년에 이르러 이 3책으로 구성된 대작이 비로소 모두 출판되었다. 이 대작에서 그는 칸트의 "자율 윤리학"(自律倫理學)의 기본적 의미에 따라 송명이학의 주렴계(周濂溪), 장횡거(張橫渠), 정명도(程明道), 정이천(程伊川), 호오봉(胡五峰), 주자(朱子) 6인의 철학을 해명[詮釋]하고 그 의리의 형태를 판단하였다. 1978년에 그는 『육상산에서 유집산까지』(從陸象山到劉蕺山)를 써서 육상산, 왕양명, 유집산 3인을 탐구하여 비로소 송명유학의 연구를 완성하였다. 그러나 그는 이 일련의 연구에서 결코 완전히 칸트를 표준으로 삼은 것이 아니라 칸트의 "자율"(Autonomie) 개념에 따라서 한 걸음 더 나아가 "도덕 형이상학"[道德的形上學]을 제시하고 판단의 표준으로 삼았다. 그는 『심체와 성체』 제1책 「종론」(綜論) 제3장 "자율도덕과 도덕 형이상학"(自律道德與道德的形上學)에서 칸트의 윤리학을 검토하면서 칸트에게는 단지 "도덕에 관한 형이상학"(道德底形上學, metaphysics of

---

1) 모종삼의 저작 시기에 대한 것은 蔡仁厚의 「牟宗三先生學行著述紀要」, 『鵝湖月刊』 제165-167기 (1989년 3-5월) 참조.

morals)이 있을 뿐 "도덕 형이상학"(道德的形而上學, moral-metaphysics)은 없다고 인식하였다. 간단히 말하면 "도덕에 관한 형이상학"은 "도덕의 형이상학적 해석"(道德之形上的解析)을 지칭하는 것으로 "순수한 도덕철학"(純粹的道德哲學)과 같다. "도덕에 관한 형이상학"은 도덕의 길을 따라 건립된 형이상학으로 "사변적 형이상학"(思辨的形上學: speculative meta-physics)에 가깝다. 모종삼의 견해에 의하면 칸트는 단지 도덕의 길을 따라 신학(神學)을 세웠을 뿐으로 "도덕적 신학"(道德的神學)은 있지만 "도덕 형이상학"은 없는데, 그 핵심은 칸트가 의지적 자유는 인간의 의식 속에서 드러날 수 있다는 점을 받아들이지 않고 단지 "요청"(Postulat)으로 보았기 때문이다.

1969년 모종삼은 『지성의 직관과 중국철학』(智的直覺與中國哲學)을 완성하였다. 이 책에서 그는 먼저 하이데거(Martin Heidegger)가 『칸트와 형이상학의 문제』(*Kant und das Problem der Metaphysik*)에서 칸트철학에 대해 했던 해석에 따라 "현상"(現象)과 "물자체"(物自體), "지성의 직관"(智的直覺) 등과 같은 여러 개념의 함의를 분명하게 정리하였다. 그는 더 나아가 다음과 같이 지적하였다. 비록 칸트는 우리 인간 지성의 직관을 승인하지 않았지만, 중국철학에서 유가, 도가, 불가 3교는 실천적 길을 따라서 인간이 갖추고 있는 무한심(無限心: 儒家의 本心 良知, 道家의 道心, 佛家의 眞常心)을 체증(體證)하기 위해서는 반드시 인간 지성의 직관을 승인해야만 한다. 그는 더 강조하여 인간이 지성의 직관을 가지고 있다는 점을 승인해야만 칸트철학에서 담고는 있었지만 오히려 세울 수 없었던 "도덕 형이상학"을 완성할 수 있다고 말하였다. 그는 1973년 원고를 완성한 『현상과 물자체』(現象與物自身)에서 한 걸음 더 나아가 칸트철학 중의 현상과 물자체의 구분을 검토하고 이것에 근거하여 양층존재론[兩層存有論: 執的存有論과 無執的存有論 혹은 現象界의 存有論과 本體界의 存有論]의 구조를 세웠다. 그는 뒤에 『대승기신론』(大乘起信論)의 설을 빌어 이 의리 구조를 "일심개이문"(一心開二門)이라고 불렀다.[2] 그는 특별히 이렇게 지적하였다. 칸트는 인간 지성의 직관을 승인하지 않으므로 현상과 물자체의 구분을 올바르게 세울 수 없었다. 1984년에 그는 또 『원선론』(圓善論)을 써서 칸트의 "최고선"(最高善: 圓善) 문제에 따라서 유가, 불가, 도가 3교 중의 "원교"(圓教) 형태를 설명하고, 칸트가 제출한 "덕(德)과 복(福)은 어떻게 일치할 수 있는가?" 하는 문제를 해결하였다. 이 3부작은 그가 칸트철학을 통찰하여 중국철학과 서양철학을 회통하고자 하는 의도를 아주 분명하게 표현하였다. 이 의도는 그가 당시 대만대학 철학연구소에서 했던 강의에서도 보인다. 이들 강의의 일부분은 뒤에 학생들이 정리하여 『중국철학 19강』(中國哲學十九講) 및 『중국철학의 회통 14강』(中國哲學之會通十四講) 두 책으로 이루어졌으며, 1983년과 1990년에 각각 출판되었다.

이밖에 80년대에는 모종삼이 번역한 칸트 저작 역시 속속 출판되었다. 먼저 『실천이성비판』과 『도덕에 관한 형이상학의 기초』 두 권의 번역본이 1982년에 『칸트의 도덕철학』(康德的道德哲學)이라는 제목으로 출판되었다. 다음 해에 『순수이성비판』의 번역

---

2) 牟宗三, 『中國哲學十九講』 (臺北: 臺灣學生書局, 1983) 第14講 참조; 또 『中國哲學之會通十四講』 (臺北: 臺灣學生書局, 1990) 第7講 참조.

본이 출판되었다. 그 중에서 『실천이성비판』의 번역본에는 유가의 관점에 따라서 쓴 적지 않은 주해가 덧붙여 있어서 우리들이 『지성의 직관과 중국철학』, 『현상학과 물자체』 및 『원선론』 등의 책에 보이는 관점을 이해하는데 도움을 준다.

모종삼은 칸트철학에 의한 유학의 해석이 중서철학의 많은 전문적 문제에 영향을 미친다는 점을 잘 파악하고 있었다. 이러한 문제들은 모두 심도 있는 탐구를 할 만한 가치가 있다. 그러나 이 글에서는 다만 칸트의 "물자체" 개념에 대해 했던 새로운 해석을 살펴봄으로써 그의 칸트철학에 대한 전환과 이러한 전환의 이론적 근거를 드러내도록 할 것이다. 모종삼은 『현상과 물자체』의 서언(序言)에서 이렇게 말하였다. 그의 해석은 불전(佛典)에서 이른바 "법에 의지하지 사람에 의지하지 않고, 뜻에 의지하지 말에 의지하지 않는다"(依法不依人, 依義不依語)와 같은 것으로, 혹은 칸트의 용어로 말하면 "이성적 지식"을 구하는데 있지 "역사적 지식"을 구하는데 있지 않다.[3] 그가 새롭게 해석한 것은 (칸트)전문가의 해석이 아니라 일종의 창조적 해석임을 알 수 있다. 이 글에서도 이러한 각도에서 그의 해석을 검토할 것이다.

모종삼의 "물자체" 개념에 대한 새로운 해석에서 가장 주목할 만한 가치가 있는 것은 다음과 같다. 그는 일반학자들이 항상 "물자체"를 하나의 사실개념으로 파악하는 관점을 취하지 않는다. 그는 이렇게 생각하였다. "'물 그 자체로 존재함'(物之在其自己)이라는 개념은 가치의미의 개념이지 사실의 개념이 아니다."[4] 그러

3) 牟宗三, 『現象與物自身』 (臺北: 臺灣學生書局, 1975), 「序」, 8-9쪽.

4) 같은 책, 「序」, 6쪽. "物之在自己"는 "物自體"의 또 다른 번역 명칭으로

나 그 역시 칸트 본인은 이와 같이 분명하게 나타내지 않았음을 분명히 알고 있었다. 그러므로 그는 다음과 같이 지적하였다. "(…)칸트 역시 물자체는 가치의미의 개념이라고 분명하게 결정적으로 말하지 않았고, 그는 물자체는 항상 사실문제와 나누어지지 않는다고 말하였다."[5] 이 글에서 탐구할 대상은 세 부분을 포함한다. (1) 『순수이성비판』에 근거하여 칸트의 "물자체" 개념을 간략하게 설명한다. (2) 모종삼이 이 개념을 새롭게 해석한 이유를 설명한다. (3) 칸트의 기타 저작에 근거하여 이러한 해석의 발전된 이론적 근거를 제시할 것이다.

2

일반적으로 학자들은 칸트의 "물자체" 개념을 이해할 때 대부분 『순수이성비판』에 근거한다. 왜냐하면 그는 이 책에서 현상과 물자체의 구별에 대하여 가장 완비된 설명을 하였기 때문이다. 첫째, 칸트는 〈선험감성론〉(先驗感性論: transzendentale Ästhetik)에서 공간과 시간은 인간 감성의 주관형식이라고 구분하여 밝힌 후에 이것으로부터 다음과 같은 결론을 도출하였다. 공간과 시간은 물자체의 형식조건이 아니라 다만 현상의 형식조건이다.[6]

모종삼은 항상 그 용어를 서로 바꾸어 쓴다. 이 번역 명칭에 대한 설명은 『智的直覺與中國哲學』(臺北: 臺灣商務印書館, 1974) 106쪽 참조.

5) 『現象與物自身』, 12쪽.

6) *Kritik der reinen Vernunft* (아래에서는 *KrV*로 간략하게 표시한다), hg. von Raymund Schmidt (Hamburg 1976), A26/B42 u. A34f./B50ff. (A=1781년 제1판, B=1787년 제2판)

그는 이것에 근거하여 공간과 시간의 "경험실재성"(經驗實在性: empirische Realität)과 "선험관념성"(先驗觀念性: transzendentale Idealität)을 설명한다.[7] 이어서 그는 〈선험감성론에 대한 일반 해설〉(對先驗感性論的一般解說)에서 아래와 같이 해석하였다.

> 그래서 우리가 말하고자 했던 것은 이렇다 : 우리의 모든 직관은 다름 아니라 현상에 대한 표상이고, 우리가 직관하는 사물들은 우리가 그 사물들을 그런 것이라고 직관하는 그 자체가 아니며, 그것들의 관계들도 그 자체로는 그것들이 우리에게 현상하는 그대로가 아니며, 또 우리가 우리 주관이나 단지 감관 일반의 주관적 성질을 제거한다면, 공간·시간조차도 사라져 버릴 것이다. 그러니까 모든 것은 현상인 것으로서 그 자체로가 아니라 오직 우리 안에 실존할 수 있는 것이다. 그 자체로 그리고 우리 감성의 일체의 이 수용성과는 별도로 대상들이 어떤 사정에 놓여 있는가는 우리에게 전혀 알려져 있지 않다. 우리는 그것들을 지각하는 우리의 방식, 즉 우리에게 고유한, 비록 모든 사람에게 속하기는 하지만 모든 존재에게 필연적으로 속하는 것은 아닌 방식 이외에는 아무것도 알지 못한다.[8]

간단히 말해 "현상"은 우리들이 공간과 시간이라는 이 두 가지 형식조건을 통하여 인식한 대상이고, "물자체"는 여기에서 단지 소극적 개념으로 공간과 시간이라는 조건을 제거하는 것을 빌어서 나타난 "현상"의 의의이다. "물자체"가 무엇인가 하는 문제는 우리들이 알 수 없다. 왜냐하면 우리 인간은 공간과 시간의 조건을 벗어나서 대상을 인식할 수 없기 때문이다.

---

7) *KrV*, A28/B44 u. A35f. /B52f.

8) *KrV*, A42/B59.

가능성이 있는 오해를 피하기 위하여 칸트는 현상과 물자체의 구분을 “선험적 구분”(先驗的區分)이라 부르면서 라이프니츠(G. W. Leibniz)와 볼프(Christian Wolff)가 감성표상(感性表象)과 지성(知性)개념에 대하여 행하였던 “논리적 구분”(邏輯的區分) 및 로크(John Locke)가 제1 성질(初性: primary qualities)과 제2 성질(次性: secondary qualities)에 행하였던 “경험적 구분”(經驗的區分)과 구별하였다. 칸트가 라이프니츠와 볼프의 구분을 “논리적”이라 부른 것은 이 구분이 표상의 분명함에 근거하기 때문이다.[9] 이러한 구분은 현상과 물자체를 구분하는 것과 다르다. 왜냐하면 비록 지성개념을 분명하게 한다고 하더라도 우리들로 하여금 물자체를 인식할 수 있도록 할 수 없기 때문이다. 제1 성질과 제2 성질의 구분은 대상의 성질에 근거한 것인데, 본질적으로 우연히 우리들의 직관에 들어와 정해진 것이므로(예를 들어 빗방울 속에 무지개가 있는 것과 같이) 칸트는 그것을 “경험적”이라고 부른 것이다.[10] 이와 같은 구분은 현상과 물자체를 구분하는 것과는 다르다. 왜냐하면 무지개가 되었든 빗방울이 되었든 모두 현상에 속하기 때문이다.

『순수이성비판』에서 “물자체” 개념과 거의 동의어로 볼 수 있는 것은 “이체”(理體: Noumenon) 개념으로, 현상과 물자체의 구분은 즉 사상(事相: Phaenomenon)과 이체의 구분에 상당한다.[11] 필

---

9) *KrV,* A43f. /B60ff.; *De mundi sensibilis atque intelligibilis forma et principiis, § 7, in: Kants Gesammelte Schriften* (Akademieausgabe, 아래에서는 *KGS*로 간략하게 표시한다), Bd. 2, S, 394f. 참조.

10) *KrV,* A45f. /B62f.

11) 『智的直覺與中國哲學』에서 모종삼은 Phaenomenon과 Erscheinnung

자는 칸트의 저작에서 "물자체"와 "이체" 두 개념을 분명하게 구분한 것을 보지 못하였다. 모종삼은 『지성의 직관과 중국철학』에서 이 두 개념을 서로 바꾸어 사용할 수 있는 개념으로 보았다. 그러나 『현상과 물자체』에서 그는 오히려 이 두 개념을 구분하여 "이체"는 물자체[物自身], 자유 의지, 영혼의 불멸, 신 네 가지를 포괄하였다.[12] 그 근거는 칸트 『순수이성비판』의 다음과 같은 말이다.

> 그럼에도 불구하고, 만약 우리가 현상으로서의 일정한 대상들을, 우리가 그것들을 직관하는 방식을 그것들의 성질 그 자체와 구별함으로써 감성적 존재자들(現象들)이라고 일컫는다면, 이러한 우리의 개념에는 이미 우리는 그것들의 성질 그 자체로서의 그것들을 — 우리가 비록 그 성질 그 자체에서 그것들을 직관하지는 못하지만 — 또는 전혀 우리 감관의 객관이 아닌 다른 가능한 사물들을 한낱 지성에 의해 생각되는 대상들로서 저 감성적 존재자들에 이를테면 대립시키고, 그것들을 예지적 존재자들(叡智體들)로 일컫는다는 사실이 들어 있다.[13]

두 단어를 모두 "現象"으로 번역하고, Noumenon을 "物自體"라고 번역한다. 『現象與物自身』에서 그는 Noumenon을 "智思物" 또는 "本自物"이라 번역하고, Erscheinung을 "法定象"이라고 달리 번역하였다. 불필요한 오해를 피하기 위하여 필자는 이 글에서 인용문 이외에는 일률적으로 Phaenomenon을 "事相"으로 번역하고 Noumenon은 "理體"로 번역하며, "現象"이라는 명칭은 Erscheinung에 남겨둔다. 불교에는 "理", "事"의 구분이 있어서 "理"를 "眞諦", "事"를 "俗諦"라고 한다. 필자는 "理體"와 "事相"의 번역 명칭을 채용하는데 바로 이 의미와 합치된다.

12) 『現象與物自身』, 43쪽.

13) *KrV*, B306.

그런데 여기에서 "다른 가능한 사물들"은 무엇을 가리키는가? 칸트는 설명하지 않았다. 그러나 위에서 인용한 단락과 멀지 않은 곳에서 칸트는 곧바로 "이체"(理體: 叡智體-옮긴이)를 "전혀 감관의 대상으로서가 아니고, 사물 그 자체로(오로지 순수지성에 의해) 생각되는" 것이라고 정의한다.[14] 칸트가 사용한 "이체"와 "물자체" 두 개념을 사용할 때 그 용어를 흔히 서로 바꾸어 사용한다.[15] 그러므로 필자는 다음과 같이 생각한다. 이 두 개념의 구별은 주로 의미에 있는 것이 아니라 문장의 맥락에 있다. 대체적으로 말하면 칸트가 이것과 현상의 대비를 강조할 때에 대부분은 "물자체"를 사용하고, 그가 이것이 순수지성을 투과하여 구상한 사물[物]을 강조할 때에는 대부분 "이체" 개념을 사용한다. 그런 까닭에 필자는 아래의 글에서 이 두 개념을 동의어로 사용하고 구분하지 않을 것이다.

『순수이성비판』에는 "일반적으로 말하는 대상 일반을 사상(事相)과 이체(理體)로 구분하는 이유를 논의함"이라고 명명한 한 장(章)이 있는데, 그 가운데 "이체"라는 단어의 의미에 중요한 설명을 한 두 개의 단락이 있다. 첫 번째 단락에서 "이체"의 소극적 의미와 적극적 의미를 설명하였다.

> 만약 예지체가 우리가 그것에 대한 우리의 직관방식을 도외시해서, **우리의 감성적 직관의 객관이 아닌 한에서**, 하나의 사물을 의미

---

14) *KrV*, A254/B310.

15) 예를 들면 *Prolegomena zu einer jeden künftigen Metaphysik, die als Wissenschaft wird auftreten können, KGS,* Bd. 4, S. 312, 315 u. 360 및 *KrV* A256/B312.

> 한다면, 이것은 소극적 의미의 예지체다. 그러나 만약 그것이 하나의 **비감성적 직관의 객관**을 의미한다면, 우리는 일종의 특수한 직관방식, 곧 지성적 직관방식을 받아들이는 것이지만, 그런 것은 우리의 방식이 아닌 것으로, 우리는 그런 것의 가능성조차 알 수 없는데, [그런 것이 있다면] 그것은 적극적 의미의 예지체이겠다.[16)]

"이체"의 소극적 의미에서 다음과 같은 점을 알 수 있다. 그것은 곧 칸트의 〈선험감성론〉에서 말하는 "물자체"이다. 그 적극적 의미에서는 비록 확정적 내용을 포함하고 있지만 오히려 여전히 예정한 것이다. 왜냐하면 칸트는 결코 우리들 인간이 지성의 직관을 갖추고 있다고 인정하지 않고 단지 신이 이와 같은 직관형식을 갖추고 있다고 가정할 뿐이기 때문이다.[17)] 이와 같은 직관형식을 우리들이 갖고 있는 것이 아니라면 우리는 그 가능성을 가정할 뿐 그것을 이해할 수는 없다. 그러므로 사실상 이러한 적극적 의미는 여전히 다만 소극적 작용으로, 즉 인간 지식은 사상[현상]의 범위 내에 국한된다고 대비하는 것이다.

"이체" 개념의 이러한 소극 작용은 『순수이성비판』의 다른 곳에서 분명하게 보인다. 이 단락의 문장은 약간 길지만 이 개념에 대하여 가장 완비된 설명을 하고 있으므로 필자는 그 전문을 인용하여 아래에 인용하기로 한다.

> 한 개념이 모순은 함유하지 않고, 주어진 개념들의 한계를 정해주는 것으로서 다른 인식들과 연관을 가지면서도, 그 개념의 객관적 실재성이 결코 인식될 수 없는 그런 개념을 나는 문제성 있는 개념

16) *KrV*, B307.

17) *KrV*, B72.

> 이라고 부른다. **예지체**라는 개념, 다시 말해 전혀 감관의 대상으로서가 아니라, 사물 그 자체로(오로지 순수지성에 의해) 생각되는 사물이라는 개념은 전혀 모순적이지 않다. 왜냐하면 우리는 감성에 대해 유일하게 그것만이 직관의 가능한 방식이라고 주장할 수는 없으니 말이다. 더 나아가, 이 개념은 감성적 직관을 사물들 그 자체 너머까지 연장하지 않기 위해서, 그리고 감성적 인식의 객관적 타당성을 제한하기 위해서 필요한 것이기도 하다. (왜냐하면, 저 감성적 인식이 이르지 못하는 나머지 것들을 예지체들이라고 일컫는 것은 다름이 아니라 바로 저 인식들이 그것의 구역을 지성이 생각하는 모든 것들 위에까지 뻗칠 수 없다는 것을 지시하기 위한 것이니 말이다.) 그러나 마지막으로 그러한 예지체들의 가능성은 그럼에도 전혀 통찰될 수가 없고, 현상들의 권역 밖의 범위는 (우리에게는) 아주 공허하다. 다시 말해, 우리는 **문제성 있게[미정적으로]** 저 권역 이상으로 뻗쳐 가는 지성을 가지지만, 그것을 통해 감성의 분야 밖에서 우리에게 대상들이 주어지고, 지성이 이것들 너머까지 **확정적으로** 사용될 수 있는, 그런 아무런 직관도, 아니 그런 가능한 직관의 개념조차도 가지고 있지 않다. 그러므로 예지체 개념은 순전히 감성의 참월[僭越]을 제한하기 위한 **한계개념**이며, 단지 소극적 사용만을 갖는다. 그럼에도 불구하고 이 개념은 자의적으로 지어낸 것이 아닌 것으로서, 감성의 범위 밖에 무엇인가 적극적인 것을 세울 수는 없지만, 감성의 제한과 연관이 있다.[18)]

칸트는 "이체"를 "우연적"[或然的]이라 부르고 또 "한계 개념"[界限概念]으로 보고서 모두 이 개념이 우리에게 다만 소극적 작용만이 있고, 이것으로 우리의 지식 영역을 제한할 것을 표시한다. 다른 측면에서 말하면 "이체"는 우리의 지식 영역 밖에 있다. 왜

---

18) *KrV*, A254f./B310f.

냐하면 칸트는 우리가 지성의 직관을 갖추고 있다는 점을 인정하지 않기 때문이다. 이런 까닭에 지성의 직관은 우리에게 또한 다만 소극적 의미를 갖는다. 이것이 바로 우리가 비록 그 가능성을 가상한다고 하더라도 그 의미를 이해할 수 없는 이유이다.

이상 각 항의 의미는 일반적으로 학자들이 칸트의 "물자체"(혹은 "이체") 개념을 토론할 때의 주요 근거이다. 이러한 의미들에 근거하면 "물자체"는 기본상 지식론의 개념으로, 한 편으로는 현상의 짝이 되는 것[所對]을 나타내고 다른 한 편으로는 그 한계를 나타낸 것이다.

3

모종삼의 "물자체" 개념에 대한 검토는 바로 이러한 지식론의 함의에서 출발한다. 『현상과 물자체』의 첫머리에서 그는 칸트철학의 두 가지 기본 가정을 다음과 같이 제기하였다. (1) 현상과 물자체의 선험적 분석. (2) 인간의 유한성.[19] 그는 이 두 항의 가상[預設] 관계에 대하여 다음과 같이 설명하였다.

> 제1 가상은 제2 가상을 담고 있고(implies), 제2 가상은 제1 가상을 포함한다(implies). 이것은 곧 제2 가상이 더 근본이 된다.[20]

---

19) "선험적"(先驗的: transzendental)이라는 말을 모종삼은 모두 "초월적"(超越的)이라 번역한다. 필자는 "초월적"이라는 용어가 오해하기 쉬운 까닭에 이 번역 용어를 사용하지 않는다.

20) 『現象與物自身』, 1쪽.

바로 제1 가상에 대하여 말하면서 그는 이렇게 지적하였다. 만약 칸트가 "물자체" 개념을 상술한 지식론 함의에 멈추었다면, 그는 현상과 물자체의 선험적 구분을 분명하게 할 수 없었다.

『현상과 물자체』에서 모종삼은 "물자체" 및 "우리의 감성과 지성"이라는 이 두 가지 측면을 분별하는 것으로 그 불충분함을 설명한다.[21] "물자체"의 측면에서 말하면, 칸트의 "물자체" 개념이 한계 개념인 것으로 말하면, 단지 형식개념으로서 실제적 의미[實義]는 없다. 비록 그가 이 개념에 적극적 의미를 부여한다고 하지만 그는 우리가 지성의 직관을 가지고 있다는 것을 부정하기 때문에 이것의 적극적 의미는 다만 우리들이 가정한 것에 불과한 것이어서 이 개념은 여전히 단지 형식개념일 뿐이다. 이처럼 실제적 의미를 가지고 있지 않은 개념이 물자체를 굳건하게 할 수는 없다. 칸트의 말에 의하면 물자체는 신의 지성에 대한 직관으로 나타나는 것이지만 지성의 직관은 창조적인 것으로 신의 직관은 곧 창조인 까닭에 신의 창조는 창조물 자체에 연계된 것이지 창조가 시공성을 갖춘 현상은 아니다.[22] 모종삼은 이러한 관점은 매우 의미가 있다고 생각하지만, 그는 오히려 이렇게 지적한다. 칸트의 "물자체" 개념의 의미에 의하면, 그는 이 관점을 확실하게 할 수 없다. 왜냐하면 우리들이 만약 시공성으로 유한성을 설명한다면 무한한 신이 유한한 현상을 창조하였다고 말하는 것이 어

---

21) 같은 책, 8-14쪽.

22) 칸트는 『실천이성비판』에서 이렇게 말하였다. "우리가 감성 세계 중의 존재자로 말하자면 '그것들은 창조된 것일' 때 나는 이것을 이체라고 본다. 이런 까닭에 '신은 현상의 창조자이다'고 말하는 것은 모순으로……" (*KGS*, Bd. 5, S. 102.)

찌 성립되지 않겠는가? 신 자신은 분명 시공성을 가지고 있지 않을 수 있고 또한 시공 중에서 창조된 것이 아니지만 그가 창조한 것은 어찌 시공성을 갖추지 않을 수 있겠는가? 그렇지 않다면 우리들은 반드시 물자체 역시 신과 같이 무한한 것이라고 승인해야 할 것이다. 그러나 이것은 칸트의 긍정을 얻을 수 없을 것 같다. 이와 같이 "물자체" 개념은 유한성과 무한성 사이에 떠돌게 되어 안정적일 수 없게 된다.

다음은 우리의 감성과 지성으로부터 말한다. 만약 "물자체"가 다만 사실개념이라면 우리는 그저 우리의 감성과 지성의 운용은 반드시 시간과 공간을 주관 조건으로 한다고 말할 수 있을 뿐인데, 그렇다면 단지 현상을 인식할 수 있을 뿐 물자체에는 미치지 못하므로 "물자체" 개념은 안정적일 수 없게 된다. 왜냐하면 이러한 사실에 따라 말한 감성과 지성은 비록 유한한 것이지만, 그러나 한계 개념이 되는 "물자체"는 실제적 의미가 없고, 그것 역시 분명한 표준을 제시할 수 없기 때문에 우리의 감성과 지성을 제한하게 된다. 이런 까닭에 우리가 비록 우리의 지식이 영원히 물자체에 이를 수 없고 유한한 것이라는 점을 승인해야 하지만 이러한 유한성은 다만 정도의 문제이지 본질의 문제는 아닐 것이다. 다시 말해서 우리는 "물자체"를 부분적으로 혹은 보일 듯 말 듯 인식할 수 있을 것이다. 그러므로 우리는 대체로 현상과 물자체의 구분을 논리적 혹은 경험적인 것으로 보는 것이지 반드시 선험적으로 볼 필요는 없다.

첫 번째 측면의 고찰로부터 우리들은 반드시 유한성과 무한성의 구분 표준을 다시 검토해야 할 필요가 있다. 그런데 두 번째 측면의 고찰로부터 우리는 매우 자연스럽게 이렇게 물을 수 있다. “물자체” 개념은 사실개념일 뿐만 아니라 가치 의미를 가진 개념인가? 이 두 가지 문제는 서로 관련이 있는 것이므로 첫 번째 문제로부터 고찰을 시작하겠다. 전적으로 이 문제에 대하여 모종삼은 “사람은 비록 유한하지만 무한할 수 있다”(人雖有限而可無限)는 설을 제시하였다. 하이데거는 『칸트와 형이상학의 문제』 중에서 칸트의 말을 인용하였는데 모종삼의 주목을 받았다. 이 말은 『유작』(遺作: *Opus Postumum*)에 보인다.

> 물자체 개념과 현상 개념의 구분은 결코 객관적인 것이 아니라 단지 주관적인 것이다. 물자체는 결코 다른 대상이 아니라 동일한 대상의 다른 관계를 표상하는 것이다.[23)]

이 말에 의하면 칸트의 생각은 이렇다. 동일한 하나의 대상이 신에 대한 지성의 직관에서는 물자체로 나타나고, 인간의 인식에 대해서는 현상으로 나타난다. 이처럼 물자체는 신의 무한심(無限心: 智慧의 直觀)에 나타나고 현상은 인간의 유한심(有限心: 인간의 인식은 모름지기 시간과 공간을 주관 조건으로 하기 때문에 유한한 것이다)에 나타나는 것으로, 무한성과 유한성은 각자 소속이 있어 분명하게 두 가지로 나누어진다. 그러나 문제는 이렇다. 물자체는 신의 무한심에 연계되어 있고, 또 유한한 현상과 짝이 되는 것으로 당연히 무한한 것이다. 그러나 그것은 또 신이 창조한 것으로 신의 무한성에 대하여 상대적으로 당연히 유한한 것이다.

---

23) *KGS*, Bd. 22, S. 26. 하이데거의 인용문은 *Kant und das Problem der Metaphysik* (Frankfurt/M 1973), S. 31에 보인다.

그것은 결국 유한한 것인가 무한한 것인가? 아니면 우리는 마땅히 두 개의 "유한성" 개념이 있다고 승인해야 하는가? 이와 같이 "유한성"의 개입으로 말미암아 "물자체" 개념은 요동하게 되고 심지어는 그 자체 모순에 빠지게 된다.[24]

"물자체" 개념을 안정시키기 위하여, 또 "물자체와 현상의 구분은 주관적인 것이다"는 의미를 확립하기 위하여 모종삼은 우리가 유한한 사물에 있어서 그 무한성이 있음을 승인하도록 요구한다. 그러나 이것이 어떻게 가능한가? 그는 이렇게 대답하였다.

> 만약 우리가 그것은 결정된 유한물(그러므로 그것은 사실 개념이다)이라 긍정한다면 그것이 시공성이 없는 것으로 인하여 우리는 또 어떻게 그것이 유한물이라고 확신할 수 있는가? 시공성이 없고 또 그것은 결정된 유한물로 그 자체로 존재하는 것(마땅히 하나의 사실 개념으로 보아야 한다)이라고 말한다면 이 "그 자체로 존재한다"(在其自己)는 것은 공허한 개념이 아니라면 또 무엇인가? 이런 까닭에 만약 참으로 그것이 시공성이 없는 것이라면, 그것이 유한물이 되고 그 자체로 존재한다는 것은 결코 사실 개념이 아니라 가치 의미의 개념이다. 이와 같은 전환에 있어서만 그것은 비로소 결정된 유한물이 아니고, 이로 인하여 비로소 유한물에서 무한성 혹은 무한성의 의미를 말할 수 있게 된다.[25]

모종삼의 뜻은 다음과 같다. 만약 우리가 무한성과 유한성을 분명하게 두 가지로 구분하여 유한은 유한에 귀결하고 무한은 무

24) 칸트의 "物自身" 개념은 유한성의 개입으로 인하여 곤란에 빠지게 되었는데, 『現象與物自身』 14-16쪽, 105-110쪽 참조.

25) 『現象與物自身』, 111쪽.

한에 귀결하게 된다면 유한성 일방에 귀결된 물자체는 결정된 유한물이 되어 무한성에 통할 수 없게 된다. 이렇게 되면 물자체는 다만 사실 개념일 뿐 가치 의미를 포함하지 않는다. 이런 상황 아래에서 "물자체" 개념이 처하게 된 곤란은 이미 위에서 논의한 것과 같다. 그런 까닭에 이러한 곤란을 피하기 위해 우리는 반드시 "물자체" 개념을 가치 의미를 가진 개념으로 전환해야만 한다.

그는 더 나아가 이렇게 지적하였다. 이 가치 의미를 가진 "물자체"를 확립하려 한다면, 우리들은 단지 신의 창조라는 것으로 말할 수만은 없고 우리가 자유의 무한심(즉 지혜의 직관)을 가지고 있다는 것을 반드시 승인해야만 물자체는 분명하게 우리 자신의 의식 가운데에서 드러나게 된다. "이와 같이 유한심과 무한심의 대조는 근본적으로 곧 집착[執]과 무집착[無執]의 대조이다. 이 대조는 나의 몸에서 세울 수 있는 것으로, 그런 까닭에 나는 '초월적 구분'을 할 수 있는 표준이 있고, 이 초월적 구분은 곧 이 대조 아래에서 충분히 증명될 수 있으며 요동하지 않을 수 있다."[26] 바꾸어 말하면 동일한 한 대상은 무한심의 무집착으로 말하면 무시공성으로 무한한 것이지만, 유한심의 집착으로 말하자면 유시공성으로 유한한 것이다. 이러할 때에 칸트가 말하는 "물자체와 현상의 구분은 주관적이다"(物自身與現象之區分是主觀的)는 의미가 함께 성립된다. 만약 물자체를 신의 창조에 속한 것으로 여기다면, 현상과 물자체는 각각 서로 다른 주체에 속하게 되어 양자는 서로 상관이 없게 되고, 이것의 의미는 분명하지 않게 되어 확정할 수 없게 된다. 인간이 지성의 직관을 가지고 있다는 것으

26) 같은 책, 111-112쪽.

로부터 "인간이 비록 유한하지만 무한할 수 있다"는 설이 성립할 수 있다.

이런 까닭에 모종삼은 유한성과 무한성에 대해 두 가지 측면의 의미를 가지고 있는 것으로 새로 구분하였다. 주체의 측면에서 말하면 인간이 비록 감성 생명을 갖고 있어서 유한하지만 인간은 무한심(지성의 직관)을 가지고 있기 때문에 무한성으로 나갈 수 있다. 객체의 측면에서 말하면 동일한 대상은 유한의 인지심에 대해서는 시공성이 나타나 유한한 것으로 되지만 무한심에 대해서는 시공성이 없는 물자체가 되어 무한한 것이 된다. 여기에서 물자체는 무한심에 연계되어 무한성의 의미를 갖게 되지만 그것은 곧 무한심 자체는 아니다. 그러므로 모종삼은 물자체의 무한성을 아래와 같이 설명하였다.

> 무시공성 그것들은 유한한 것(결정된 유한)일 수 없다. 그러나 우리는 또 그것이 바로 "무한심체"(無限心體)와 같은 무한이라고 말할 수는 없다. 그것들은 무한심체의 존재로 인하여 해탈(解脫)과 자재(自在)를 얻고 이로 인하여 무한성의 의미를 획득하게 된다.[27]

무한심은 본체 곧 "무한심체"로 본다. 그는 "무한심"을 유가의 본심양지(本心良知), 도가의 도심(道心)과 불가의 진상심(眞常心: 般若智心)에 연계해서 말한 것이다. 그러나 모종삼의 입장에서는 유가의 본심양지를 통하여 무한심의 무한성을 가장 잘 나타낼 수 있다. 왜냐하면 본심양지는 자유를 갖춘 도덕주체를 가리키고,

27) 같은 책, 112쪽.

도덕주체의 자유는 바로 우리가 이러한 무한성을 이해하는 관건이 되기 때문이다. 또 칸트가 비록 우리가 물자체를 인식할 수 있다는 것을 부정하지만, 또한 우리는 도덕행위 가운데의 자유를 통하여 간접적으로 신의 존재와 영혼 불멸을 증명했다는 점을 인정하는 것이다. 이 점에 있어서 유가사상과 칸트철학은 접점이 있다. 이것은 우리로 하여금 한 걸음 더 나아가 윤리적 관점에서 물자체의 함의를 이해할 필요가 있음을 보여준다.

4

위에서 논의한 것처럼 모종삼은 현상과 물자체의 구분이 칸트철학에서 "물자체" 개념이 당연히 가지고 있는 가치 의미를 불충분하게 나타낸다고 생각한다. 이것은 다른 측면에서 물자체 개념을 검토하는 것이다. 이 개념의 진정한 의미는 반드시 윤리학의 각도에서 살펴보아야 한다. 『순수이성비판』의 「선험변증론」 중에서 칸트는 물자체와 현상의 이중 관점은 인간의 "지성적 성격"(智思性格: intelligibler Charakter)과 "경험적 성격"을 구분하여 자연과 자유 사이의 배반(Antinomie)을 용해한다.[28] 이것은 이미 "물자체" 개념의 미묘한 전이를 나타낸다. 즉 객체로부터 주체로 전이되는 것이다. 왜냐하면 우리의 "경험적 성격"은 분명히 내적 감각의 대상이 될 수 있지만 우리의 "지성적 성격"은 오히려 필연적으로 자유의 주체(도덕주체)를 지칭하기 때문이다. 칸트는 여기에서 다만 우주론적 의미 혹은 선험적 의미의 "자유"[先驗自由]

---

28) *KrV*, A538ff. /B566ff.

는 또 "그에 따라 세계의 사건들이 결과할 수 있는 특수한 종류의 원인성이, 곧 한 상태를, 그러니까 이 상태의 결과들의 계열을 절대적으로 시작하는 능력이 있다"는 것이라고 하였다.[29] 우리는 이러한 "절대 자발성"으로부터 곧 자유의 무조건성을 말할 수 있다. 그러나 이것은 단지 "자유" 개념의 소극적 의미일 뿐이다. 칸트의 윤리학 저작에서 자유의 무조건성은 더 발전된 의미를 가지고 있는데 이런 것이다. "의지는 일체의 행위 가운데에서 자신에 대하여 하나의 법칙으로", 그러므로 자유는 곧 "자율"(自律)을 의미한다.[30] 이것은 "자유" 개념의 적극적 의미이고 또 그 궁극적 의미이다.

칸트철학에서 "자유" 개념과 "물자체" 개념의 특수한 관계는 세 가지 측면에서 말할 수 있다. 첫째, 자유와 물자체는 모두 시공성(時空性)을 갖지 않는 것이므로 "무조건자"(das Unbedingte)이다. 둘째, 칸트는 "자유" 개념을 "순수 이성의, 그러니까 사변 이성까지를 포함한, 체제 전체 건물의 **마룻돌**[宗石]"로 보고, 그것을 투과하여 기타의 "이체"(신의 존재와 영혼의 불멸)를 연계한다.[31] 셋째, 자유를 투과하여 우리들은 (비록 간접적이지만) 물자체로서 자아 존재를 긍정할 수 있다. 마지막으로 한 가지는 『도덕에 관한 형이상학의 기초』 제3장 가운데 한 단락의 문장에서 가장 분명하게 볼 수 있다. 칸트는 이곳에서 도덕법칙과 자유 사이의 서로

29) *KrV*, A446/B474; A533/B561 참조.

30) *Grundlegung zur Metaphysik der Sitten* (아래에서는 *GMS*로 간략하게 표시한다), *KGS*, Bd. 4, S. 446f.

31) *Kritik der praktischen Vernunft* (아래에서는 *KpV*로 간략히 표시한다), *KGS*, Bd. 5, S. 3f.

포함하고 있는 관계(互涵關係)를 설명한 후에 순환논증의 혐의를 벗어나기 위하여 이렇게 말하였다.

> 그러나 우리에게는 하나의 방책이 남아 있다. 곧, 우리가 우리를, 자유에 의해, 선험적으로 작용하는 원인들로 생각할 때, 우리는 우리가 우리 자신을 우리가 우리의 눈앞에서 보고 있는 작용으로서 우리 행위들에 따라 표상할 때와는 다른 입장을 취하고 있지 않은지를 탐색하는 일 말이다.
>
> 한 가지 주목할 점이 있다. 그것은 그것에 주의를 기울이는 데는 무슨 섬세한 숙고가 필요하지 않은 것으로서, 오히려 보통의 지식[상식]도 능히, 물론 그 나름의 방식이기는 하지만, 그가 감정이라고 부르는 판단력의 막연한 분별에 의해서 알 만한 것이라고 생각할 수 있는 것이니, 즉 우리의 의사 없이 우리에게 나타나는 모든 표상들(가령, 감관들의 표상들)은 우리로 하여금 대상들을 그것들이 우리를 촉발하는 대로만 인식하게끔 하고, 그때 그것들이 그 자체로 무엇일 수 있는가는 우리에게 알려져 있지 않다는 것, 그러니까 이런 종류의 표상들에 관해서는 우리가, 지성이 할 수 있는 한, 제아무리 세심한 주의를 기울이고, 명료화하더라도, 그걸 통해서는 한낱 **현상**들의 인식에 이를 뿐, 결코 **사물들 그 자체**에는 이를 수 없다는 것 말이다. 일단 이런 구별이 — 어쨌든지, 다른 어디로부터 우리에게 주어지고, 그래서 그때 우리가 수동적이 되는 그런 표상들과 우리가 오로지 우리 자신으로부터 만들어내고, 그래서 그때 우리가 우리의 능동성을 증명하는, 순전히 그런 표상들의 차이를 식별함으로써 — 지어지면 곧바로 이로부터 저절로 나오는 결론은, 우리는 형상들 배후에 현상이 아닌 어떤 다른 것, 곧 사물들 자체를 용인하고 상정할 수밖에 없다는 것이다. 비록 우리로서는, 그것들이 우리에게 결코 알려질 수 없으며, 언제나 우리에게는 단지 그것들이 우리를 촉발하는 대로만 알려질 뿐이므로, 우리는 그것들에 더 가까이 다가갈 수

가 없고, 그것들이 자체로 무엇인가는 결코 알 수 없다는 것으로 만족하기는 하지만 말이다. 이것이 거칠기는 하나, **감성세계와 오성세계**를 구별하지 않을 수 없도록 만든다. 이 가운데 전자는 다양한 세계관찰자의 감성의 차이에 따라 매우 차이가 날 수도 있으나, 이것의 근저에 놓여 있는 후자는 언제나 동일한 것으로 머문다. 그래서 인간은 자기 자신에 대해서조차, 그것도 인간이 자기에 대한 내적 감각을 통해 얻은 지식에 의거해서, 인간 그 자체가 어떠한 것인가를 인식한다고 감히 주장해서는 안 된다. 무릇, 인간은 자기 자신도 이를테면 창조하는 것도 아니고, 그에 대한 개념을 선험적으로가 아니라 경험적으로 얻는 것이므로, 그가 내감에 의해, 따라서 오로지 그의 자연 본성의 현상에 의해서, 그리고 그의 의식이 촉발되는 방식대로만, 자기에 대한 지식도 얻을 수밖에 없음은 자연스런 일이다. 그럼에도 그는 반드시 이 순전히 현상들에서 합성된 그 자신의 주관의 성질을 넘어서 그것의 근저에 놓여 있는 다른 어떤 것, 곧 그의 자아를 이것이 그 자체로 어떤 성질의 것이든지 간에 상정해야 하고, 그리하여 자기를 순전한 지각 및 감각들의 수용성의 관점에서는 **감성세계**에 속하는 것이지만, 인간에게서 순수 활동성임 직한 것(즉, 감관의 촉발에 의해서가 전혀 아니라, 직접적으로 의식에 이른 것)과 관련해서는 **지성세계**에 속하는 것으로 볼 수밖에 없다. 그가 비록 이 세계에 대해서 더 이상 아는 바가 없기는 하지만 말이다.[32]

이 단락은 모종삼의 "칸트의 '물자체' 개념은 결코 사실 개념이 아니라 가치 의미를 가진 개념"이라는 설에 대한 유력한 증거이다. 왜냐하면 이 설명에 의하면 우리는 우리의 자유 의식을 투과하여 물자체의 존재를 긍정하지만 물자체가 속하는 영역은 곧 "지성세계"(知性世界) 또는 "지성세계"(智性世界)이기 때문이다. 우

32) *GMS*, *KGS*, Bd. 4, S. 450f.

리가 "우리는 단순히 자기가 만들어 놓은 현상에 의거한다"는 것에서 "우리의 활동"을 의식하게 되지만, 이 활동은 "순수 활동"에 연계되어 "직접적으로 의식 가운데에 들어가는" 것이다. 그러므로 이 의식은 곧 자유의 의식이다. 이러한 의미에서 "물자체"는 분명 단지 한 가지 사실상의 원형을 표시하는 것이 아니라 "우리가 자유를 투과하여 자신은 선천적으로 동인(動因)에 이를 때 취하게 되는 관점"이다. 칸트는 아래의 글에서 더 분명하게 표시하였다. "오성세계 개념은 단지, 이성이 자기 **자신을 실천적인 것으로 생각하기 위해서**, 현상들 밖에서 취할 수밖에 없다고 보는 한 입장일 따름이다."[33] 다음으로 우리가 이 관점에 근거하여 자신을 볼 때, 우리는 자기 자신이 물자체의 신분으로 지성세계에 예속되어 있음을 의식하게 된다. 칸트는 한 번에 그치지 않고 이렇게 표시하였다. 이 자아(自我)야말로 "참된 자아"(眞正的自我, das eigentliche Selbst)이다.[34] 그러므로 칸트는 도덕주체를 "참된 자아"로 삼았는데, 자유의 주체는 곧 도덕주체이기 때문이다. 이것은 분명히 칸트가 강조하였던 "실천이성이 사변이성보다 우선한다"고 한 함의를 나타낸다. 그런 까닭에 우리는 다음과 같이 말할 수 있다. "물자체"는 도덕주체가 그 자유의식을 투과하여 나타낸 가치 영역이다.

그러나 문제는 이렇다. 칸트가 여기에서 자유를 표현한 "순수 활동"은 "직접적으로 의식 가운데로 들어간다"(直接入意識中)고 승인한다면, 이 의식은 마땅히 일종의 직관이고 또 일종의 지성

33) 같은 책, S. 458.

34) 같은 책, S. 457 u. 461.

의 직관이다. 왜냐하면 이러한 의식의 직접성으로 말하자면 그것은 일종의 직관이고, 그 주동성으로 말하자면 그것은 지성적이고 비감성적이기 때문이다. 그러므로 어찌 그가 당연히 우리 인간은 지성의 직관을 가지고 있다고 인정하지 않겠는가? 하인즈 하임소에트(Heinz Heimsoeth)는 칸트의 다음과 같은 점을 의식하였다. 초기의 칸트는 여러 차례 우리는 이러한 지성의 직관을 가지고 있다고 인정하였다.[35] 예를 들어 칸트는 대략 60년대 말, 70년대 초에 찰기(札記)를 썼는데 그 중에 이러한 구절이 있다.

> 우리는 경험을 통하여 자유의 현실성을 추단(推斷)할 수 없다. 그러나 우리는 우리의 활동의 지성의 내재 직관[그러나 내감(內感)이 아니다]을 투과하여 우리는 자유에 대하여 다만 한 가지 개념을 가지고 있다. 그런데 선의지 자체의 실천의 법칙과 규칙은 그로 인하여 우리에게 가능적인 것이다. 이런 까닭에 자유는 한 가지 필요한 실천상의 가설이다. 그것은 이론이성과도 모순되는 바가 없다. 왜냐하면 이들 행위는 현상으로 볼 때 영원히 경험의 영역 중에 있지만 객관의 소여물(所與物)로 볼 때 그것들은 오히려 이성의 영역 중에 있고, 또 동의하거나 혹은 거절되기 때문이다.[36]

이 단락에서 칸트가 비록 자유 자체를 단지 하나의 "예비된 것"[預設]으로 보지만 우리의 자유를 표현한 활동에는 지성의 직관을 갖추고 있다고 승인하고 있다. 이러한 "지성의 동기에 의하

35) Heinz Heimsoeth: "Persönlichkeitsbewuβtsein und Ding an sich in der Kantischen Philosophie", in: id., Studien zur Philosophie Immanuel Kants, I (Bonn 1971), S. 233f.

36) *KGS*, Bd. 17, Refl. 4336, S. 509f.

여 발동하는" 활동이 어찌 바로 윗글에서 제기한 "직접적으로 의식 중에 들어가는" "순수 활동"이 아니겠는가? 그가 그곳에서 어찌 이 일종의 지성의 직관을 인정하지 않았겠는가? 다시 말해서 칸트는 여기의 두 가지 서로 다른 관점에서 이러한 활동(행위)을 보고 있는데, 한 편으로는 그것을 "현상"이라 보고, 다른 한 편에서는 이성 영역 중의 "객관의 소여물" — 달리 말해서 즉 "물자체"로 본다. 이것은 다음과 같은 말이다. "물자체"는 결코 우리가 영원히 이를 수 없는 "피안"이 아니라, 우리가 지성의 직관을 투과하여 부여한(혹은 창조한 것이라 말할 수 있다) 자유 행위 자체이다. 만약 독자들이 이 인용문에서 표현하고 있는 것이 충분하지 못하다고 생각한다면, 우리는 다시 동일한 시기에 나온 또 다른 찰기를 보기로 한다. 그는 여기에서 직접적으로 이렇게 말하였다. "……우리 자유의지에 대한 지성의 직관과 사상(事相) 법칙은 합치되지 않는다."[37] 그런데 또 대략 70년대 후기에 나온 다른 찰기에서 비록 "지성의 직관"[智的直覺]이라는 글자는 보이지 않지만 서로 같은 의미를 표시하였다. "자유의 행동은 이미 선천적으로 주어진 것으로, 이것은 곧 우리 자신의 행동이다."[38] 칸트의 일관된 입장에 의하면, "주어진 것"은 반드시 직관에 의지하는 것이나. 그러므로 선천적으로 주어진 것은 필연적으로 지성의 직관을 통하여 주어진 것이다. 그런 까닭에 우리는 다음과 같이 가정할 만한 충분한 이유가 있다. 칸트는 일관되게 우리는 일종의 지성의 직관을 가지고 있고 물자체를 인식할 수 있음을 인정하였다.

37) *KGS*, Bd. 17, Refl. 4228, S. 567.

38) *KGS*, Bd. 18, Refl. 5208, S. 118.

그러나 칸트는 후기의 저작 중에서 분명하게 우리가 지성의 직관을 가지고 있다는 것을 부정하고, 또 우리가 자유에 대하여 직접적인 의식을 가지고 있다는 것을 부정하였다. 그는 다만 우리는 도덕법칙에 직접적 의식을 가지고 있다고 승인하였지만, 의식적으로 그것을 "직관"이라고 칭하는 것을 피하고 있다. 자유에 대해 그는 이렇게 생각하였다. 우리는 다만 도덕법칙의 의식을 투과하여 간접적으로 그 실재성을 증명할 수 있을 뿐이다. 왜냐하면 "이 [자유의] 이념은 도덕법칙에 의해 개시[開示]"되기 때문이다.[39] 『실천이성비판』 중의 한 단락에서 자유, 도덕법칙과 지성의 직관 이 세 가지가 그의 철학 체계에서 차지하는 위치를 매우 분명하게 설명하였다.

> 이 근본 법칙에 대한 의식을 우리는 이성의 사실이라고 부를 수 있다. 왜냐하면, 우리는 이 근본 법칙을 이성의 선행하는 자료로부터, 예컨대 자유의 의식 — 이것은 우리에게 미리 주어지는 것이 아니니까 — 으로부터 추론적으로 도출해낼 수 없고, 오히려 그것이 그 자체로서, 순수하든 경험적이든 어떠한 직관에도 의거하는 바 없는 선험적 종합 명제로 우리에게 닥쳐오기 때문이다. 사람들이 의지의 자유를 전제한다면, 이 명제는 분석적일지도 모르겠지만 말이다. 그러나 적극적 개념으로서 이것을 위해서는 일종의 지성적 직관이 요구될 것일 터인데, 여기서 우리는 그런 것을 가정해서는 안 된다. 그럼에도 이 법칙을 **주어진 것**으로 오해 없이 보기 위해서는 우리는, 그것이 경험적 사실이 아니라, 이 법칙을 통해 자신이 근원적으로 법칙 수립적임 — 내가 意慾하는 것을 나는 命令한다 — 을 고지하는, 순수 이성의 유일한 사실임을 명심해야 한다.[40]

---

39) *KpV*, *KGS*, Bd. 5, S. 4 Anm.

여기에서 말한 "기본법칙"은 "순수 실천 이성의 기본법칙"으로 즉 이러한 것이다. "이와 같은 행동은 곧 너의 의지의 격률이 시종일관 충분히, 동시에 보편입법의 원칙에 따르는 것이다." 칸트는 여기에서 도덕법칙의 의식과 자유의 의식을 구분하여 전자만을 직접적 의식으로 삼고 후자는 간접적 의식으로 삼는다. 그에게 있어서 도덕법칙은 "순수이성의 사실"로 우리의 의식 중에서 직접적으로 나타나고, 자유는 우리가 도덕법칙을 투과하여 간접적으로 긍정되는 것이다. 왜냐하면 "자유는 도덕법칙의 존재 근거"로,[41] 우리가 만약 의지의 자유를 가정하지 않는다면 도덕법칙의 의식은 곧 허망한 것이 되기 때문이다. 『순수이성비판』에서 칸트는 자유를 "이체"에 구획하여 귀결시키면서 그것은 논리적 가능성을 가지고 있고 "선험적 자유"를 가진 개념이라고 긍정하였다. 그러나 이것은 "자유"의 소극적 의미일 뿐이다. 그런데 그 논리학 저작에서 그는 실천이성의 우선성을 강조하고, 도덕법칙을 투과하여 "자유"개념에 일종의 실재성을 부여함으로써 "자유"의 개념으로 하여금 적극적 의미를 얻을 수 있도록 하였다. 그렇지만 그는 우리가 지성의 직관을 가지고 있지 않다고 고수하기 때문에 그가 자유에 부여한 이러한 실재성은 여전히 가설적인 성질[假設性]을 갖는 것으로 일종의 논리적 가능성을 표시할 뿐 실재적 의미는 없다. 그러므로 비록 그가 『판단력비판』에서 인지(認知)의 정도에 근거하여 갑작스럽게 자유의 이념을 기하학 중의 양(量)에 관한 수학적 특질과 연계하고, 경험대상과 함께 "사

40) *KpV*, *KGS*, Bd. 5, S. 31.
41) *KpV*, *KGS*, Bd. 5, S. 4 Anm.

실"(Tatsachen; res facti; scibilia)의 사례로 귀결시키지만[42] 자유는 여전히 다른 두 가지 사실과 함께 나란히 논의할 수는 없다. 왜냐하면 칸트에게 있어서 우리는 순수 직관을 투과하여 기하학 중의 양과 관련된 수학의 특질을 인식할 수 있고, 감성직관을 투과하여 경험대상을 인식할 수는 있지만 어떤 직관이라고 하더라도 자유(그가 우리는 지성의 직관을 가지고 있음을 인정한 것을 제외하면)는 투과할 수 없기 때문이다. 그러므로 "자유는 사실이다"(自由是一事實)는 것의 의미는 칸트 철학 체계에서 충분히 증명되어 성립할 수 없다. 칸트는 『실천이성비판』 중에서 자유와 신의 존재, 영혼의 불멸을 똑같이 "순수 실천 이성의 요청"(純粹實踐理性之設準)으로 보고, 『도덕에 관한 형이상학의 기초』 중에서 "자유는 어떻게 가능한가"(自由如何可能)라는 문제를 구분하여 "모든 실천철학의 극한"(一切實踐哲學底極限) 밖에 귀결시키지만, 이것은 모두 그가 우리는 지혜의 직관을 빌어 자유를 긍정할 수 있다는 점을 인정하지 않는 것에서 유래한다.

그러나 우리는 이렇게 질문해야 한다. 도덕법칙 의식의 직접성으로 말하면 우리는 "직관"이라 칭할 수 없지만 우리는 여기에서 또 일종의 "지성의 직관"을 가지고 있다고 인정해야 한다는 말인가? 칸트는 매우 분명하게 "직관"으로 칭하는 것을 힘써 피하고자 함으로써 그 원래의 입장을 억지로 철회하게 되는 상황을 면하고자 한다. 그렇다면 우리는 한 걸음 더 나아가 물어볼 수 있다. 칸트가 현상과 물자체(감성세계와 지성세계)를 구분한 것에서 도덕법칙은 궁극적으로 어디에 속하는가? 그것은 분명 감성세계

---

42) *Kritik der Urteilskraft*, *KGS*, Bd. 5, S. 468.

에 속할 수 없고, 당연히 지성세계에 속한다. 왜냐하면 칸트는 『도덕에 관한 형이상학의 기초』 제3장에서 이렇게 강조하였기 때문이다. 물자체로써 이성을 가진 것은 도덕법칙에 의거하여 지성세계를 형성한다.[43] 그러나 이렇게 볼 때 지성세계 내지 물자체는 직접적으로 의식할 수 없는 "피안"이 아니다. 심지어 자유 역시 또다시 단지 실천적으로 필요한 "요청"이 아니라 우리가 직접적으로 의식할 수 있는 것이 된다. 왜냐하면 칸트가 "자유의지와 도덕법칙에 복종하는 의지는 한 가지이다"[44]고 말하였다면, 도덕법칙의 의식 중에는 곧 당연히 직접적으로 자유의 의식을 포함해야 하기 때문이다. 우리가 자신이 도덕법칙에 의거하여 행동한다고 의식할 때에 어찌 자신의 자유를 의식하는 것이 아니겠는가? 이와 같이 도덕법칙은 현상과 물자체 사이를 떠돌게 되어 합당한 위치를 가지기 매우 어렵다. 칸트도 선험통각(先驗統覺)이 가지고 있는 체계의 위치로 도덕법칙을 안배할 수는 없다. 이것은 그로 하여금 사변이성에 대한 실천이성의 우선성을 나타낼 수 없기 때문이다.

---

43) 예를 들어 칸트는 이성을 가지고 있는 자의 두 가지 신분을 설명할 때 이렇게 기록하였다. "먼저 그가 감성세계에 속하는 것으로 말하자면, 그는 자연법칙(他律)에 복종한다. 다음으로 그가 지성세계[智思世界]에 속하는 것으로 말하자면, 그는 자연의 영향을 받지 않고, 단지 이성을 기초로 한 비경험적 법칙이 된다."(GMS, KGS, Bd. 5, S, 45.) 여기에서 말하는 "자연의 영향을 받지 않고, 단지 이성을 기초로 한 비경험적 법칙이 된다"는 것은 분명 도덕법칙을 지시한다.

44) *GMS*, *KGS*, Bd. 4, S. 447.

5

위에서 토론한 것을 통하여 다음과 같은 점을 알 수 있다. 칸트가 비록 실천이성의 우선성을 강조하고, 도덕법칙을 투과하여 자유에 적극적 의미를 부여하였지만, 그는 우리가 지혜의 직관을 가지고 있다는 것을 승인하지 않으므로 이 적극적 의미를 충분히 증명할 수 없다. 여기에서 관건이 되는 것은 그가 "'물자체' 개념은 사실개념이 아니라 가치의미를 가진 개념이다"는 의미를 명확하게 파악할 수 없었던 것에 있다. 만약 그가 이 의미를 충분히 파악하였다면 그는 당연히 이렇게 이해했을 것이다. 우리가 지성의 직관을 가지고 있고, 직접적으로 자유 내지는 물자체를 인식할 수 있음을 인정하였다면, 그 지식론의 기본 관점을 위반하지 않을 뿐만 아니라 그것을 순조롭게 이루어 "현상" 개념을 안정시킬 수 있었을 것이다. 그런데 그는 우리가 지성의 직관을 가지고 있다는 점을 인정하지 않고, 또 그는 인간의 유한성을 예비한 것으로부터 출발함으로써 무한성을 신에게 귀결시켰다. 이것은 자연히 서양의 종교적 전통의 배경 때문에 그렇게 된 것이다. 기독교 전통에 근거하면 신은 무한한 초월자로 유한한 인간은 영원히 도달할 수 없기 때문이다. 그러나 칸트의 자율 윤리학과 이러한 예비는 오히려 모순된 점이 있다. 모종삼은 『지성의 직관과 중국철학』에서 그 문제점을 깊이 있게 지적하였다.

……내가 무조건적 정언명령에 서서 의지는 자유 자율(自由自律)이라고 말할 때, 이 자유 자율은 곧 원인[因]이 될 수 있을 뿐 결과

[果]는 될 수 없고, 다른 것을 제약하는 것이 될 수 있을 뿐 다른 것에 의하여 제약되는 것일 수 없음을 나타낸다. 그런데 내가 조건이 꿰뚫은 절대적 총화(總和)로 "제일원인"[第一因]이라는 이 우주론의 이념을 제공할 때에 제일원인 또한 단지 원인이 될 뿐 결과는 되지 않고, 다른 것을 제약할 뿐 다른 것에 의하여 제약되는 것이 될 수는 없다. 이와 같으므로 이 제일원인은 무조건적 정언명령의 자유의지와 그 성질이 완전히 같은 것이다. 만약 제일원인이 절대적이고 무한한 것이라면(신을 은유적으로 말하는 것이다) 자유의지 역시 절대적이고 무한한 것이다. 천지 사이에 두 개의 절대적이고 무한한 실체가 있을 수 없으므로 양자는 반드시 동일하다. 만약 단지 제일원인은 절대적이고 무한한 것이라 인식하고, 자유의지는 그 절대적이고 무한한 것을 인정할 수 없다면 자유는 곧 자유가 아니게 되고 자율은 곧 비자율이 되어 단지 원인자[因者]가 되고 또 다른 것이 제약하는 것이 될 뿐이다. 이와 같이 되면 곧 서로 모순이 된다. 이와 같다면 나의 무조건적 정언명령으로 말미암은 것을 본심(本心), 인체(仁體), 성체(性體) 혹은 자유의지라 말할 때 이 무조건적 정언명령은 곧 이 명령을 발하는 자의 절대적이고 무한한 것이 됨을 증명한다. 이와 같다면, 혹 신이 있다면 이 본심인체(本心仁體) 혹은 성체(性體) 혹은 자유의지는 반드시 그것과 하나가 되거나, 혹은 단지 이 본심, 인체, 성체 혹은 자유의지는 곧 신이다. 종합하면 단지 하나의 실체가 있을 뿐 결코 두 개의 실체는 없다. 칸트는 자유의지 이외에 또 신이라고 말하는 하나의 절대적 존재를 긍정하는데 이 둘은 또 동일한 것이 될 수 없다고 생각하였으므로 곧 투철한 논의가 아니다.[45]

그러므로 우리가 자유를 무한심(本心仁體)의 심능(心能)으로

45) 『智的直覺與中國哲學』, 192쪽.

볼 때 자유의지와 신은 통하여 하나가 되고, 그밖에 따로 신을 제기하는 예비는 필요하지 않다. 똑같은 이치로 영혼불멸의 예비 역시 단독으로 성립할 수 없고 반드시 변화하여 떨어내야 한다. 모종삼은 이렇게 말하였다.

> 이 본심인체(本心仁體)는 곧 순일하고 불멸하는 영원한 본체(실체)이다. 만약 영혼불멸을 말한다면 이것은 곧 영혼불멸은 이 본심인체 밖에 있을 수 없고, 또 따로 영혼불멸이 있는 것은 아니라는 것이다. 만약 정말로 달리 하나의 개체적인 불멸하는 영혼이 있다면, 필시 형이하학적 기의 존재일 것이다. 그러므로 또 반드시 진정한 순일(純一)과 불멸은 아니고, 이것은 단지 환상적 결합 혹은 습기(習氣)가 응결된 가아(假我)일 것이다. 칸트는 불멸하는 영혼과 자유의지는 두 가지 요청이지만 또 전자를 진아(眞我)로 본다. 만약 전자가 참으로 진아라면 자유의지와 다른 점이 없는데, 자유의지가 곧 진아이기 때문이다. 다른 점이 없다면 하나이지 결코 둘이 아니다. 만약 그것이 진아이고 자유의지와 다른 점이 있다면 후자는 필시 진아일 수 없고 참으로 자유로운 것일 수 없다. 반대 역시 그러하다. 그러므로 영혼불멸은 혹은 단지 자유의지가 처하여 표현하는 본심인체 자체이거나 혹은 단지 형이하학의 기의 존재이지 진아는 아니다.[46]

이처럼 모종삼은 칸트의 세 가지 요청을 모두 의지자유의 요청으로 귀결시킨다. 그러나 자유의 적극적 의미를 충분히 증명하기 위하여 그는 자유는 직관을 투과하여 나타날 수 있다고 긍정하는데, 단지 도덕법칙을 투과하여 간접적으로 긍정한 요청인 것

46) 같은 책, 200-201쪽.

만은 아니다. 그는 누차 이렇게 강조하였다. 자유는 요청이 아니라 실현되는 것이다. 그 실현은 반드시 직관에 의지해야 하고, 자유를 실현하는 직관은 반드시 지성의 직관이 된다. 왜냐하면 자유는 현상계 중에 있는 것이 아니기 때문이다. 이것은 곧 이런 의미이다. 우리는 반드시 "인간이 비록 유한하지만 무한할 수 있다"는 의미를 인정해야만 한다. 이렇게 보면 "물자체"는 곧 자유의 무한심이 지성의 직관의 조망 속에서 "그 자신으로 있는"(在其自己) 존재가 되고, 그것 역시 그런 까닭으로 존재론적 의미를 획득하게 된다. 이러한 의미에서 동일한 대상은 유한한 인지심(認知心)에 대해서는 현상이 되고, 무한심의 지성의 직관에 대해서는 물자체가 된다. 그리고 칸트가 말하는 "물자체 개념과 현상 개념 사이의 구분은 객관적인 것이 아니라 다만 주관적인 것이다"는 의미 역시 충분히 증명되고 성립한다. "물자체"는 칸트의 지식론에서 원래 "우연적"[或然的]인 한계 개념이었는데, 이제 오히려 도덕주체 자신의 활동을 투과하여 지식을 증명하는 "자유의 왕국"이 되고, 일체의 존재 역시 이 주체의 무한심이 안착할 수 있게 되어 무한한 의미를 획득하게 된다. 모종삼은 이것으로 유가의 "도덕 형이상학"(道德的形上學: 단지 도덕에 관한 형이상학이 아니다) 내지는 불교와 도가의 "해탈의 형이상학"(解脫的形上學)의 가능성을 설명한다. 왜냐하면 이 3가는 모두 인간의 실천에서 출발하여 존재의 형이상학적 기초를 설명하기 때문이다. 유가는 도덕에서 출발하고, 불교와 도가는 고요함을 구함(求止求寂)에서 출발하는 것으로, 회통하여 "실천적 형이상학"(實踐的形上學)이 되기 때문이다.[47] 이 방면의 문제는 연관된 것이 광범위하고 지면의 제약으로 인하여 필자는 더 깊은 논의를 하지 않겠다.

6

위에서 논의한 것처럼 "물자체" 개념은 칸트의 철학 체계에서 두 가지 의미를 가지고 있다. 지식론의 맥락에서 그것은 일반적으로 학자들이 이해하는 것처럼 사실 개념이다. 그러나 그 윤리학에서 이 개념은 또 일종의 가치 의미를 담고 있다. 바로 "실천이성이 사변이성에 우선한다"는 입장으로 말하면 우리는 아래와 같이 믿을 만한 이유를 가지고 있다. 후자의 의미야말로 이 개념의 진정한 의미이다. 칸트가 『순수이성비판』에서 "자유" 개념에 부여하였던 지식론 의미(소극적 의미)와 같이 그 윤리학적 의미(적극적 의미)를 한 걸음 더 나아가 설명하기 위해서 우리는 아래와 같이 가정할 만한 이유를 가지고 있다. "물자체" 개념의 지식론적 의미는 결코 궁극적 의미가 아니고, 그것을 제시한 것은 단지 한 걸음 더 나아가 그 윤리학적 의미를 안에 기탁하기 위한 것이다. 이 점을 일찍이 주목한 학자가 있었다. 예를 들어 리처드 크로너(Richard Kroner)는 아래와 같이 지적하였다. "이곳에서 탐구하고 논의하는 개념('물자체' 개념)의 진정한 의미는 결코 지식론적인 것이 아니다. 그것은 자연과 자유 사이의 윤리학적 대비에 의거한 것이고, 또한 이 도덕 근원으로부터 그 역량을 뽑아 취하는 것이다. ……물자체의 객관성은 결코 새로운 지식대상의 객관성

---

47) 같은 책, 346쪽 참조.

으로 나타나는 것이 아니라 의무의 객관성 — 의지의 대상으로 나타난다."[48] 카시러(Ernst Cassirer) 역시 유사한 관점을 나타내었다. "윤리학만이 물자체 개념의 진정한 근원 및 그 지향하는 목표를 완전하고 분명하게 나타낸다."[49] 그렇지만 칸트가 인간의 유한성을 견지함으로써 우리가 지성의 직관을 가지고 있다는 점을 인정하지 않아 "물자체" 개념에서 윤리학적 의미는 완전히 드러날 수 없게 되었다. 우리는 초기의 칸트가 우리가 지성의 직관을 가지고 있다는 것을 인정해야 하는지 여부로 배회하고 있음을 알게 되는데, 그의 철학 체계에도 이 내재적 요구가 숨겨져 있음을 볼 수 있다.

만약 우리가 칸트 이후 독일 철학의 발전을 고려한다면 "물자체" 개념의 전환의 필요성을 요구하게 될 것이다. 칸트의 "물자체" 개념은 야코비(Friedrich H. J. Jacobi), 슐츠(Gottlob E. Schulze), 피히테(Johann G. Fichte), 부터베크(Friedrich Bouterwek), 헤겔(Georg W. F. Hegel), 니체(Friedrich Nietzsche) 등과 같은 사람들의 질의를 받았다. 이밖에 프리스(Jakob F. Fries), 라인홀트(Karl L. Reinhold), 벡(Jakob S. Beck), 마이몬(Salomon Maimon), 슐라이어마허(Friedrich E. D. Schleiermacher), 허바트(Johann F. Herbart), 쇼펜하우어(Arthur Schopenhauer) 등과 같은 사람들 역시 이 개념을 새롭게 구성하고자 시도하였다. 이러한 질의와 새로운 구성의 시도는 모두 전적으로 지식론 의미의 "물자체" 개념에 대한 것이다. 이것은 다음과

48) Richard Kroner: *Kant's Weltanschauung*, trans. by John E. Smith (Chicago 1956), pp. 92f.

49) Ernst Cassirer: *Das Erkenntnisproblem in der Philosophie und Wissenschaft der neueren Zeit*, Bd. 2 (Darmstadt 1974), S. 759.

같은 점을 충분히 보여준다. 지식론 의미에 근거하여 칸트 철학 체계에서의 "물자체" 개념을 이해한다면 안정적이지 못하다.

위에서 말한 질문을 하였던 학자들 가운데에서 피히테의 관점이 가장 대표적이다. 그는 『지식학의 제1 도론』(知識學的第一導論)에서 "물자체" 개념을 기본적 철학 체계로 삼고 "독단론"(獨斷論: Dogmatismus)이라 칭하며 또 이 개념에 대하여 질문을 하였다.

> 물자체는 순전히 허구이고 또 결코 실재성이 없다. 그것은 결코 경험 중에서 출현하지 않는데, 경험의 계통은 필연성이 있는 정감이 서로 수반하는 사상을 벗어나지 않고 또 심지어 독단론자(그는 반드시 다른 철학자들과 마찬가지로 논거를 제시한다)도 모두 물자체로 나른 어떤 것을 속일 수는 없기 때문이다. 독단론자는 과연 물자체의 실재성, 또 곧 "일체 경험의 근거가 되는"(被設想成一切經驗底根據) 필연성을 증명하려고 한다. 또 그는 경험은 반드시 이 방식을 빌어 설명하고, 물자체가 없다면 설명을 할 수 없을 때, 그는 이러한 증명을 제시한다고 지적하였다. 그러나 이것이 바로 문제의 소재이고, 또 특별한 증명이 필요한 것은 요청이 될 수 없다.[50]

그러므로 그는 "물자체" 개념을 취소하고, "자아자신"(自我自身: Ich an sich) 개념으로 대체할 것을 요구하였다.[51] 동시에 그는 우리가 지성의 직관을 투과하여 직접적으로 이 "자아자신"의 활동을 의식할 수 있다고 인정하였다. 이 직관은 "자아활동과 자유의

50) "Erste Einleittung in der Wissenschaftslehre", in: *Fichte Werke*, hg. von I. H. Fichte (Berlin 1971), Bd. 1, S. 428.

51) 같은 책, S. 427f. 참조.

직관에 대한"(對於自我活動與自由的直覺) 것이고, 그것은 "의식의 사실"(意識底事實)로써 도덕법칙의 의식 중에 존재한다.[52] 그는 곧바로 이렇게 지적하였다. 칸트의 도덕철학 체계 중에서 정언명령(kategorischer Imperativ)의 의식은 마땅히 곧 지혜의 직관이고, 이 직관은 "결코 존재가 아니라 행동에 관계되는"(決非涉及一個存有, 而是涉及一個行動) 것이다.[53]

이상의 토론에서 우리는 다음과 같은 점을 어렵지 않게 살펴볼 수 있다. 모종삼의 "물자체" 개념에 대한 새로운 해석과 피히테의 사상은 매우 근접한다. 그 사이의 차이는 주로 다음과 같은 점이다. 피히테는 "물자체" 개념을 취소하였고, 모종삼은 그것을 가치 의미를 가진 개념으로 승화시켰다. 칸트철학의 입장에서 볼 때 "물자체" 개념을 취소하는 것은 그 전체 철학 체계를 방기하는 것이다. 왜냐하면 현상과 물자체의 선험적 구분은 전체 철학 계통의 예비이기 때문이다. 칸트가 살아있다면 공개석상에서 피히테의 지식학을 부정하고, 또 피히테가 그를 오해했다고 생각할 것이라는 것을 이상하게 여길 필요까지는 없다.[54] 비록 우리는 칸트가 모종삼의 "물자체" 개념에 대한 새로운 해석을 받아들일지 여부는 알 수 없지만, 이러한 새로운 해석은 칸트철학에 오히려 매우 유리하다. 그것이 순조롭게 칸트철학에 본래 있었던 사상 방향이 되면서 기본 골격을 유지하게 되고, 동시에 칸트 "물

52) "Zweite Einleitung in die Wissenschaftslehre", in: *Fichte Werke*, Bd. 1, S. 465f.

53) 같은 책, 472쪽.

54) "Erklärung in Beziehung auf Fichtes Wissenschaftslehre", in: *KGS*, Bd. 12, S. 370f. 참조.

자체" 개념이 아마도 받게 될 질의와 비평을 피할 수 있기 때문이다. 이러한 의미에서 모종삼은 칸트 이후 대다수의 독일 철학자보다도 칸트의 핵심에 접근하고 있다. 모종삼은 한 편으로 "물자체" 개념을 빌어 중국철학을 해석하면서 중국철학이 담고 있는 풍부한 의미를 밝혔고, 다른 한 편으로 중국철학의 입장에 서서 칸트철학에 대하여 수정을 가하여 곤경에서 벗어나도록(百尺竿頭, 更進一步) 하였다. 이것은 현대 중국철학의 창조와 발전을 위하여 매우 훌륭한 사례를 제공하였고, 동시에 중국철학이 어떻게 그 주체성을 버리지 않고 서양철학을 흡수하고 전환할 것인가를 보여주었다.

제2장

모종삼 사상에서 유가와 칸트

1

2차 세계대전 이후 대만에서의 경험에 의하면 유가사상은 무시할 수 없는 역량이었다. 유가사상이 동아시아(특히 대만)의 현대화 과정 중에 어떤 영향을 주었는가는 국내외학자들 사이에서 시종 논쟁이 끝나지 않은 문제이기는 하지만,[1] 유가사상이 전후의 동아시아 사회에서 지속적으로 잠재 능력(이 역량이 동아시아 현대화에 도움을 주었는가 여부는 잠시 논하지 않더라도)을 보여주었다는 것을 부정하는 사람은 거의 없다. 심지어 유가사상이 중국 공산당 정부의 억압을 받은 중국 대륙에서도 여전히 여러 가지 방식을 통하여 직간접적으로 작용을 하였다. 이 사실은 분명히

1) 이 문제에 관한 논쟁에 대해 독자들은 黃光國, 『儒家思想與東亞現代化』(臺北: 巨流圖書公司, 1988) 3-17쪽, 張德勝, 『儒家倫理與秩序情結』(臺北: 巨流圖書公司, 1988), 237-263쪽, 杜念中・楊君實 編, 『儒家倫理與經濟發展』(臺北: 允晨文化公司, 1987)을 참고할 수 있다.

근래에 국내외에 유행하고 있는 "마르크스주의의 유가화"(馬克思主義儒家化)의 관점에 반영되었다. 필자는 이 논점에 대하여 유보적 입장을 취하지만,[2] 이 논점을 견지하는 사람들의 "유가사상이 중국 대륙에서 여전히 계속 영향을 주고 있다"(儒家思想在中國大陸仍在繼續發生影響)는 이 사실에 대한 감정과 관찰은 상당한 정도의 진실성을 가지고 있다고 믿는다. 그렇지만 이 논쟁에서 "유가사상"(儒家思想)이라는 이 개념의 내적 의미는 매우 불확실하여 철학자들이 이해하고 있는 유가의 의리(義理)를 지적하는 것일 수 있고, 또 이 의리가 세속화 이후에 일반 민중의 의식 기저에 쌓여 형성된 사유방식 혹은 행위방식을 지적하는 것일 수 있으며, 심지어는 특수한 역사적 원인으로 인해 오해되어 "유가"라는 명칭에 귀속된 가치관과 윤리규범을 지적하는 것일 수도 있다. 이 개념상의 혼란이 위에서 제기한 문제에 곤란한 문제를 덧붙였다.

이 글에서는 위에서 논의한 논쟁을 다룰 생각은 없고, 토론의 중심은 근래에 일반학자들이 말하는 "당대 신유학"(當代新儒學) 혹은 "현대 신유학"(現代新儒學)에 있다. 서양학자들이 과거에 항상 송명유학을 "신유학"(新儒學: Neo-confucianism)이라 칭하고, "당대" 혹은 "현대"라는 용어를 덧붙인 것은 송명유학과 구별하기 위한 것이다. 사상방향(엄격한 의미에서의 "학파"가 아니다)에서 볼 때 당대 신유학은 민국 이래 점차 극단화된 전반적 반 전통사상이 격렬하게 야기한 것이다. 필자는 『유학과 현대의식』(儒學

2) 독자들은 필자의 논문 「論所謂馬克思主義的儒家化」를 참조하기 바란다. 이 논문은 『儒學與現代意識』(臺北: 文津出版社, 1991)에 수록하였다.

與現代意識)에서 일찍이 현대 신유학의 흥기와 발전에 대하여 아래와 같이 설명하였다.

> 민국 초기 신문화운동이 결국 격화되어 전반적 반 전통 운동이 되었는데, 그 충돌의 첫머리는 바로 유가사상으로, 전통유학은 수많은 화살을 맞는 과녁이 되었다. "유학을 타도하자"(打倒孔家店)라는 한결같은 목소리 속에서 양수명(梁漱溟)이 가장 먼저 유가사상을 위한 변호를 하였다. 거의 같은 시기에 장군매(張君勱), 마일부(馬一浮)와 웅십력(熊十力) 세 사람 역시 일어나 유가사상을 주장하고, 게다가 전쟁 시기에 하린(賀麟)과 전목(錢穆) 두 사람이 가담하면서 유가사상을 중건하는 것을 기치로 한 보수주의 사조가 이미 흥성하여 당시 중국에서 가장 영향력이 있었던 그밖에 두 가지 사상 방향 ― 영·미 의회 민주를 고취한 중국 자유주의와 러시아 혁명을 모범으로 삼은 중국 마르크스주의 ― 과 함께 정립할 수 있었다. 그러나 1949년 중국 공산당이 중국 대륙에서 정권을 획득한 후에 마르크스주의는 중국 공산당의 세력을 업고 대륙에서 독점적 사상 방향이 되어 보수주의와 자유주의 세력은 대만과 홍콩으로 옮겨 이 두 곳에서 활동하게 되었다. 중국 공산당의 화를 피해 홍콩으로 피해간 전목, 당군의, 장비개(張丕介)는 고염무(顧炎武)가 말한 "천하가 망하였다"(亡天下)라는 통한을 품고서 뜻을 같이하여 영국 식민지였던 홍콩에서 빈손으로 중국문화를 널리 밝히는 것을 종지로 하는 신아서원(新亞書院)을 건립하였고, 또 당시 국외에서 강학(講學)하던 장군매와 대만에서 교육하던 모종삼, 서복관 두 사람이 서로 호응하여 보수주의의 명맥이 대만과 홍콩 및 해외에서 지속되도록 하였다.[3)]

현대 신유학의 이들 대표 인물 중에서 전후 대만 사상계에 직

---

3) 『儒學與現代意識』, 「序言」, 2쪽.

접적인 영향이 있었던 사람은 전목, 장군매, 당군의, 모종삼, 서복관 다섯 사람이다. 뒤의 네 사람은 또 1958년 정월에 함께 『민주평론』(民主評論) 및 『재생』(再生) 두 잡지에 〈중국문화를 위하여 세계인사에게 삼가 알리는 선언〉(爲中國文化敬告世界人士宣言)[4]을 발표하여 그들의 중국문화(특히 유가사상)에 대한 공동의 이해와 희망을 발표하였다.

전목은 이 〈선언〉에 서명을 하지 않았던 까닭에 여영시(余英時)는 최근에 「전목과 신유가」(錢穆與新儒家)에서 전목을 신유가의 한 사람에 귀결시키는 것에 반대하였다.[5] 여영시는 적지 않은 글을 통하여 전목은 제1대 신유가 웅십력 뿐만 아니라 제2대 당군의, 모종삼, 서복관 세 사람과도 모두 "같은 점보다 다른 점이 많다"(所同不勝其異)는 것을 증명하였다. 전목과 위에서 논의한 네 사람의 중국 전통문화 및 학술에 관한 많은 견해에는 다양한 차이가 있다는 것은 부정할 수 없는 사실이다. 예를 들어 서복관은 1955년 「유가의 수기와 치인의 구별 및 그 의의」(儒家的修己與治人的區別及其意義)에서 전목이 『사서석의』(四書釋義)에서 『논어』의 "인"(仁)에 대한 해석을 비판하였고, 전목은 「마음과 성정 그리고 좋아함과 싫어함」(心與性情與好惡)이라는 글로 답변을

4) 이 「宣言」은 원래 『民主評論』 제9권 제1기 (1958년 1월 5일) 및 『再生』 제1권 제1기 (1958년 1월)에 발표하였다. 후에 張君勱著 · 程文熙編, 『中西印哲學文集』 (臺北: 臺灣學生書局, 1981) 및 張君勱, 『新儒家思想史』 (臺北: 張君勱先生獎學金基金會, 1980)(부록에 전문이 영역되었다)에 수록되었다. 또 「中國文化與世界」라는 제목으로 唐君毅, 『中華人文與當今世界』 (臺北: 臺灣學生書局, 1975) 및 唐君毅, 『說中華民族之花果飄零』 (臺北: 三民書局, 1974)에 수록되었다.

5) 이 글은 『猶記風吹水上鱗』 (臺北: 三民書局, 1991)에 수록되었다.

하였다.[6] 또 전목은 다음 해에 「중용의 새로운 의미」(中庸新義)를 발표하였는데, 장자에 의거하여 『중용』을 해석한 것이다.[7] 서복관은 곧 「중용의 지위 문제」(中庸的地位問題)를 발표하여 논박하였고,[8] 전목은 「중용의 새로운 의미에 관한 재 논변」(關于中庸新義之再申辯)으로 답변하였다.[9] 그렇지만 가장 심각한 논쟁은 "중국 역사상 전제 정치가 있었는가"(中國歷史上是否有專制政治)하는 문제에 관한 것이었다. 전목은 일관되게 진한시대 이후 중국 전통 정치관을 "전제정치"로 보았다. 그는 1950년에 「중국 전통의 정치」(中國傳統政治)를 발표하여 이 문제를 논의하였다.[10] 장군매는 이 논문의 논점을 반박하기 위하여 『중국 전제군주제의 평가』(中國專制君主制之評議)라는 대작을 저술하였다.[11] 서복관도 1978년 12월 16일에서 20일까지 "화교일보"(華僑日報)에 「양지의 미망 — 전목 선생의 사학」(良知的迷惘 — 錢穆先生的史學)[12]을 발표하여 전목의 이 논점을 반박하였다. 당군의와 전목의 학술관점상의 차이는 당군의가 1955년 8월 23일 서복관에게

6) 이 두 글은 동시에 『民主評論』 제6권 제12기 (1955년 6월 20일 출판)에 발표하였다.

7) 이 글은 『民主評論』 제6권 제16기 (1955년 8월 20일 출판)에 발표하였다.

8) 이 글은 『民主評論』 제7권 제5기 (1956년 3월 5일 출판)에 발표하였다.

9) 이 글은 『民主評論』 제7권 제6기 (1956년 3월 20일 출판)에 발표하였다.

10) 이 글은 『民主評論』 제2권 제11/12기 (1950년 12월 5/20일 출판)에 발표하였다.

11) 이 책은 1965년 3월을 기점으로 그가 창간한 『자유종』(自由鍾)이라는 잡지에 연재되기 시작하였으며, 1986년에 비로소 대북(臺北) 홍문관출판사(弘文館出版社)에서 모아 출판하였다.

12) 이 글은 후에 徐復觀著 · 蕭欣義編 『儒家政治思想與民主自由人權』 (臺北: 臺灣學生書局, 1988년 增訂版)에 수록되었다.

보낸 편지에서 살펴볼 수 있다. 이 편지에서 당군의는 전목의 사상에 대하여 아래와 같이 평가하였다.

> 전목의 사상은 그 3백년 학술사로부터 살펴보면 곧 그 요소는 정(情)이 정욕(情欲)이고 성리(性理)라는 한 가지 노선의 청대 사상과 같고, 이것이 그에게 깊은 영향을 주었음을 알 수 있다. 그는 자연주의를 좋아하고, 진화론, 행위주의를 좋아한다. 이것으로 덕성(德性)을 논의하는데 역시 이와 같다. 그는 역사에 대한 해박한 지식이 있고 생활상으로는 도가를 좋아하기 때문에 역사에 있어서는 변화를 보는 것을 좋아한다. 그러나 그 사상은 사실 맹자, 중용 및 송명이학의 심학이라는 도학의 노선에서 나온 것이 아니다.[13]

이 이른바 "정욕이고 성리라는 노선의 청대 사상"(卽情欲卽性理一路之淸人之思想)은 곧 대동원(戴東原)의 사상을 지적한 것으로, 당군의, 모종삼, 서복관, 장군매 네 사람이 공통적으로 반대한 것이다.

필자는 여기에서 이러한 논쟁의 시비를 평가할 생각은 없고, 다만 이 〈선언〉이 발표될 당시 전목과 당군의, 모종삼, 서복관, 장군매 네 사람의 학술 관점에 존재하는 기존의 차이점 및 그 상관이 있는 배경을 설명하고자 한다. 전목이 이 〈선언〉에 서명하지 않은 것은 사실 우연한 것이 아니고, 또 사적인 감정과 인사상의 원인에 의하여 그렇게 된 것도 아니다. 그러나 필자는 여전히 전목은 "현대 신유가"의 계열에 속한다고 주장할 것인데, 그 이유는 이렇다. 첫째, 전목은 신아서원의 창립에 참여하였고, 그

13) 『唐君毅全集』 권26, 『書簡』(臺北: 臺灣學生書局, 1990), 98쪽.

것과 밀접한 관계를 가지고 있으며, 제2대 신유가의 발전 역시 신아서원을 중요 거점으로 삼는다. 만약 전목을 신유가에서 배제한다면 그에게는 결코 공평한 일이 아니다. 둘째, "신유가"라는 칭호는 결코 당사자들 자신이 표방한 것이 아니라 근래의 국내외 학술계가 연구를 함에 있어서 편리함을 위하여 채용한 것이다. 지금 통용되는 방법으로 볼 때, 신유가는 엄격한 의미에서 학파를 가리키는 것이 아니라 사상경향을 가리킨다. 이러한 의미에서 전목을 신유가에 둔다고 하더라도 부당할 것 같지는 않다. 셋째, 전목이 당군의, 모종삼, 서복관, 장군매 네 사람과 학술 관점 및 사상 노선에서 차이점이 있지만, 큰 방향에서 말하자면 그들 사이에는 더욱 분명한 공통점이 있다. 그들은 모두 유가사상을 본위로 해서 서양 문화를 흡수하여 중국의 현대화를 촉진할 것을 견지한다. 특히 당시 『자유중국』이라는 잡지를 거점으로 하여 유가사상을 비판한 자유주의 학자들과 대비하면, 우리는 전목을 위에서 언급한 네 사람의 진영에 두지 않을 수 없다.

전체적으로 볼 때 현대 신유가는 서양 문화의 충격과 중국 현대화의 요구를 만났을 때 모두 동시에 유가사상 중에는 버릴 수 없는 본질이 있고, 또 이러한 본질은 중국의 현대화에 장애가 되지 않으며, 반대로 필요한 근거라고 보았다. 그러나 그들도 충분히 이해하고 있었다. 중국이 지금 당면하고 있는 상황은 유학으로 하여금 완전히 전통적 형식을 견지할 수 없고, 전환이 필요하다는 것을 인식하고 있었다. 바꾸어 말해서 그들은 반드시 유학을 새로 건립해야만 하였다. 유학을 새로 건립하는 과정에서, 그들은 때로 불학(佛學) 혹은 서양철학에서 사상적 양분을 취하였다. 전자에는 양수명과 웅십력 두 사람이 해당되고, 후자에는 하린, 장군매, 당군의, 모종삼 세 사람이 해당된다. 그중에서 모종삼은 칸트철학을 빌어 유가사상을 새롭게 해석하였고, 또 이것으로 중서철학(中西哲學)을 회통하여 심오한 도리가 여러 차례 나오면서 뛰어난 일가의 학설을 이루었다. 그러므로 이 글에서는 모종삼이 칸트철학을 빌어 유학을 새롭게 세웠던 작업을 탐구함으로써 유학사상이 전후에 대만이 발전하는데 작용한 사례로 삼고자 한다.

2

모종삼의 철학사상이 전후 대만 학술계에 미친 영향은 그의 1949년 이후의 경력을 살펴봄으로써 엿볼 수 있다.[14] 그는 1949년 대만으로 넘어왔고, 그 다음 해에 대만사범학원(臺灣師範學院: 후에 臺灣師範大學으로 바꾸었다) 국문과[중문과]에서 가르쳤고, 1956년에는 동해대학(東海大學) 중문과로 옮겨 가르쳤다. 1960년에 그는 홍콩대학 중문과로 옮겨 가르쳤고, 1968년에는 당군의의 요청을 받아들여 중문대학(中文大學) 철학과에서 가르쳤다. 1974년에 그는 중문대학에서 퇴직하였고, 중국문화대학철학연구소(中國文化大學哲學研究所)로 자리를 옮겨 가르쳤다. 1975

14) 모종삼의 학행저술(學行著述)에 관해서는 蔡仁厚가 일찍이 「牟宗三先生學行著述紀要」를 써서 『鵝湖月刊』 제165-167기 (1989년 3월-5월)에 발표한 것이 있는데, 현재 이 방면에서 가장 완전하고 믿을 만한 자료이다. 필자는 아래에서 서술할 때에는 모두 이것에 근거하였지만 일일이 주에 밝히지는 않겠다.

년부터 그는 홍콩신아연구소(香港新亞研究所)에서 가르쳤다. 1976년부터 1979년까지 그는 대만대학(臺灣大學) 철학과에서 객좌교수(客座敎授)를 맡았다. 1979년 이후로 그는 홍콩과 대만 사이를 왕래하면서 선후로 대만대학, 대만사범대학과 중앙대학(中央大學)에서 강의하였다. 1960년에서 1974년까지 홍콩에 머물던 기간 동안 그는 『정도와 치도』(政道與治道: 1961년), 『중국철학의 특질』(中國哲學的特質: 1963년), 『재성과 현리』(才性與玄理: 1963년), 『심체와 성체』(心體與性體: 1968년에서 1969년), 『생명의 학문』(生命的學問: 1970년), 『지성의 직관과 중국철학』(智的直覺與中國哲學: 1971년) 등의 여러 책을 발표하였다. 이 기간 동안에 모종삼은 이들 저작과 일찍이 대만에 있었을 때의 문인 제자들을 통하여 대만 학술계에 지대한 영향을 주었다. 그 중에서 3권으로 된 대작 『심체와 성체』는 송명유학에 대한 새로운 해석과 이해로 혁명적이라고 할 만한 영향을 주어 이후 송명유학의 연구자에게 그 관점이 어떠한가에 상관없이 모두 모종삼의 이 저작 중에서 제기한 새로운 해석을 마주하지 않을 수 없게 만들었다.

칸트철학이 모종삼의 유학 중건 작업에서 차지하는 위치에 관해 우리는 발전적 각도에서 두 단계로 구분하여 토론할 수 있는데 『심체와 성체』를 쓴 것을 그 분기점으로 삼을 수 있다. 그는 1961년을 기점으로 계속해서 이 책의 각 장절을 썼고, 1966년 및 1967년 2년 사이에는 전력하여 이 책을 썼다. 1949년부터 1960년대 중엽에 이르는 동안 대륙의 공산화로 촉발된 비분강개의 감정으로 말미암아 그가 관심을 가진 주요 문제는 유가사상을 핵심으로 하여 중국 문화를 새롭게 해석하는 것으로, 민주정치를 긍정하고 또 공산주의에 대항하는 것이었다. 그는 이 시기에 쓴 3권의 중요 저작 『역사철학』(歷史哲學), 『도덕 이상주의』(道德的理想主義), 『정도와 치도』에서 모두 이러한 현실에 대한 관심을 강렬하게 표현하였고, 전통 유학의 "외왕"(外王) 문제를 위주로 하였다. 이 시기에 칸트철학과 직접적으로 관계가 있는 그의 학술활동은 단지 두 가지 것을 언급할 만하다. 첫째, 두 권으로 된 거작 『인식심의 비판』(認識心之批判)을 1956년과 1957년에 나누어 출판한 것이다. 둘째, 칸트가 도덕철학을 다룬 소책자 『도덕에 관한 형이상학의 기초』(道德底形上學之基礎: 그러나 1982년에 뒤늦게 처음 출판되었다)를 1964년에 번역한 것이다. 그러나 『인식심의 비판』은 1940년대에 배태되었고, 1949년에 원고가 완성되었다. 이 책에서 다루고 있는 것은 인식론의 문제인데, 그 주요 목적은 칸트의 사유 방식으로 B. 러셀(Bertrand Russel)과 L. 비트겐슈타인(Ludwig Wittgenstein)이 이해하고 있는 논리와 수학의 순수지성을 융합하는 것이었다.15) 그러므로 이 저작과 실천을 위주로 하는 유가사상과는 결코 서로 직접적으로 일치하는 점이 없다.

모종삼은 『심체와 성체』를 쓰던 기간에 칸트의 도덕철학에 대하여 진일보한 탐구와 이해를 하였다. 이것은 이 책 제1권의 「종론」(綜論) 부분을 보면 알 수 있다. 이 책의 제3장 "자율도덕과 도덕 형이상학"(自律道德與道德的形上學)에서 그는 한 마디로 말하였다. 칸트 윤리학과 정통 유가의 양지학(良知學)은 모두 도덕의 "자율"(自律: Autonomie)을 긍정한다. 그러나 그도 칸트 윤리학

15) 『認識心之批判』 (臺北: 臺灣學生書局, 1990), 上册, 2쪽 참조.

의 부족한 점과 유가가 칸트철학보다 나은 점이 있음을 지적하였다. 그것은 이렇다. 칸트는 인간 의지의 자유를 "요청"(postulat)할 뿐이기 때문에, 이로 말미암아 그는 "도덕에 관한 형이상학"(metaphysics of morals)만을 세울 수 있었고 유가와 같이 양지의 직접적 체증(體證)에 기초한 "도덕 형이상학"(moral metaphysics)은 세울 수 없었다.

이후에 모종삼은 적지 않은 저작에서 직접적으로 유학과 칸트철학을 회통시키고자 하였다. 이와 관련된 저작에는 『지성의 직관과 중국철학』(1971년 출판), 『현상과 물자체』(1975년 출판), 『원선론』(1985년 출판) 등을 포함하여, 모종삼의 강의를 학생이 정리하여 완성한 『중국철학 19강』(中國哲學十九講: 1983년 출판), 『중서철학의 회통 14강』(中西哲學之會通十四講: 1990년 출판) 2권이 있다. 동시에 그는 칸트의 주요 저작의 번역에 착수하였다. 먼저 『실천이성비판』과 『도덕에 관한 형이상학의 기초』 두 권을 1982년 번역하고 『칸트의 도덕철학』(康德的道德哲學)이라는 제목으로 출판하였다. 다음 해에 『순수이성비판』의 번역본도 출판하였다(그러나 이 책의 마지막 부분, 즉 「방법론」은 번역되지 않았다). 그 중에서 『실천이성비판』의 번역본에는 적지 않은 주해(注解)가 붙어 있는데, 이들 주해는 때때로 유가의 의리와 칸트의 관점을 대비하고 그 이동(異同)을 논의하고 있다. 근래에 그는 또 『판단력비판』을 번역하여 1993년에 출판하였다. 그는 일찍이 이렇게 표현하였다. 서양의 칸트학자들은 대부분 한 사람의 힘으로 칸트의 3대 비판서의 하나를 번역해냈지만, 그와 같이 한 사람이 3대 비판서를 모두 번역한 사람은 없다. 그러므로 이것은 실로 중국학술사에서 경사이며, 중국역사에서 오직 현장(玄奘)이 유식경전을 번역한 것에 비유할 수 있을 것이다.

3

위에서 논의한 것처럼 모종삼은 1949년 이후 『심체와 성체』를 쓰던 이 기간 동안에 『도덕에 관한 형이상학의 기초』를 번역한 것 이외에 칸트의 도덕철학에 대한 특별한 연구를 하지 않았다. 이것은 사람들에게 그가 당시에 이해하고 있었던 유가사상과 칸트철학 사이에 특별히 밀접한 관계가 없다는 인상을 주기 쉽다. 다른 측면에서 일반적으로 학자들은 오히려 헤겔철학이 이 시기에 그 사상의 형성에 영향을 주었다는 점에 주목한다. 왜냐하면 이 영향은 『역사철학』과 『정도와 치도』 두 권에서 분명하게 표현되었기 때문이다. 모종삼이 이 두 작품을 쓴 것은 헤겔의 『역사철학강의』(歷史哲學講義)와 『법철학대강』(法哲學大綱) 두 권의 영향을 받은 것이라는 점은 부정할 수 없는 사실이다. 그러나 일반적으로 학자들이 가볍게 보고 있는 한 가지 사실이 있다. 『역사철학』 및 『정도와 치도』 두 권은 칸트철학을 떠받치고 있는 사상적 구조를 이미 갖추고 있는데 이 구조는 모종삼이 『인식심의 비판』을 쓰던 과정에서 점차 파악한 것이다. 이 점을 가볍게 여기면 우리가 그의 당시 사상을 이해하는데 방해가 되고 장애가 된다.[16] 모종삼은 1951년에 발표한 「헤겔의 변증법을 논함」(論黑

16) 이 점에서 생겨난 분명한 오해의 하나는 진충신(陳忠信)의 논문 「新儒家"民主開出論"的檢討」로 『臺灣社會研究』 제1권 제4기 (1988년 冬季號)

格爾的辨證法)에서 헤겔 변증법의 철학적 의미를 종합적으로 논의하면서 이렇게 말하였다.

> ……주의해야 할 점은 바로 이렇다. “변증적 종합 체계”[辨證的綜合系統: 유기적 발전 중에서의 건립자]는 반드시 “초월적 분석 체계”[超越的分解系統]를 근거로 해야 한다. 이 둘은 모두 반드시 지극한 지혜의 힘[智力]과 지극히 고상한 지혜가 있어야만 장애가 없다고 말할 수 있다. 서양철학에서 칸트는 “초월적 분석”을 앞에 두고, 헤겔은 “변증적 종합”을 뒤에 둔다. 비록 작은 약점이 없다고 할 수는 없지만 대체적인 틀은 이미 갖추고 있다. 내가 이 글에서 말하는 것은 변증적 종합을 위주로 하는 것이지만 사실 초월적 분석을 배경으로 한다.[17]

이로써 볼 때 모종삼이 헤겔의 변증법을 이용하여 당시 유가의 “외왕”(外王) 문제[주로 민주정치로 정통(政統)을 건립하고, 지성주체(知性主體)로 학통(學統)을 여는 것을 가리킨다]를 해석할 때, 그는 이미 자각적으로 칸트의 “초월적 분석 체계”를 이미 갖추고 있음을 알 수 있다. 그는 『도덕 이상주의』의 서(序)에서 특별히 다음과 같이 강조하였다. “또 내가 이 책에서 전개한 각 영역별 철학 계통의 근거는 바로 나의 ‘인식심의 비판’이다. 그 용어와 사유의 운용은 서양 철학자와 관련이 있고, 혹은 서양철학의 술어를 근거로 한 부분이 있지만 그 표현의 길은 역시 모두 ‘인식심의 비판’을 근본으로 삼은 것이다.”[18] 칸트철학의 체계 구

에 발표하였다. 필자는 「歷史與目的」(『儒學與現代意識』에 수록하였다)에서 이에 대해 논의하였으므로 참고할 수 있다.

17) 牟宗三, 『生命的學問』 (臺北: 三民書局, 1970), 227쪽.

조를 벗어나면 우리는 모종삼의 이 당시의 사상을 정확하게 이해할 수 없음을 알 수 있다.

그렇다면 모종삼이 자각적으로 이미 갖춘 "초월적 분석 체계"는 궁극적으로 무엇을 가리키는가? 이것은 유가사상과 어떤 관계가 있는가? 그는 『오십자술』(五十自述)의 한 단락에서 그 까닭을 분명히 밝혔다. 그는 이 책에서 『순수이성비판』을 점차 이해하게 된 과정을 자술하였다.

> 나는 논리 수학의 분석에 대한 점진적인 인식의 전환을 통해 순수 자아 전개를 인식하였고, 그리하여 먼저 그의 "초월적 변증"의 일부를 이해하게 되었다. 이것은 그의 "초월적 형이상학"에 대한 비판으로, 어떻게 불가능한 것으로 말미암아 가능성을 드러낼 수 있는가 하는 것이나. 그 중에서 두 가지의 관건이 되는 명사는 바로 "범주원칙"[軌約原則]과 "구성원칙"(構成原則)이다. 이 두 가지가 어떻게 비판사상의 명사가 되는가는 칸트의 "순수이성비판"에서 매우 중요하다. ……"초월적 변증"에서 그는 순수이성의 경험으로부터 범주에 의거하여 뒤로 소급하여 경험을 초월할 것을 시도함으로써 초월이념을 제공한다. 이러한 소급과 그것에 의하여 제공되고 확정된 초월이념은 단지 "범주적"이지 "구성적"이라고 생각할 수는 없다. 범주에 의거하여 소급하면 초월이념을 제공함에 있어서 단지 범주원칙일 뿐 구성원칙이 아니다. 범주가 구성이 되는 이것은 곧 초월변증이 나타내는 허구성[虛幻性]을 형성한다. 이것은 순수이성이 범주에 의거해 소급할 때 초월이념의 사실적 가능성을 분명히 초월할 수 없고 또 그 사실적 객관 타당성을 획득할 수 없다. 여기에서 곧 순수이성의 유효한 사용의 범위를 표현하였고, "지식 영역"과 "초월 영역"을 구

---

18) 牟宗三, 『道德的理想主義』(臺北: 臺灣學生書局, 1978), 「序」, 6쪽.

> 획하였다. "초월 영역"에서 가치영역을 펼쳤다고 하더라도 이것은 반드시 그밖에 근원이 있어서 실제와 합치해야 한다. 이밖에 다른 근원은 곧 "인식주체" 이외의 "도덕주체"이다.[19]

칸트는 『순수이성비판』의 「변증론」에서 서양 전통의 초월 형이상학을 비판하였는데, 인간 지식의 한계를 확정하기 위한 것으로, "이론이성"(理論理性: theoretische Vernunft) — 혹은 "사변이성"(思辨理性: spekulative Vernunft)이라고 칭한다 — 의 작용은 "현상"계에 국한된다. 그러나 이것은 그 비판철학의 소극적 기능으로, 그것은 또 다른 적극적 기능을 가지고 있다. 즉 인간 지식이 미치지 못하는 "물자체"계는 "실천이성"(praktische Vernunft)에게 남겨주었고, 실천이성을 통하여 가치영역을 개척한다. 그러므로 인간의 이성주체에서 그는 실천이성이 이론이성에 비하여 우선하고, 실천이성은 인간의 진정한 주체가 존재하는 곳이라고 긍정하였다. 그런 까닭에 "현상"과 "물자체"의 구별은 지식 영역과 초월 영역(가치영역)을 표시하고, 이 구조로부터 "양층존재론"의 사상 구조가 구성된다. 이후에 모종삼은 『대승기신론』(大乘起信論)의 용어를 빌어 "일심개이문"(一心開二門)으로 이 구조를 칭한다.[20] 그가 이미 갖춘 "초월적 분석 체계"는 바로 이 구조를 지칭한다. 그도 바로 이 구조에 근거하여 유가의 양지의 가르침(良知之敎)을 안배하고, 또 그 "외왕" 문제를 해결한다.

『도덕 이상주의』에서 우리는 분명하게 칸트철학과 유가사상

---

19) 牟宗三, 『五十自述』(臺北: 鵝湖出版社, 1989), 75-76쪽.

20) 牟宗三, 『中國哲學十九講』(臺北: 臺灣學生書局, 1983) 제13, 14강. 또 『中西哲學之會通十四講』(臺北: 臺灣學生書局, 1990), 제6, 7강. 참조.

사이의 밀접한 관계를 볼 수 있다. 이 책에서 모종삼은 이렇게 지적하였다. 유가사상은 본질적으로 일종의 "도덕 이상주의" 혹은 "이성적 이상주의"를 대표한다. 여기에서 말하는 "이성적"이란 바로 "실천이성"(혹은 "도덕이성")을 말하는 것이다. 그러므로 "도덕적" 혹은 "이성적"이라고 덧붙인 말은 그 의미가 다르지 않다. 이른바 "도덕 이상주의"는 "두려워하고 측은하게 생각하는 인"(怵惕惻隱之仁)을 가치의 근본으로 삼은 것이며, 또 이상의 근원이다.[21] 모종삼이 이 명칭을 사용한 까닭은 유가사상과 두 가지 다른 관점을 구별하기 위한 것이다. 예를 들어 그 자신이 한 다음과 같은 말이다. "내가 이곳에서 말하는 이성은 도덕실천의 이성을 말한 것이다. 한편으로 이지주의(理智主義)이지만 비이상주의적인 논리이성과 간단히 구별되고, 다른 한편으로는 단지 생명충동을 말할 뿐 실천이성의 직관주의를 말하지 않는 낭만적 이상주의이지만 비이성적 이상주의와 간단히 구별된다."[22] 이른바 "이지주의이지만 비이상주의적인 논리이성"이란 주체 방면에서 단편적으로 이지 혹은 이론이성의 작용이 두드러지지만 다른 유형의 마음 활동을 무시하는 관점을 지적한 것이다. 이러한 관점을 그는 "이지일원론"(理智一元論)이라 칭하고, 한 걸음 더 발전하게 되면 "과학일층론"(科學一層論)이 되는데, 즉 우리가 통상적으로 말하는 "과학주의"(科學主義: Scientism)로서 주로 실증주의(實證主義), 현실주의(現實主義), 공리주의(功利主義), 자연주의(自然主義)를 지칭하지만, 심지어는 마르크스주의도 포함한다. 이

21) 牟宗三, 『道德的理想主義』, 「序」, 5쪽.

22) 같은 책, 17쪽.

른바 "다만 생명충동을 말할 뿐 실천이성을 말하지 않는 직관주의, 낭만적 이상주의는 비이성적 이상주의"라는 것은 주로 H. 베르그송(Henri Bergson)의 직관주의를 지적하는 것으로서 18세기 말 19세기 초에 독일의 "질풍노도"(Sturm und Drang)에 따라 흥기하였던 인문주의(人文主義) 및 모든 형태의 영웅주의를 포함한다.

모종삼의 견해에 의하면 칸트철학은 기본적으로 "도덕 이상주의"에 속한다. 왜냐하면 칸트의 이른바 "선의지"[善的意志]는 곧 유가에서 긍정하는 "두려워하고 측은해 하는 마음"(怵惕惻隱之心)이기 때문이다.[23] 바로 이 문제로 말하면 그는 칸트가 서양철학사에서 독특한 위치를 차지한다고 긍정한다. 그는 이렇게 말하였다.

> 또 철학은 칸트로부터 시작하여 희랍의 전통에 따르면서도 한 걸음 더 나아가 실천이성은 이론이성보다 우월하다고 제시하여 선의지와 의지자유를 파악하였는데, 이것은 도덕의 실천과 큰 관계가 있다고 말할 수 있다. 다음으로 피히테, 셸링, 헤겔은 모두 정신생활의 발전을 중시하여 독일 국가 건립에 큰 역할을 하였으며 심지어 철학이 역사 문화에서 하는 작용을 나타내었다. 그러므로 헤겔은 정면에서 역사철학과 법철학을 세웠다. 이것은 희랍 전통의 "관념적 논의"[觀論的]와 약간 다르지만, 이미 도덕적 실천의 정신생활 및 그 역사문화의 객관적 의의에 진입한 것이다. 이것은 칸트가 제시하고 헤겔이 그 극단을 보충하였다고 말할 수 있다.[24]

23) 같은 책, 19, 25쪽.
24) 같은 책, 20쪽.

칸트와 유가가 모두 "도덕 이상주의"에 속한다고 하는 까닭은 칸트의 "선의지"와 유가의 "두려워하고 측은해 하는 마음"은 모두 도덕심의 표현이고, 유가와 칸트는 모두 도덕심의 진실성을 긍정하기 때문이다. 이런 이유로 모종삼은 마르크스는 "선의지"를 단지 추상적 허구 개념으로 보고 자본 계급의 환상으로 볼 뿐이라고 비판하였다.[25] 왜냐하면 도덕심은 지식의 대상이 아니고, 그 참된 의미는 경험계에서 나타나지 않고 초월계에서 나타나기 때문이다. 그러므로 칸트는 실천이성이 이론이성(사변이성)보다 우선한다고 긍정하여 유가의 도덕이상을 확보하고 그 "도덕 이상주의"를 성취할 수 있었다. 이것이 유학과 칸트철학이 본질상 연계된 지점이다.

4

다음으로 모종삼이 당시에 "외왕" 문제를 해결하기 위해 사유한 해결 방법 역시 칸트의 양층존재론의 구조에서 살펴보아야만 비로소 이해할 수 있다. 모종삼은 중국에서 과거에 민주정치와 과학이 나올 수 없었던 것은 이성의 운용이 단지 실천이성의 측면에 편중되고 이론이성이라는 이 측면이 충분히 표현되지 않았기 때문이라고 생각한다. 이 의미를 설명하기 위하여 그는 세 가지 대비되는 개념을 제시하였다. 『역사철학』에서 그는 "종합적으로 리(理)를 다하는 정신"(綜合的盡理之精神)과 "분석적으로 리를 다하는 정신"(分解的盡理的精神)이라는 개념을 제시하였고, 『정

25) 같은 책, 20-21쪽, 25-26쪽.

도와 치도』에서 그는 "이성의 운용 표현과 구조 표현"(理性之運用表現與架構表現) 그리고 "이성의 내용 표현과 외연 표현"(理性之內容的表現與外延的表現)이라는 두 가지 짝을 이루는 개념을 제시하였다. 이들 개념의 의미에 대해 필자는 「이른바 "유가적 범도덕주의"를 논함」(論所謂"儒家的泛道德主義)에서 이미 상세하게 논의하였으므로 독자들은 참고할 수 있을 것이다.[26] 여기에서는 논의가 필요한 것만을 간단히 설명하기로 한다.

이 세 가지 대비적 개념이 표현하고 있는 것은 사실 동일한 의미로서 즉 실천이성과 이론이성[모종삼은 때로 "관해이성"(觀解理性)이라고 번역하는 경우도 있다]의 대비가 지탱해 주는 입체적 구조는 또 윗글에서 제기하였던 "일심개이문"의 구조이다. 이른바 "종합적으로 리를 다하는 정신"(綜和的盡理之精神), "이성의 운용 표현"(理性之運用表現), "이성의 내용적 표현"(理性之內容的表現)은 모두 실천이성에서 표현한 것을 말한 것이고, 이른바 "분석적으로 리를 다하는 정신"(分解的盡理之精神), "이성의 구조 표현"(理性之架構表現), "이성의 외연적 표현"(理性之外延的表現)은 이론이성에서 표현한 말이다. 요점을 설명하기 위해 필자는 여기에서 모종삼의 『정도와 치도』 중에서 "이성의 운용 표현과 구조 표현"을 해석한 문장을 인용하여 이성의 두 가지 표현 방식을 설명할 것이다. 그는 책에서 이렇게 썼다.

> ……무릇 운용 표현은 모두 "섭소귀능"(攝所歸能), "섭물귀심"(攝物歸心)이다. 이 둘은 모두 대립을 없게 한다. 그것은 혹은 대상을 자

26) 李明輝, 『儒學與現代意識』, 107-115쪽 참조.

> 신의 주체 속에 넣거나 혹은 자신을 대상 속에 투입하여 철저하게 절대가 된다. 안으로 거두어들이면 모든 외물이 마음속에 있고 밖으로 투입하면 온 마음이 외물에 있게 된다. (그러나 그것은) 사실 한 가지이다. 여기에서 만약 강제적으로 능소(能所)를 나누어 하나의 관계를 말하면 곧 "예속관계"(Sub-Ordination)이다. 성현 인격의 "변화"(化)는 이와 같다. 성군(聖君)과 현상(賢相)의 정치 체제[政體]에서 성군 현상의 인민에 대한 관계는 부모의 자녀에 대한 관계와 같은 것으로, 자녀는 부모의 적대적 대상[敵體]이 아닌 것과 같다. 그리고 도심으로 관조하는 것 역시 이와 같다. 그러므로 운용의 표현을 곧 "예속관계"로 규정하였다. 그런데 형식의 표현 방식은 이와 상반된다. 그것의 밑바탕은 대대관계이고, 대대관계로 말미암아 "대대적 서열"(Co-Ordination)을 이룬다. 그러므로 형식의 표현 방식은 "대대적 서열"로 표현되어 규정된다. 그런데 형식의 표현 방식에서 "이성" 역시 잠시 그 인격 중의 덕성 곧 구체적으로 말하자면 실천이성의 의미를 잃게 되고 비도덕적 의미의 "관해이성" 혹은 "이론이성"으로 전환되므로 또한 지성층(운용 표현은 지성층에 속하지 않는다)에 속한다. 민주정치와 과학은 바로 이 지성층의 "이성의 구조적 표현"이 성취한 것이다.[27]

이 말에 의하면 실천이성의 활동(주로 도덕실천 중에서 표현된다)은 결코 주체와 대상(객체)의 대립을 미리 가정한 것은 아니다. 왜냐하면 엄격하게 말하면 주객의 구분은 단지 지식에서만 의미를 갖기 때문이다. 그러나 만약 우리가 억지로 인지활동을 비교하기 위해 도덕실천의 활동 중에서 주객을 구분한다면 이러한 주객관계는 단지 일종의 상하 통속(上下統屬)의 종적 관계일 뿐이

---

27) 牟宗三, 『政道與治道』(臺北: 臺灣學生書局, 1980), 52-53쪽.

다. 다시 말해서 바로 대상이 주체에 예속되어 통섭된다는 것이다. 반대로 이론이성의 활동(주로 인지활동 중에서 표현된다)은 반드시 주객이 횡적으로 열거되는 대비 안에서 발생한다. 이러한 관계에서 대상은 결코 주체에 예속되는 것이 아니라 주체와 병렬되어 마주하는 사물이 된다. 이것은 인간 이성의 두 가지 표현 방식이지만 이 두 가지 표현 방식은 병렬적인 것이 아니라 주종 관계이다. 왜냐하면 "실천이성이 이론이성에 우선한다"는 전제 아래 실천이성은 도덕주체를 대표하게 되고 그래야만 자아가 자아의 체(自我之體)가 되고, 이론이성(인지 주체를 대표한다)은 도덕주체의 용(道德主體之用)이 되기 때문이다. 이를 모종삼의 용어로 말하면 곧 "자아감함"(自我坎陷: 自我否定)의 결과이다.[28] 모종삼은 이렇게 지적한다. 도덕주체 자체는 내재적 요구를 포함하는데 이러한 "자아감함"을 통하여 자아실현을 구한다. 이것은 일종의 "변증발전의 필연성"이다.[29] 이른바 "자아감함"이라고 말하는 이유는 실천이성은 그 본성과 서로 위배되는 것, 즉 이론이성을 요구하고, 이것으로 말미암아 일종의 "모순"(변증적 의미의 "모순"이지 논리적 의미의 "모순"이 아니다)을 형성하기 때문이다.

일반적으로 학자들은 여기에서 모종삼의 이러한 사상에 대한 헤겔 변증법의 영향을 어렵지 않게 파악하고 흔히 그가 미리 가정한 칸트 철학의 구조를 가볍게 보았는데, 이것은 실천이성과 이론이성의 이중 주체가 지지하는 이중 존재론이다. 칸트 철학에서 이론이성은 단지 지성을 투과하여 현상계에서 지식을 성취할

28) 같은 책, 58쪽.
29) 같은 책, 57쪽.

수 있다. 그것은 지성을 초월하여 독립적 영역이 있을 수 없기 때문에 그 작용은 공허하다. 실천이성만이 이성의 본질 작용을 표현할 수 있고 지성의 영역에서 독립적 영역, 즉 "물자체" 혹은 "이체"(理體: Noumenon)를 펼칠 수 있다. 그러므로 실천이성과 이론이성의 층차 구분은 이성과 지성의 구분이라 말할 수 있다. 그러므로 모종삼은 다음과 같이 말한 것이다. 구조적 표현 중에서 "이성"은 "지성"의 층차에 속한다. 근대 서양철학에서 칸트가 먼저 이성과 지성의 작용에 대하여 구분을 하였고, 이 구분은 그 후 "독일관념론"(deutscher Idealismus)에서 공통적으로 받아들이게 되었다. 그러나 모종삼은 칸트가 제시한 구조에 대하여 한 가지 중요한 수정을 하였다. 즉 그는 칸트철학 중의 이성과 직관의 대립을 취소하고 피히테와 같이 "지성의 직관"을 실천이성의 표현 방식으로 보았다. "지성의 직관"(智的直覺: intellektuelle Anschauung)은 본래 칸트철학 중의 술어이지만 칸트는 인간이 이러한 직관 방식을 갖추고 있다는 것을 인정하지 않고 단지 신에게 귀결시킨다. 그러나 모종삼은 『역사철학』 중에서 오히려 이렇게 지적하였다. 도가의 "도심"(道心)과 유가의 "인심"(仁心)은 모두 "지성의 직관"을 표현한 것으로, 이러한 직관은 곧 "종합적으로 리를 다하는 정신"[綜和的盡理之精神]에 속한다.[30] 이처럼 "종합적으로 리를 다하는 정신"과 "분석적으로 리를 다하는 정신"[分解的盡理之精神]의 대립 역시 지성의 "직관 형태"와 "지성 형태"의 대립이라고 말할 수 있다.

모종삼이 이성의 양층 작용의 구분을 제시한 것은 중국이 과

30) 牟宗三, 『歷史哲學』(臺北: 臺灣學生書局, 1974), 174-181쪽 참조.

거에 민주 정치와 과학을 낳지 못한 까닭을 설명하기 위한 것이다. 그의 견해에 의하면 민주 정치와 과학은 지성의 차원에 속하는 "이성의 구조 표현"에 속하기 때문이다. 과학이 "이성의 구조 표현"을 필요로 한다는 것은 이해하기 어렵지 않다. 왜냐하면 과학이 성취한 것은 지식이고 지식의 성립은 인지 주체와 대상의 대립을 미리 가정하기 때문이다. 민주 정치의 성립 문제에 있어서도 통치자와 인민 사이의 예속관계를 제거할 필요가 있고 인민은 정치상에서 독립적 인격이라는 것을 인정하여 통치자와 인민 사이에 일종의 대대관계와 대대적 서열의 국면을 형성해야 한다. 이것은 분명 "이성의 구조 표현"을 필요로 한다. 모종삼은 이 두 가지 문제에 대하여 자세하게 설명을 하였으며 『역사철학』과 『정도와 치도』 두 책에 있으므로 독자들은 참고할 수 있을 것이다.

모종삼의 이 이론은 중국이 과거에 민주 정치와 과학을 낳을 수 없었던 까닭을 설명할 수 있고, 이것으로 중국 문화의 미래 발전 방향을 설명할 수 있을 뿐만 아니라 현실적으로는 항상 경고 작용이 있다. 그는 칸트의 사유 방향을 따라 인지주체를 도덕주체에 속하게 하였는데, 한 편으로는 윗글에서 제기한 "과학 일층론"의 폐단을 지적하기 위한 것이고, 다른 한 편으로는 그가 말하는 "범정치주의"(泛政治主義)를 설명하기 위한 것이다.[31] 이른바 "범정치주의"는 당시 중국 자유주의자에서 흔히 보이던 일종의 정치적 관점 혹은 태도로, 즉 단지 이론이성의 측면에 머물러서 자유 민주를 긍정하고 그 위의 도덕이성의 근원을 제거하려는

31) 牟宗三, 『政道與治道』, 57-62쪽 참조; 또 『道德的理想主義』, 253-259쪽 참조.

것이다. 이것은 "과학 일층론"자들이 단지 이론이성의 측면에서 과학을 긍정하고 그것과 도덕 이성의 관계를 끊어버리는 것과 같은 것이다. 그러므로 "과학 일층론"과 "범정치주의"는 흔히 서로 표리를 이루어 당시 호적을 대표로 한 자유주의자의 기본 태도를 형성하였다. 모종삼은 기본적으로 자유주의를 긍정하지만 그는 다른 장소에서 재삼 이렇게 강조하였다. 이상주의를 근거로 하지 않는 자유주의는 뿌리가 없는 것으로, 근본적으로 공산주의에 대처하기에 부족하다.[32] 종합하면 모종삼의 이 단계의 사상에서 칸트철학의 구조는 유가의 "내성"의 학을 위하여 이론적 근거를 제공하였을 뿐만 아니라 그 "외왕" 문제를 위해서도 해결의 가능성을 제공하였다.

5

만약 우리가 모종삼의 『심체와 성체』 및 그 후에 출판된 유가와 칸트철학의 저작과 관계가 있는 것을 자세히 읽어보면 다음과 같은 것을 발견하게 될 것이다. 그는 먼저 유학과 관계가 있는 칸트철학의 기본 견해를 대체로 이 저작 중에 남겨두었지만 더 깊고 계통적인 방식으로 계속 발전시켰다. 이 단계에서 그는 칸트철학을 통하여 중서(中西) 철학을 회통할 것을 주장하였다. 중국철학은 당연히 유가에 한정되는 것이 아니라 불교, 도가를 포함하는 것이지만 후자의 두 가지는 이 글의 주제와 직접적인 관

32) 그 주요 요지는 「自由主義之理想主義的根源」을 참조할 수 있다. 이 글은 『生命的學問』에 수록되었다.

계가 없다. 모종삼의 이 단계의 사상으로 말하면 우리는 세 가지 측면에서 그가 유가사상과 칸트철학의 일치점을 회통하려고 한 것을 설명할 수 있는데, 이것은 "일심개이문"의 사상 구조, "실천이성이 사변이성에 우선하다"는 관점 및 "자율 윤리학"의 개념이다. 아래에서는 나누어서 논의하기로 한다.

윗글에서 서술한 것처럼 모종삼은 위의 단계에서 이미 칸트의 사유 방식에 따라서 "이성"과 "지성"의 작용을 구분하여 "물자체"와 "현상"의 양층 존재론을 유지하였다. 그 역시 다음과 같은 점을 민감하게 보았다. 궁극적으로 말하자면 "물자체" 개념이 지향하는 초월 영역은 가치 영역이다. 이 관점은 사실 이미 칸트의 저작 중에 감추어져 있었지만 학자들이 주목하지 못하였을 따름이다. 학자들이 만약 단지 칸트의 『순수이성비판』에 근거하여 "물자체"의 의미를 이해하려고 한다면 필연적으로 이 개념을 하나의 지식론의 개념, 즉 현상의 대립적인 면과 그 한계로 볼 것이다. 이와 같이 모종삼은 『지성의 직관과 중국 철학』 및 『현상과 물자체』 두 책에서 "현상"과 "물자체"의 구분에 대하여 상세한 해석을 하였다. 앞의 책에서 그는 하이데거가 『칸트와 형이상학 문제』에서 칸트철학에 대하여 분석한 것에 따라 "현상"과 "물자체"의 함의를 분명하게 정리하였다. 그는 뒤의 책에서 다음과 같이 명백하게 지적하였다.

> ……칸트에 의하면 물자체의 개념은 흡사 "사실상의 원래 모습"(事實上的原樣)의 개념이 아닌 것 같다. 그런 까닭에 또 접근하고자 하지만 접근할 수 없는 객관 사실이 아니라 곧 근본적으로 우리의

> 감성과 지성이 접근할 수 없는 것이다. 그러므로 이것은 초절적(超絶的) 개념이다. 우리의 지식이 그것에 도달할 수 없는 것은 초월의 문제이지 정도의 문제가 아니다.[33]

그는 칸트 자신의 "물자체" 개념에 대한 설명이 아주 분명한 것은 아니지만 칸트가 "현상"과 "물자체"를 구분하면서 물자체를 "초월적"(transzendental)인 것으로 삼은 것이라고 본다면[34] "물자체"는 마땅히 가치 의미를 가진 개념이라고 생각한다. 그러므로 그는 이렇게 강조하였다.

> 만약 "물자체"의 개념이 가치 의미의 개념이지 사실 개념이 아니라면 현상과 물자체의 구분은 초월적인 것으로 비로소 안정적일 수 있다. 그리고 나의 인식심(지성)은 그것을 인식할 수 없기 때문에 그것은 비로소 진정으로 초월 문제가 되며 정도의 문제가 되지 않는다.[35]

이러한 해석은 비록 불교의 이른바 "뜻을 따르지 말을 따르지 않고, 법을 따르지 사람을 따르지 않는다"(依義不依言, 依法不依人)는 태도이지만, 우리는 칸트의 저작(특히 그 윤리학 저작이다) 중에서 그 근거를 발견하기 어렵지 않다. 예를 들어『실천이성비판』의「전언」중에는 이러한 말이 있다.

---

33) 牟宗三,『現象與物自身』(臺北: 臺灣學生書局, 1975), 7쪽.

34) 필자는 통상적으로 transzendental 이란 용어를 "先驗的"이라 번역하고, transzendent는 "超越的"이라 번역하지만 불필요한 오해를 피하기 위해 여기에서는 모종삼의 번역을 그대로 따른다.

35) 牟宗三,『現象與物自身』, 7쪽.

> ……사람들이 아직 윤리성과 자유에 대한 아무런 확정된 개념도 갖지 않은 동안에는, 그들은 한편으로는 소위 현상의 근거로 무엇을 예지체로 두려하는지를, 그리고 다른 한편으로는, 순수 지성의 모든 개념들을 앞서 그 이론적 사용에서 이미 오로지 순전한 현상들에게만 쓰기로 했다면, 예지체에 대한 개념을 형성하는 것 자체가 과연 가능하기라도 한 일인지 어떤지를 알 수가 없었다.[36]

칸트는 여기에서 "이체"(理體: 예지체-옮긴이)를 "현상"(Erscheinung)과 상대적으로 말한 것인데, 그는 "이체"를 "물자체"의 동의어로 보고 있음을 알 수 있다.[37] "물자체/이체"의 개념이 반드시 "도덕"과 "자유"라는 이러한 윤리학 개념을 투과해야만 확정될 수 있는 것이라면 전자는 분명 가치 의미를 가진 개념이지 사실 개념이 아니다. 사실상 칸트도 분명하게 "물자체/이체"의 개념이 지시하는 "지성세계"(智思世界: intelligible Welt)를 "목적왕국"(目的王國: Reich der Zwecke)으로 이해한다.[38] 이른바 "목적왕국"은 즉 "이성이 있는 자가 공통의 객관 법칙을 빌어 형성하게 된 질서가 있는 결합"으로, 이것은 "단지 하나의 이상"일 뿐이다.[39] 이것으로 알 수 있는 것은 칸트 자신의 생각에 의한다고 하더라도 "물자체" 개념 역시 이상세계 혹은 가치세계를 지향하는 것이다.

---

36) *Kritik der praktischen Vernunft* (아래에서는 *KpV*로 간략히 부른다), in: *Kants Gesammelte Schriften* (Akademieausgabe, 아래에서는 *KGS*로 간략하게 부른다), Bd. 5, S. 6.

37) 칸트는 그의 저작 중에서 "物自身"와 "理體" 두 개념에 대하여 분명하게 구분을 하지 않았고 오히려 흔히 그 용어를 서로 바꾸어 사용하였다.

38) *Grundlegung zur Metaphysuk der Sutten* (아래에서는 간략하게 *GMS*로 부른다), *KGS*, Bd. 4, S. 438.

39) 같은 책, S. 433.

"물자체"가 가치 의미를 가진 개념이라고 확정한다면 모종삼의 유가사상과 칸트철학의 회통에서 매우 중요한 의미를 갖는다. 왜냐하면 이렇게 해야만 현상과 물자체의 구분은 하나의 입체적 구분이 되고, 가치 차원의 높고 낮음을 표현할 수 있기 때문이다. 그리고 유가의 도덕 이상주의는 단지 이러한 입체적 구조에서만 도덕이상의 초월성을 나타낼 수 있다. 만약 현상과 물자체의 구분이 학자들이 이해하고 있는 것과 같다면 단지 일종의 평면적, 지식론적 구분에 불과하게 되어 그것은 유가사상에 있는 초월적 의미의 도덕이상 및 그 본원으로서의 본심양지(本心良知)를 안배할 수 없게 된다. 모종삼은 『중서철학의 회통 14강』(中西哲學之會通十四講)의 마지막 부분에서 칸트가 현상과 물자체의 구분을 빌어서 세운 사상 구조의 여백을 자세하게 토론하고 다음과 같이 귀결하였다.

> ……서양철학과 동양철학의 상호 회통은 다만 칸트의 이와 같은 구조를 통해서만 가능하고, 그 밖의 것은 모두 서로 관계가 없다. 칸트의 이와 같은 구조는 대승기신론에서 말한 "일심개이문"(一心開二門)과 합치된다. 고금의 국내외 철학은 모두 "일심개이문"이다. 이 말은 철학 구조(philosophical frame)에는 공동성(共同性)이 있다는 것을 나타낸 것이다.[40]

이른바 "일심개이문"은 즉 하나의 "진심"(眞心)으로 "심생멸문"(心生滅門)과 "심진여문"(心眞如門)을 여는 것이다. 모종삼은 이 두 문

40) 牟宗三, 『中西哲學之會通十四講』, 225쪽; 95, 111쪽 참조; 또 『中國哲學十九講』 298쪽 참조.

은 칸트의 이른바 "현상"과 "물자체" 혹은 "사상"(事相: Phaenomenon)과 "이체"에 상당한 것으로 생각한다.[41]

모종삼은 이 철학 구조가 중서철학에 공통적으로 있는 것으로 보았지만 그도 이렇게 지적하였다. 중국철학의 현상계에 대한 태도는 소극적이었지만 지성계에 대한 태도는 적극적이었다. 반대로 칸트철학의 현상계에 대한 태도는 적극적이었지만 지성계에 대한 태도는 소극적이었다.[42] 유가로 말하면 송명 유학자들은 비록 "견문지지"(見聞之知)와 "덕성지지"(德性之知)를 분별했지만 "견문지지"에 대하여 결코 적극적으로 설명하지 않았다. 유학 내지는 중국 과거의 전통 학술은 모두 과학이 학문이 되는 의미를 바르게 볼 수 없었고, 그런 까닭에 지식론을 발전시킬 수 없었으며, 또 그것이 학문이 되는 논리와 수학을 발전시킬 수 없었다. 그러므로 이렇게 말한다. 중국철학의 현상계에 대한 태도는 소극적이다. 그렇지만 유가는 "덕성지지"를 바르게 볼 수 있었기에 이에 대한 적극적인 의식이 있었고, 그런 까닭에 심성지학(心性之學)을 건립할 수 있었으며, 또 이것을 기초로 하여 그 독특한 형태의 존재론[모종삼은 "무집의 존재론"(無執的存有論)이라 칭한 대을 세울 수 있었다. 그러므로 유가의 지성계에 대한 태도는 적

---

41) "理體"·"事相"은 필자가 채용한 번역 명칭이다. 모종삼은 Noumenon이라는 용어에 대해 선후로 하여 "物自體"·"智思物"·"本自物"이라는 여러 가지 번역명칭을 사용하였고, 우리가 통상적으로 Erscheinung을 번역하여 사용하는 "現象"이라는 용어를 가지고 Phaenomenon을 번역한다. 불필요한 혼란을 필하기 위해 필자는 이 글에서 일률적으로 "理體"·"事相"이라는 번역 명칭을 사용한다.

42) 이러한 논단에 대한 이유는 모종삼의 『中西哲學之會通十四講』 6, 7쪽을 참조하라.

극적이었다고 말한다. 칸트는 다른 입장에서 일일이 지식을 분석하는 것을 성립조건으로 삼았고, 또 논리, 수학 및 자연과학의 기초를 설명하였다. 바꾸어 말하면 그는 전체 현상계를 위하여 하나의 존재론적 설명을 하였다. 그러므로 그는 현상계에 대해서는 적극적이라고 말하는 것이다. 왜 그의 지성계에 대한 태도를 소극적이라고 말하는가? 이것은 그가 인간에게 지성의 직관이 있다는 것을 인정하지 않아 "물자체" 개념이 우리에게 소극적 의미만을 갖게 하였고, 지성계에 속하는 "의지의 자유", "영혼의 불멸", "신의 존재" 역시 단지 "요청"이 되게 만들었기 때문이다.

인간이 지성의 직관을 가지고 있다고 승인하는 것은 모종삼의 칸트철학에 대한 중요한 수정이다. 우리는 두 가지 측면에서 이러한 수정의 필요성을 설명할 수 있다. 한 편으로는 칸트철학의 내재적 논리로 말한 것이고, 다른 한편으로는 중국철학의 새로운 해석이라는 문제에서 말한 것이다. 칸트철학의 내재적 논리로 말하면, 모종삼은 이렇게 지적하였다. 만약 우리가 지성의 직관을 인정하지 않는다면 칸트가 현상과 물자체에 대해 하였던 "초월적 구분"[超越區分]은 안정적일 수 없게 된다. 그러므로 그는 아래와 같이 말하였다.

> 같은 한 사물은 유한심(有限心)으로 말하면 현상이 되지만 무한심(無限心)으로 말하면 물자체가 된다. 이것은 매우 의미가 있는 하나의 관념이지만 칸트는 충분히 증명하지 못하였다. 우리가 만약 이 가치 의미를 가지고 있는 물자체를 확보하면, 우리는 모름지기 우리 자신에게 하나의 주체가 나타나 그 자체가 곧 지성의 직관을 갖추게 되고, 그것은 가치 의미를 가진 물자체를 구체적으로 나의 눈앞에

> 분명히 나타나게 하여 나는 확실하고 분명하게 이 가치 의미를 가진 물자체의 구체적이고 진실된 의미를 표상할 수 있다. 우리는 무한심을 단지 신에게만 두지 않아야 곧 우리 인간 자신에게서 전개되어 나타날 수 있다.[43]

칸트 이후 피히테는 그의 사유 방식에 따라 인간에게는 지성의 직관이 있음을 인정하였는데, 칸트철학에는 이미 이렇게 발전할 내재적 요구가 감추어져 있었음을 알 수 있다. 중국철학의 새로운 해석 문제로 말하면 만약 우리가 사람에게 지성의 직관을 승인하지 않는다면 과거 유교, 불교, 도교 3교가 말한 모든 것은 완전히 허망한 것이 될 것이다. 이점에 대하여 모종삼은 아래와 같이 말하였다.

> 칸트에 의하면 지성의 직관은 다만 신에게 속하고 우리와 같은 인간은 있을 수 없다. 나는 이 영향이 매우 크다고 생각한다. 내가 중국철학을 되돌아볼 때, 만약 칸트의 말로 평가한다면, 나는 유가이든 불가이든 혹은 도가이든 모두 나에게 지성의 직관이 있다고 긍정하는 것 같다. 그렇지 않다면 성인이 되고 부처가 되는 것 내지는 진인이 되는 것은 모두 불가능하다. 그러므로 지성의 직관은 단선적으로 구획하여 신에게 줄 수는 없다. 사람은 비록 유한하지만 무한할 수 있다. ……만약 참으로 인간이 지성의 직관을 가질 수 없다면 전체 중국철학은 완전히 무너지게 되고 이전의 몇 천 년 동안 심혈을 기울였던 것이 완전히 헛된 노력으로 망상일 뿐이다.[44]

---

43) 牟宗三, 『現象與物自身』, 16쪽.
44) 같은 책, 「序」, 3쪽.

우리는 어떤 의미에서 유가는 사람이 지성의 직관을 가지고 있음을 긍정한다고 말할 수 있는가? 모종삼은 이렇게 생각한다.

> 본심인체(本心仁體)의 분명한 자각 활동은 오히려 그 자신을 스스로 지각하고 증명하는데, 하나가 되어 "그 자신으로 있는"(在其自己) 것과 같이 그것을 알고 증명한다. 이것을 이전의 중국에서는 바로 역각체증(逆覺體證)이라 이름을 하였다. 이 역각은 바로 지성의 직관으로……45)

그 상세한 설명은 주로 『현상과 물자체』 및 『지성의 직관과 중국철학』이 두 책의 관련이 있는 장절에 보이므로 독자들은 참고할 수 있다.

6

다음으로 칸트의 "실천이성이 사변이성에 우선한다"는 관점 역시 그 철학과 유학사상 사이의 일치점을 구성한다. 칸트의 모든 저작은 이 관점이 이미 있지만 그가 『실천이성비판』을 쓸 때에야 정식으로 "순수 실천이성이 순수 사변이성과 연계되었을 때의 우선성"46)을 제시하였다. 칸트 이전의 서양 형이상학은 기본적으로 "사변 형이상학"에 속하였고, 또한 사변이성을 투과하여 건립한 형이상학이었다. 그러나 칸트는 『순수이성비판』 중에서 이러한 형태의 형이상학에 대해 전면적인 비판을 가하여 그 독단을 증명

---

45) 牟宗三, 『智的直覺與中國哲學』(臺北: 臺灣學生書局, 1974), 196쪽.
46) *KpV*, S. 119-121 참조.

하였다. 그리하여 그것이 성립할 수 없게 된 후에 전통적인 서양 형이상학의 발전은 몰락의 단계에 이르게 되었다. 그렇지만 칸트의 서양 전통 형이상학에 대한 비판은 소극적으로 파괴적이었을 뿐만 아니라 적극적 의미를 가지고 있었는데, 이것이 형이상학의 진정한 의미와 기능을 나타낸다. 칸트 형이상학의 새로운 구상에 의하면 형이상학은 두 종류로 나누어진다. 그것은 "자연에 관한 형이상학"(自然底形而上學: Metaphysik der Natur)과 "도덕에 관한 형이상학"(道德底形而上學: Metaphysik der Sitten)이다.[47] 전자는 "일체의 단순히 개념으로부터 나온 모든 사물에 관한 이론성 지식에 관한 순수한 이성원칙"을 포괄하고, 후자는 "행위를 선천적으로 결정하는 것이고, 또 그것으로 하여금 필연적 원칙이 있게 하는 것"을 포괄한다.[48] 이것으로부터 알 수 있는 것은 "자연에 관한 형이상학"은 단지 우리가 자연계(현상계)에 대한 지식을 탐구할 때 근거가 되는 선천원칙에 한정될 뿐이지 지성의 사변계[智思界]와는 관계가 없다. 이것은 분명 "형이상학"의 전통적 의미를 바꾼 것이다. 왜냐하면 서양의 전통적 형이상학은 주로 지성의 사변계에 관한 지식을 얻는 것에 있기 때문이다. 일찍이 18세기 60년대 중엽에 칸트는 『유령을 보는 자의 꿈』(通靈者之夢)이라는 책에서 이미 전통적 의미의 형이상학이 성립할 수 없다는 것을 이해하여 "형이상학"을 다시 "인간 이성의 한계에 관한 학문"으로 한정하였다.[49] 칸트의 "실천이성이 사변이성에 우선한

---

47) *Kritik der reinen Vernunft* (아래에서는 *KrV*로 간략하게 부른다), hg. von Raymund Schmidt (Hamburg, 1976), A841/ B865. (A=1781년 제1판, B=1787년 제2판)

48) 위와 같음.

다"는 관점에 의하면 우리는 그가 실천이성에 기초하여 지성의 사변계에 관한 형이상학을 건립하였다고 볼 수 있다. 이것은 마땅히 "도덕에 관한 형이상학"의 임무인 것 같다. 그러나 윗글에서 논의한 것처럼 칸트의 이른바 "도덕에 관한 형이상학"은 단지 선천적 도덕원칙에 대한 설명과 증명으로 지성의 사변계에 관한 학설은 포함하지 않는다. 그 자신의 말로 설명하면, 그것은 단지 "순수도덕학"(純粹道德學)일 뿐이다.[50]

모종삼은 칸트의 형이상학에 대한 구상에서 한 가지 결핍된 것이 있음을 예민하게 주목하였다. 그것은 도덕에 의거하여 건립된 지성의 사변계에 관한 형이상학이다. 칸트의 이른바 "도덕에 관한 형이상학"과 구별하기 위하여 그는 이러한 형이상학을 "도덕 형이상학"이라 불렀다. 그에게 있어서 유가의 본심양지에 대한 체증(體證)에 기초하여 건립된 형이상학은 일종의 "도덕 형이상학"이다. 사실 칸트철학에서 "도덕 형이상학"의 구상은 이미 생겨나려고 하였다. 예를 들어 그는 『순수이성비판』의 「전언」에서 이렇게 기록하였다.

> 무릇 자유 개념은, 그것의 실재성이 실천이성의 명증적인 법칙에 의해 증명되는 한에 있어서, 순수 이성의, 그러니까 사변 이성까지를 포함한, 체계 전체 건물의 **마릇돌**[宗石]을 이룬다. 그리고 아무런 받침대도 없이 순전한 이념들로 사변 이성에 남아 있는 (신이니 [영혼의] 불사성이니 하는 등의) 여타의 모든 개념을 통하여 존립하고

49) *Träume eines Geistersehers, erläutert durch Träume der Metaphysik*, *KGS*, Bd. 2, S.368.

50) *KrV*, A842/B870.

> 객관적 실재성을 얻는다. 다시 말해, 이 개념들의 **가능성**은 자유가 현실적으로 있다는 사실에 의거해 **증명된다**. 이 [자유의] 이념은 도덕법칙에 의해 개시[開示]되기 때문이다.[51)]

여기에서 제기한 자유의 이념은 근거[拱心石/宗石]가 되고, 신과 (영혼) 불멸의 이념을 포함한 "순수이성에서의 한 계통"은 "도덕 형이상학"의 개념을 담고 있다. 왜냐하면 이 세 가지는 사변이성에 대하여 말하면 단지 소극적 의미를 가진 개념으로 모두 지성의 사변계에 속하는데, 칸트는 우리가 도덕법칙에 대한 직접적 의식을 투과하여 그 실제성을 증명하기 때문이다. 이것에 의거하여 건립한 철학 계통은 당연히 "도덕 형이상학"이지 그가 말하는 "도덕에 관한 형이상학"은 아니다. 칸트 이후의 독일관념론 중에서 이러한 "도덕 형이상학"은 피히테의 "자아자신"(Ich an sich) — 그러나 "물자체"는 아니다 — 의 절대적 전제를 투과하여 건립된 것이다.

그렇지만 칸트는 어찌되었든 "도덕 형이상학"의 개념을 제시하지 않았고 단지 "도덕신학"(Moraltheologie)의 개념을 제시하였을 뿐이다. 칸트 자신의 말에 의하면 "도덕신학은 최고 존재자의 존재에 대한 신념을 포함하는 것으로, 이 신념은 도덕법칙을 근거로 삼는다."[52)] 바꾸어 말하면 이것은 실천이성을 기초로 하여 건립된 신학이다. 만약 실천이성의 우선성에 기초하여 "도덕신학"의 개념을 제시할 수 있었다면, 그는 당연히 또 같은 이유로 "도덕 형이상학"의 개념을 제시할 수 있었을 것이다. 그러나 그는 어

---

51) *KpV*, *KGS*, Bd. 5, S. 3f.

52) *KrV*, A632/B660 Anm.

찌하여 이렇게 하지 않았는가? 그 관건이 되는 것은 이렇다. 그는 인간이 지성의 직관을 가지고 있다는 점을 승인하지 않았다. 그러므로 신, 자유, 영혼의 불멸 이 세 가지는 모두 다만 실천이성의 "요청 "— 즉 이론상 증명할 수 없지만 실천상 필요한 요청일 뿐이다. 비록 칸트가 자유 개념을 실천의미의 형이상학적 전체 구조의 "근거"로 보았지만, 자유는 결코 우리의 의식 앞에 직접적으로 나타날 수 없고, 다만 도덕법칙을 투과하여 간접적으로 증명될 수밖에 없다. 그러므로 자유는 신, 영혼의 불멸과 같이 요청(비록 후자의 두 가지는 전자의 투과를 통하여 증명되는 것이기는 하지만)인 것이다. 그러므로 칸트는『도덕에 관한 형이상학의 기초』라는 책에서 "자유" 개념의 이해 불가능을 강조하였고, "자유는 어떻게 가능한가"라는 문제는 "일체의 실천철학의 극한" 밖에 귀결시켰다.[53)]

그러나 모종삼은 다음과 같은 것을 발견하였다. 칸트가 "자유는 어떻게 가능한가"라는 문제를 구획하여 "일체의 실천철학의 극한" 밖에 두었을 때, 그의 사고과정에는 전환점이 있다. 그러므로 칸트가 생각한 "자유" 이념은 이해할 수 없는 것이다. 그 이유는 아래와 같다.

> 무릇 우리는, 그것들의 대상이 어떤 가능한 경험에서 주어질 수 있는 그런 법칙들로 환원시킬 수 있는 것 이외에는 아무것도 설명할 수 없다. 그런데 자유는 순전한 이념으로서, 그것의 객관적 실재성은 어떤 방식으로도 자연법칙에 따라 그러니까 또한 어떤 가능한 경

---

53) *GMS*, *KGS*, Bd. 4, S. 458f.

> 힘으로서도 밝혀질 수가 없으며, 그러므로 이 이념은 그것에는 결코 어떤 유비에 의해서도 하나의 실례도 제시할 수 없기 때문에, 결코 개념적으로 이해될 수도 없고, 단지 통찰될 수도 없다.[54]

칸트가 여기에서 제기한 이유로 볼 때, 그는 이렇게 말할 수 있을 뿐이다. "자유"의 이념은 우리의 사변이성에 대하여 말하자면 이해할 수 없는 것이다. 칸트의 관점에 의하면 사변이성의 운용은 가능한 경험을 범위로 삼기 때문에, 그것은 우리에게 초경험계(지성의 사변계)와 관계가 있는 어떠한 지식도 제공할 수 없다. 그런데 자유는 바로 지성의 사변계에 속하기 때문이다. 그러므로 모종삼은 칸트의 이른바 "일체 실천철학의 극한"에 대하여 이렇게 썼다.

> 이것은 사실 실천철학 실천이성의 극한이 아니라 곧 **경험지식 사변이성의 극한**일 뿐으로, 지식으로 일체의 표준을 관통하고 또 도덕진리(법칙)와 도덕주체(의지)의 실천적 현시를 바로 볼 수 없기 때문에 착각하여 실천이성의 극한에 옮겨두게 되었다. 사실은 실천철학, 실천이성은 이 한계를 뛰어넘을 수 있다. 이 한계를 뛰어넘어야만 도덕은 비로소 현실적인 것이 되어 "도덕 형이상학"은 비로소 나타나게 되고, 사람은 진실로 "도덕적 존재"가 될 수 있으며, 그 최고 목표는 성인이 되는 것이다. 여기에 이르러서 비로소 진실로 칸트의 도덕철학의 한계(곧 그가 어느 정도까지 나아갔는지)를 볼 수 있고, 또한 유가는 송명 유학의 발전과 널리 밝힘을 통하여 그 종지와 경지가 어떻게 하여 일찍이 칸트를 초월할 수 있었는가를 볼 수 있다.[55]

---

54) 같은 책, S. 459.

55) 牟宗三, 『心體與性體』 제1책(臺北: 正中書局, 1973), 160쪽.

이 단락은 정확하게 지적한 것이라 말할 수 있다. 만약 칸트가 단지 인간은 지성의 직관을 가지고 있다는 것을 인정하지 않음으로 인하여 "자유는 어떻게 가능한가"라는 문제를 "일체의 실천철학의 극한" 밖에 귀결시키고서 이해할 수 없는(사변이성에 대해서 뿐만 아니라 실천이성에게 있어서도) 것으로 보았다면 도덕주체(道德主體: 意志)의 진정한 특징으로서 자유의 이러한 적극적 의미는 충분한 증명을 얻을 수 없게 된다. 그가 강조하였던 "실천이성이 사변이성에 우선한다"는 것 역시 실제적 의미가 없는 말이 되고, 그의 철학 구상에서 생동적인 "도덕 형이상학" 역시 그로 인하여 성립할 수 없게 된다. 그러므로 칸트가 만약 "실천이성이 사변이성에 우선한다"는 관점을 관철시키고자 한다면 모름지기 모종삼의 주장과 같이 자유를 현시[呈現]로 보아야지 단지 요청일 수는 없는 것이다.[56] 이러한 전환을 경과하여 칸트 철학의 구조는 지지를 얻을 수 있으며, 칸트철학 역시 그 내재적 길을 따라 전개될 수 있다.

7

비록 칸트철학과 유가사상 사이에 위에서 기술한 것처럼 일치점이 있다고는 하지만 칸트철학이 유가사상에 대한 해석에서 가장 의미가 있는 개념은 "자율"이다. "자율"은 칸트 윤리학의 핵심 개념이다. 그 핵심 지위로 말미암아 독일 학자 D. 헨리히(Dieter Henrich)는 심지어 칸트 윤리학을 "자율 윤리학"(Ethik der Autonomie)

56) 牟宗三, 『現象與物自身』, 76-79쪽 참조.

이라고 본다.[57] 이것은 학자들이 칸트 윤리학을 "형식 윤리학"(formale Ethik) 혹은 "형식주의 윤리학"(formalistische Ethik)으로 부르는 것에 비하여 그 특징을 더 잘 표현한 것으로, 또 (칸트철학에 대한) 오해를 일으키지 않는다.

"자율" 개념의 함의는 매우 풍부한 것으로, 필자는 일찍이 『유가와 자율도덕』(儒家與自律道德)에서 자세하게 이 개념의 연원과 함의를 논의하였다.[58] 이 글의 목적으로 말하면 필자는 다만 다음과 같은 사항을 지적하고자 한다. 칸트는 "자율" 개념으로 도덕의 본질을 설명하고자 하였는데, "자율"은 곧 도덕주체(道德主體: 意志)의 자아입법(自我立法)이다. 바꾸어 말하면 우리의 의지가 반드시 복종해야 하는 도덕법칙은 바로 그 자신이 제정한 법칙이지 그 밖의 연원에서 나온 것이 아니다. 만약 우리가 도덕주체 이외의 것에서 도덕법칙의 근원을 찾는다면 "타율"(Heteronomie)의 원칙이 될 것이다. 그리고 "타율"에 근거하면 우리는 다만 거짓된 도덕원칙을 건립할 수 있을 뿐이다.

기본적으로 칸트 철학의 관점은 일종의 "주체주의"(subjectivism)이다. 지식론에서 그는 "대상이 표상으로 하여금 가능하도록 하게 하는"(對象使表象成爲可能) 실재론의 관점으로 전환시켜 "표상이 대상으로 하여금 가능하도록 하게 하는"(表象使對象成爲可能) 주관주의 관점을 제시하였다. 독일 학자 R. 크로너(Richard Kroner)의 설을 이용하면, 이것은 일종의 "지식론적 주체주의"(知識論的主體主義)이다.[59] 칸트 자신은 이러한 지식론 관점상의 전

57) Dieter Henrich: *Selbstverhältnisse* (Stuttgart, 1982), S. 6-56.

58) 李明輝, 『儒家與自律道德』(臺北: 聯經出版公司, 1990), 14-21쪽.

환을 코페르니쿠스적 전회로 비유하였다.[60] 이와 똑같이 그의 윤리학 중에도 일종의 도덕 관점상의 전환이 있는데, 도덕법칙을 결정하는 판단을 대상 밖에 두는 것이 아니라 도덕주체 안에 둔다. 크로너는 칸트의 이러한 도덕 관점을 "윤리학적 주체주의"(倫理學的主體主義)라고 부른다.[61] 미국 학자 John R. 실버(John R. Silber)는 매우 합당하게 이러한 도덕 관점상의 전환을 "윤리학 중의 코페르니쿠스적 전회"라 부른다.[62] 칸트의 "실천이성이 사변이성에 우선한다"는 관점에 기초하면, 그 "윤리학적 주체주의"는 "지식론적 주체주의"에 비하여 더 본질적 의미를 갖는다.[63]

칸트의 "자율 윤리학"이 대표하는 것은 실은 일종의 "윤리학적 주체주의"이다. 칸트 자신이 분명하게 의식한 것처럼, 이것은 서양 윤리학의 발전에 있어서 근본적인 전환이고, 심지어는 중대한 돌파라고 말할 수 있다. 모종삼은 『심체와 성체』 중에서 이러한 점을 민감하게 파악하였다. 유가사상은 공자, 맹자로부터 시작하여 곧바로 이러한 사고 방향을 걸어왔는데, 이러한 사고 방향은 『중용』, 『역전』의 발전을 경과하면서 송명유학에 이르렀으며 유가사상을 대표하는 주류가 되었다. 당연히 유가는 "자율"이라는 개념을 제시하지는 않았지만, 맹자의 "인의(仁義)는 내 안에 있다"는 설(仁義內在說)은 이미 칸트가 "자율"이라는 개념을 빌어

---

59) Richard Kroner: *Kants Weltanschauung* (Tübingen, 1914), S. 51.

60) *KrV*, BXVⅠ u. BXXⅡ Anm. 참조.

61) Kroner: *Kants Weltanschauung*, S. 52.

62) John R. Silber, "The Copernican Revolution in Ethics: The Good Reexamined", in: *Kant: A Collection of Critical Essays*, ed. Robert Paul Wolff (Notre Dame 1967), p.266.

63) Kroner: *Kants Weltanschauung*, S. 55 참조.

표현한 전체 사상을 포함한다. 맹자의 이 학설에 대한 전통적인 주소자(注疏者)들의 해석은 흔히 이런저런 것에 휘말리어 그 종지를 얻지 못하였다. 모종삼은 『원선론』에서 "자율" 개념을 빌어 상세하게 『맹자』(孟子) 「고자 상」(告子 上)의 이와 관련이 있는 장절의 내용을 해석하여 이 학설의 철학적 의미가 비로소 분명하게 밝혀졌다. 대체적으로 말하면 고자는 도덕법칙을 결정하는 판단을 대상 중에 두는 것으로 "타율"의 관점을 대표한다. 맹자는 이 판단을 도덕주체(본심양지)에 두는 것으로 "자율"의 관점을 대표한다. 이 의미를 분명하게 알면, 이것으로 송명유학 내부의 의리 형태를 구분하여 판단할 수 있다. 모종삼이 구분하여 판단한 것에 의하면, 북송의 주렴계(周濂溪), 장횡거(張橫渠), 정명도(程明道) 세 사람과 그 후의 육상산(陸象山), 왕양명(王陽明) 일파 및 호오봉(胡五峰), 유집산(劉蕺山) 일파는 대체로 공자, 맹자, 『중용』, 『역전』에서 결정된 사고 방향을 계승하여 자율도덕을 대표한다. 유독 정이천(程伊川), 주자(朱子) 일파는 타율도덕을 대표하므로 나누어지게 되었다.

모종삼이 칸트의 "자율" 개념을 빌어 유가의 의리를 해석할 때, 그는 동시에 칸트 철학 구조는 결코 완전히 "자율"의 의미를 이룰 수 없다는 점을 발견하였다. 왜냐하면 칸트는 "양심"과 "도덕정감"을 주관적 감수성으로 보아 감성의 층위에 두었고, 의지를 단지 실천이성으로 보아 결과적으로 심(心), 리(理)가 둘이 되는 구조를 형성하게 되었기 때문이다. 그러나 모종삼은 이렇게 지적하였다. 우리가 만약 "자율"의 의미를 성립시키고자 한다면, 칸트가 말한 "양심"과 "도덕정감"을 초월의 차원에까지 높여서 그것이 “심즉리”(心卽理)의 의리 구조에서 일종의 “실체성의 각정”[實體性的覺情]이 되어야 한다. 그러므로 그는 다음과 같이 말하였다.

> 일설에 자유자율의 의지는 반드시 심리를 내포한다는 것이 하나인데, 이것은 분석적 명제이다. 자유자율의 의지는 지금 바로 명각(明覺)이고 법칙(法則)이다. 그런데 자유는 바로 이 실체성의 각정(覺情)의 자발과 자율로서, 독립되어 어떠한 외재적 대상에 의거하지 않고 나에게 한 가지 방향을 제공할 수 있다. 실체성의 각정은 곧 지성의 직관(智的直觀)의 가능성을 포함하고 있다. 이런 까닭에 그 자체는 반드시 현시된다. 그것은 현시로서 자유 역시 현시이다. 이것들은 모두 “자유자율의 의지”라는 개념이 이어 서기 확장된 것이다. 그러므로 모두 분석적이다.[64]

이 “심즉리”의 의리 구조에서 칸트가 말한 “양심”, “도덕정감”과 “지성의 직관”은 합하여 하나가 되는데 일종의 “실체성의 각정”이 된다. 이러한 각정은 비록 “정”(情)이지만 자발적이고, 비감성적이다. 모종삼은 이렇게 생각하였다. 정통의 유가는 모두 이러한 자각을 긍정하고서 도덕본심의 본질 작용으로 보았다. 그러므로 그는 이렇게 말하였다.

> 공자는 “불안”(不安)으로 말미암아 인(仁)을 말하고, 맹자는 불인인지심(不忍人之心) 혹은 측은지심(惻隱之心)으로 말미암아 인을 말하였다. 이것은 바로 이러한 유형의 각정(覺情)으로 즉심즉리(卽心卽

---

64) 牟宗三, 『現象與物自身』, 71쪽.

> 理)한 것이다. 제갈량이 "측은함을 보면 느끼는 바가 있게 된다"(惻然有所覺)고 말한 것은 바로 이러한 각정의 각성[覺情之覺]이다. 정명도(程明道)는 목석이 아니므로 인을 말하였고,(이것은 곧 만물일체는 인이 있다고 말하는 것이다) 사상채(謝上蔡)가 그것을 계승하여 다시 각으로 인을 설명하였는데 또 바로 이와 같은 각정이다. 이와 같은 각정은 즉심즉리로 곧 즉명각즉법칙(卽明覺卽法則)이다. 그러므로 실체성의 각정이다. 칸트가 말한 도덕정감을 각정으로 복원하기만 한다면 자유는 단지 요청이 아니라 밝은 현시[朗現]가 된다. 또 바로 이와 같은 각정으로 인하여 지성의 직관은 비로소 가능하게 된다.[65]

필자는 「유가와 자율도덕」(儒家與自律道德), 「맹자의 사단지심과 칸트의 도덕정감」(孟子的四端之心與康德的道德情感) 두 글에서[66] 일찍이 칸트 윤리학의 내재적 이론 노선은 이러한 "심즉리"의 의리 구조가 필요함을 논증하였다. 그러므로 모종삼의 칸트 "자율 윤리학"에 대하여 행하였던 수정은 단지 유학의 의리 형태에 합치시키기 위한 것일 뿐만 아니라 칸트 윤리학의 내재적 이론 노선에 따르기 위한 것이기도 하다.

8

이 글은 모종삼이 1949년 대만으로 옮겨 온 뒤 그의 학술사상을 두 단계로 나누어 칸트와 유학의 관계를 설명한 것이다. 첫

---

65) 같은 책, 70쪽.

66) 모두 필자의 졸저 『儒家與康德』에 수록하였다.

번째 단계에서 칸트 철학은 모종삼에게 완전한 사상 구조를 제공하여 유가의 "내성"의 학을 정립하고 "외왕"의 문제를 해석하였다. 여기에서 말하는 "외왕"은 주로 과학과 민주 정치를 지칭하는 것으로, 모종삼은 그것을 "신외왕"이라 부른다.[67] "신외왕"이라 칭한 것은 이 부분에서 전통적 사상의 형식에 대한 돌파가 필요한 것을 표현한 것으로, 바로 이성의 "작용표현"을 "구조표현"으로 전환하여 대대적 서열을 표현하였다. 두 번째 단계에서 모종삼은 칸트의 저작에 깊이 있는 탐구를 하였고, 또 이것을 빌어 유가사상과 회통하였다. 필자는 "일심개이문"의 사상 구조, "실천이성이 사변이성에 우선한다"는 관점, "사율 윤리학"의 개념 이 세 가지 측면으로 나누어 그 회통의 길을 설명하였다. 이 세 가지 측면의 분석은 모두 이러한 점을 나타낸다. 모종삼은 결코 간단히 칸트 철학의 개념과 사상 구조를 써서 유가사상을 해석하는 것이 아니라 철학적 사고라는 높은 차원에서 그 같은 점과 다른 점을 비교하여 그 형태를 구분하고 판단하였다. 그러므로 해석의 작업 자체는 일종의 철학적 사고이고, 또 일종의 새로운 비판적 시각[判教]을 포함한다.

2차 세계대전 이후 대만은 모든 비 서양 국가와 지역처럼 전통과 현대화, 본토 문화와 서양 문화 사이에서 매우 복잡한 선택과 조절하고 적응이라는 문제를 마주하게 되었다. 5・4신문화 운동이 이미 70여 년을 지났고, 5, 60년대의 신유가와 자유주의 사이의 논쟁도 대만 사회의 변화와 문제의식의 변화에 따라 점차 역사 속으로 사라지고 있다. 그렇지만 역사적 발전은 필시 부정

---

67) 牟宗三, 『政道與治道』, 「新版序」, 11-16쪽 참조.

할 수 없다. 현재 대다수의 대만 지식인으로 말하면, 전통과 현대화, 본토 문화와 서양 문화 관계에서 중요한 것은 "서로 용납할 수 있는가 여부"(能否相容)의 문제가 아니라 "어떻게 조절하여 적응할 것인가"(如何調適)의 문제이다. 5·4시기의 전반적 반 전통사상은 이미 점차 "창조적 전환"[創造的轉化], "비판적 계승"(批判的繼承) 등의 구호로 대체되었다. 만약 이러한 구호가 일종의 싸구려 절충주의 책략에 그치지 않고 그 진실되고 절박한 의미를 갖는 것이라면 우리는 이렇게 말할 수 있다. 모종삼이 칸트 철학과 유가사상의 회통에서 얻은 성과는 이미 이러한 "전환" 혹은 "계승"을 위하여 절묘한 전범(典範)을 제공하였다.

제3장

서복관과 은해광

1.

1969년 8월 24일 은해광(殷海光)은 서복관(徐復觀), 당군의(唐君毅) 두 사람이 8월 12일 아침 연이어서 대만대학 병원으로 그에게 병문안을 온 것에 대하여 감사의 답을 하면서 특히 서복관에게 한 통의 편지를 썼다. 이것이 아마도 은해광이 세상을 떠나기 전 마지막으로 쓴 편지일 것이다.[1) 그는 편지에서 서복관에게 다음과 같이 표시하였다.

> 서로 알고 지낸 지 20여 년이 되는데, 선생은 제가 언급할 때마다 항상 싫어했던 인물이지만, 또한 제 마음 속 깊은 곳에서 극찬하였던 인물 가운데 한 분입니다. 이와 같은 모순은 바로 서로 다른 생명의 불꽃이 격렬하게 싸우던 가운데 형성된 것입니다.[2)

---

1) 林正弘, 主編, 『殷海光全集』(臺北: 桂冠圖書公司, 1990), 『殷海光書信集』, 4쪽. 편자의 설명.

한 달이 되지 않은 후에 은해광은 9월 6일 위암으로 세상을 떠났다. 이틀 뒤에 서복관은 「나의 적을 애통해 하며 슬퍼하고, 나의 벗을 애통해 하며 슬퍼하다」(痛悼吾賊, 痛悼吾友)는 글에서 은해광의 죽음에 대하여 추도의 마음을 나타냈다.[3] 서복관과 은해광 두 사람이 서로에 대해 공통적으로 논한 것(적이고 벗이라는)은 자못 대표적 의미를 갖는다. 왜냐하면 그것은 바로 현대 중국에서 두 가지 가장 영향력이 있는 사상 방향 사이의 관계를 반영하고, 특히 우리들이 한 걸음 더 나아가 탐구할 가치가 있는 것을 반영하고 있기 때문이다.

근대 이래로 중국의 지식인은 서양 문화의 강력한 도전을 마주하게 되면서 점차 강열한 위기감을 낳게 되었고, 또 중국의 현대화가 절박하게 필요하다는 것을 인식하게 되었다. 5·4신문화운동이 제시한 "민주"와 "과학"이라는 두 가지 구호는 당시 중국 지식인이 이해하고 있었던 "현대화"의 기본 내용을 대표한다. 이후로 중국 지식인 사회에서는 세 가지 주류적 사상이 정립하는 국면이 점차로 형성되었다. 이 세 가지 주류는 공산주의, 보수주의, 자유주의이다. 중국 공산당은 1921년에 성립하여 1949년에 중국 대륙의 정권을 무력으로 획득하였다. 이후에 공산주의는 중국 대륙에서 독존적 의식형태가 되었다. 이곳에서 말하는 "보수주의"는 강유위(康有爲), 진환장(陳煥章)과 같은 유형의 공교파(孔敎派)를 가리키는 것이 아니라 양수명(梁漱溟), 웅십력(熊十

---

2) 같은 책, 3쪽.

3) 이 글은 徐復觀著·蕭欣義編, 『儒家政治思想與民主自由人權』(臺北: 臺灣學生書局, 1988)에 수록되었다.

力)이 그 실마리를 열고 장군매(張君勱), 하린(賀麟), 전목(錢穆) 세 사람이 발전시켰으며, 대륙에서 정치적 변화가 발생한 후에 다시 당군의, 모종삼, 서복관 등 여러 사람들의 노력으로 대만, 홍콩 및 해외에서 크게 이루어진 사상 방향을 가리킨다. 1949년 6월 서복관은 국민당의 금전적 도움을 받아 홍콩에서 『민주평론』(民主評論)이라는 반월간(半月刊) 잡지를 창간하였다. 그는 전목, 당군의, 모종삼, 장비개(張丕介) 등 여러 사람들과 힘을 합쳤고, 이 간행물은 보수주의의 대표적 간행물이 되었다. 근래에 국내외의 학술계에서는 흔히 "현대신유가"(現代新儒家) 혹은 "당대신유가"(當代新儒家)로 이 사상 경향을 부른다. 중국의 자유주의는 9·18사변 후에 점차 호적(胡適)을 대표로 정치를 논의하는 단체가 형성되었는데, 그 대표적 간행물이 『독립평론』(獨立評論)이다. 국민당이 대만으로 옮긴 후에 중국 자유주의의 본부 역시 그에 따라 옮겨왔다. 1949년 11월 뇌진(雷震), 부맹진(傅孟眞) 등과 같은 사람들은 당시 주미대사로 있던 호적을 발행인으로 하여 『자유중국』(自由中國)이라는 반월간 잡지를 창간하였는데, 이후에 이 간행물은 중국 자유주의의 대표적 간행물이 되었다. 은해광은 처음부터 이 간행물의 편집을 담당하였고, 또 문장을 발표하면서 자유주의 사상을 고취하였다.

이 세 가지 주류적 방향은 중국의 전통과 현대화에 대한 관점에서 서로 같은 점과 다른 점이 있었다. 예를 들어 과학과 민주를 현대화의 기본 내용으로 하는데, 이 세 가지 사상의 주류는 모두 중국에 과학을 발전시키는 것이 필요하다는 점을 긍정하였다. 그러나 자유주의자와 공산주의자는 서양 계몽주의 운동의 영향을 받아 과학이 인류에게 진보를 가져올 것이라는 낙관주의적 태도를 견지하였다. 신유가는 비록 과학의 가치를 부정하지 않지만 과학이 아마도 가져오게 될지도 모를 폐해에 대하여 깊은 경각심을 가지고 있었기 때문에 지나치게 전 문화 영역에서 과학의 중요성을 강조하는 "과학주의"(scientism)에 대하여 엄격한 비판을 제기하였다. 이 세 가지 사상 주류의 중국 전통문화와 민주정치에 대한 관점에 대해서 필자는 「유학은 어떻게 민주와 과학을 펼칠 것인가?」(儒學如何開出民主與科學?)라는 글에서 아래와 같이 간략히 서술하였다.

> 자유주의자와 신유가는 모두 중국은 마땅히 서양식의 의회민주제도를 받아들여 실행해야 한다고 주장하였다. 공산당은 그것을 "자본계급의 민주"라고 배척하고 "신민주"(新民主)를 제창하였다. 그러나 중국 전통 문화에 대한 태도에서 자유주의자와 공산당은 오히려 일치된 입장을 취했는데, 즉 중국의 전통 문화를 현대화에 장애가 되는 것으로 보았다. 반대로 신유가는 다음과 같이 견지하였다. 유가를 주도로 한 중국 전통 문화는 비록 과학과 민주를 발전시키지 못하였지만 이 두 가지는 모두 중국 전통 문화 발전의 "내재요구"(內在要求)로 중국 문화의 본질과 서로 어긋나지 않는다. 그들은 자유주의자들과 같이 중화 민족이 과학과 민주를 발전시켜 나가는 과정을 외부로부터 첨가하는 과정으로 보는 것에 반대하고, 이 과정을 중화 민족이 자각적으로 정신 주체가 되어 그 문화 이상을 펼쳐나가는 과정으로 보았다. 그런데 자유주의자는 이렇게 인식하였다. 중국 전통 문화의 본질은 과학과 민주의 발전에 불리하고, 중국이 현대화를 하고자 한다면 바로 장단점을 취사선택하거나 적어도 중국 문화를 개조해야 한다고 생각하였다. 그들은 신유가의 이른바 "과학과 민주는

중국 문화 발전의 내재요구"라는 말에 대하여 의문을 제기한다.[4)]

2

자유주의자와 신유가로 말하면 중국 대륙의 정치적 변화는 중국의 현대화 과정에서 중대한 좌절과 비극이었다. 자유주의자가 창간한 『자유중국』과 신유가가 창간한 『민주평론』은 원래는 모두 공통된 현실 목표가 있었다. 즉 자유민주의 가치를 고취하고 공산주의의 확장을 저지하는 것이었다. 이러한 공통의 목표가 있었기에 이 두 단체는 처음부터 서로 힘을 합칠 수 있는 동기와 뜻이 있었다. 사실상 그들 사이에 처음에는 서로 왕래가 있었다. 예를 들어 은해광과 모종삼, 서복관은 한 동안 서로 친밀한 때가 있었고, 그래서 은해광과 『자유중국』의 또 다른 중요한 필진인 대두형(戴杜衡) 역시 『민주평론』에 글을 썼다. 은해광이 『민주평론』에 발표한 문장(번역문을 포함)을 집계하면 다음과 같다.

「중국의 전도」(中國的前途) 제1권 제1기, 1949년 6월 16일

「중국에서 티토는 나올 수 있는가?」(中國會出鐵托嗎?) 제1권 제14/15기, 1950년 1월 1/16일

「러셀의 권위와 개체에 대한 논의」(羅素論權威與個體) 제2권 제5-7기, 1950년 9월 5일/9월 20일/10월 5일

「자유인의 반성과 재건」(自由人的反省與再建) 제3권 제17기, 1952년 8월 20일

「러셀 화전」(羅素畵傳) 제4권 제9기, 1953년 5월 5일

4) 李明輝『儒學與現代意識』(臺北: 文津出版社, 1991), 1-2쪽.

「논리란 무엇인가?」(邏輯究竟是什嗎?) 제4권 제10/11기, 1953년 5월 20일/6월 5일

「과학과 인문의 이치」(科學與人文之理則) 제4권 제17기, 1953년 9월 5일

「실증론 서설」(實證論導引) (번역문) 제4권 제18/19기, 1953년 9월 20일/10월 5일

「실증론 비판」(實證論的批判) (번역문) 제4권 제21기, 1953년 11월 5일

서복관 역시 아래와 같은 글을 『자유중국』에 발표하였다.

「하나의 국가에서 본 심(心), 물(物)과 비심비물(非心非物)」(從一個國家來看心・物・與非心非物) 제5권 제8기, 1951년 10월 16일

「"교육을 계획함"에 대한 질의」("計劃教育"質疑) 제6권 제9기, 1952년 5월 1일

「청년반공구국단의 건강한 발전에 대한 논쟁」(青年反共救國團的健全發展的商權) 제7권 제8기, 1952년 10월 16일

「내가 이해하고 있는 장총통(蔣總統)의 일 면」(我所了解的蔣總統的一面) 제15권 제9기, 1956년 10월 31일

서복관과 은해광이 서로 상대방의 간행물에 문장을 발표한 사실로 볼 때 이 두 간행물은 원래 진영이 분명하지 않았고 서복관과 은해광 사이에도 역시 서로 생각하고 아끼는 마음이 없지 않았다.

그렇지만 이 두 간행물이 창간되고 나서 얼마 지나지 않아 그들 사이의 사상적 차이가 점차 드러나게 되면서 결국 공개적 논

쟁을 일으키게 되었다. 먼저 모종삼은 김악림(金岳霖)이 중국 공산당의 위협으로 자아 비판한 것에 대하여 1952년 1월 2일 홍콩의 『자유인』에 발표한 「한 진정한 자유인」(一個眞正的自由人)이라는 글에서 당시 자유파 지식인은 사상적으로 자신을 논리 분석의 순 기술적 관점에 한정하였으므로 개성과 가치(이것은 바로 자유주의의 영혼이 존재하는 곳이다)를 진정으로 긍정할 수 없었기에 그들은 유물론의 입장으로 전향하였다고 지적하였다. 은해광은 이어서 1952년 1월 16일에 출판한 『자유중국』(제6권 제2기)에 "매온리"(梅蘊理)라는 필명으로 「내가 인식하고 있는 "진정한 자유인"」(我所認識的 "眞正的自由人")이라는 글을[5] 발표하여 모종삼의 이 글에 대해 격렬한 비판을 제기하였다. 그는 이 글에서 모종삼의 대륙학자에 대한 비판에서 부족한 점을 지적하였을 뿐만 아니라 모종삼의 사상을 비판하여 다음과 같이 말하였다.

> ……모 선생의 사상은 '유심'적 일원론('唯心'的一元論)에서 출발하고 그 사상을 근본으로 하여 사물을 보기 때문에 발전하면 할수록 더 편벽되어 '하나의 구멍으로 보게 되는'(一孔之見) 오늘날과 같은 마도(魔道)에 이르렀다.(10쪽)

그는 심지어 이렇게 결론지어 말하였다.

---

5) 林正弘이 主編하고 臺灣의 桂冠圖書公司가 출판한 『殷海光全集』에는 이 글이 수록되지 않았는데, 아마도 편자가 "梅蘊理"는 은해광의 필명이라는 것을 알지 못하였기 때문일 것이다. 필자가 이 글을 은해광의 작품으로 확정한 것은 徐復觀이 「如何復活"切中時弊的討論精神"」(『民主評論』 제6권 제9기, 1955년 5월 5일에 간행하였다)에서 이 일을 언급하였기 때문이다.

> 모 선생은 수많은 말을 하지만 그 사상적 본질은 서양문화에 대하여 거부하는 태도를 견지한다. 사상 본질에 있어서 필자는 그의 사상과 '중학을 체로하고 서학을 용으로 한다'(中學爲體, 西學爲用)는 것이 얼마나 큰 차이가 있는지 볼 수 없다.(13쪽)

신유가 측에서는 이 글에 대하여 공개적 반응을 하지 않았다.

그 후 장불천은 "자유" 개념을 논의한 3편의 글을 연속해서 발표하였다. 즉 「자유와 국제평화」(自由與國際和平, 『自由中國』 제8권 제9기, 1953년 5월 1일), 「자유의 분명한 의의」(自由之確鑿意義, 『自由中國』 제8권 제10기, 1953년 5월 16일)와 「자유 관념의 연변」(自由觀念之演變, 『民主評論』 제4권 제12기, 1953년 6월 20일)이다. 그는 이들 문장에서 부지불식간에 빗대어 말하는 방식으로 신유가의 자유관을 비판하였지만 여전히 신유가 측의 공개적 반응을 이끌어 내지 못하였다.

1954년 2월 1일에 출판된 『자유중국』(제10권 제3기)에 「진정한 자유를 자유롭게 논하다」(自由日談眞自由)라는 사론(社論)을 간행하였다. 이 사론은 은해광이 쓴 것으로 "국가자유"(國家自由)를 비판한 말 이외에 정치범위 내에서 "의지자유"(意志自由)를 말하는 문제에 대해서도 반대하였다. 표면상으로는 이것이 마치 헤겔식의 "자유" 개념에서 출발한 것 같았지만 실제로는 전적으로 신유가의 자유관을 겨냥하여 출발한 것이다. 서복관은 이 문장에 대하여 특별히 편지를 써서 뇌진에게 보내고 그 자신의 다른 관점을 표명하였다. 뇌진이 그에게 답장을 보냈지만, 이 편지는 사실 은해광이 쓴 것이다. 그 후에 장불천은 또 전적으로 이 두 통의 편지를 겨냥하고 쓴 한 통의 편지를 뇌진에게 보냈다. 서복관은 곧 1954년 3월 20일에 출판한 『민주평론』(제5권 제6기)에 이 세 통의 편지에 대한 설명을 덧붙여서 「자유의 토론」(自由的討論)이라 표제를 하여 동시에 발표하였다. 서복관은 그 안에서 아래와 같은 기본적인 태도를 표시하였다.

> 나도 단지 도덕에 의해서는 정치문제를 해결할 수 없다고 똑같이 생각한다. 도덕적 자유는 정치적 인권자유를 대체할 수 없다. 또 정치상의 자유를 실현하는 것은 기타 자유를 실현하기 위한 선결조건이라는 것을 인정한다. 그러나 나는 도덕이 반드시 정치와 거리를 두어야 하고 도덕자유는 반드시 정치자유와 거리를 두어야 한다고 생각하지 않는다.(16쪽)

이어서 장불천은 1954년 7월 16일에 출판한 『자유중국』(제11권 제2기)에 「아시아 인민이 공산주의에 반대하는 최종 목적」(亞洲人民反共的最終目的)이라는 글을 발표하였는데, 이 글에서 이렇게 말하였다.

> 동양인이 서양 자유제도에 대하여 이처럼 낯설고 그 규모가 어떠한가를 상상하지 못하기에 무엇을 자유제도라고 말하는지 완전히 믿을 수 없을 듯하다. 그러므로 "자유"를 제기하기만 하면 우리들 동양인이 첫 번째로 연상하는 것은 바로 현묘한 천리[玄天玄地]의 문제이고, 또 그것을 일상생활의 방법으로 보는 것을 결단코 거절한다. 필자는 작년에 일찍이 초보적이나마 영·미 사람들이 몇 백 년 동안 말해왔던 자유의 분명한 의미를 소개하였다. 나의 말이 아직 끝나지도 않았는데 이미 나를 향하여 도덕자유의 문제를 변론하고, 또 내가 자유를 정치 범위로 "제한한다"(退限, delimit)고 항의하고, 내가

> 정치와 도덕을 "한계를 구획하여"(界劃) 서로 다른 두 가지로 만들었다고 항의하였다.(5쪽)

이 글은 분명 신유가(특히 서복관)의 자유관을 빗대어 말한 것이다. 왜냐하면 신유가는 바로 정치자유(政治自由)는 반드시 도덕자유(道德自由: 意志自由)를 기초로 할 것을 견지하기 때문이다. 그들이 도덕자유를 논의할 때에 필연적으로 형이상학 문제에 미치게 되지만, 장불천과 같은 자유주의가 보기에 이것은 다만 얼마간 "오묘한 천리의 문제"(玄天玄地的問題)에 불과하였다. 장불천은 이와 같은 태도로 자유문제를 논의하는 것에 반대하므로 그는 같은 글에서 이렇게 말하였다.

> ……나는 한 번도 일찍이 사람들이 도덕의 영역에서 덕성자유 혹은 부자유를 논의하는 것을 반대하지 않았다. 나는 단지 정치 혹은 법제 범위를 구분하지 않고 자유를 논의하거나 혹은 도덕의 영역에서 말미암아 자유를 논의하여 곧바로 정치의 영역까지 관통하는 것은 모두 가하지 않다고 말할 뿐이다. 이렇게 자유를 논의하는 것은 "필연적으로" 자유를 부정하는 것은 아니지만 또한 결국에는 정치상의 자유는 필요하지 않다고 인식하게 된다.(5쪽)

이 문장은 서복관의 강렬한 반응을 불러 일으켜 곧바로 1954년 8월 20일에 출판한『민주평론』(제5권 제16기)에 격렬한 용어를 사용한「장불천 선생에게 드리는 한 통의 공개 편지 — 자유와 인권을 둘러싼 여러 문제」(給張佛泉先生的一封公開信 — 環繞着自由與人權的諸問題)를 발표하였다. 그는 이 글에서 장불천이 동양문화를 멸시한다고 통렬하게 비판하였을 뿐만 아니라 또 특별히 다음과 같이 강조하였다.

> ……도덕은 인간의 일상 행위에서 상위를 차지하는 것이고 정치는 인간의 중요한 생활 행위 가운데 하나이다. 그러므로 정치에는 당연히 도덕문제가 있고 정치와 도덕은 서로 관련이 있다. 바로 그 관련이 있는 곳(물론 관련이 없는 것도 있다)으로 나가서 도덕 영역에서 자유를 논의하여 곧바로 정치 영역을 관통하는 것이 왜 가하지 않다는 것인가?(8쪽)

『민주평론』과 『자유중국』 사이의 논전은 1957년에 최고조에 달하였다. 이해 5월 1일에 출판한 『자유중국』(제16권 제9기)에서는 「5·4정신을 다시 정리하며」(重整五四精神)라는 제목의 사론을 실었다. 이 사론에는 서명이 없었지만 사실상 은해광이 쓴 것이다. 은해광은 사론에서 특별히 다음과 같이 지적하였다. "복고주의자"(復古主義者)와 "현실권력"(現實權力)은 모두 5·4운동을 반대한다. 이것으로부터 그는 추론하여 이렇게 말하였다.

> 벡터 분석(vector analysis)에 의하면 복고주의와 현실권력 둘의 방향은 서로 같고 서로 이끌고 서로 표리가 되고 피차 선동하는 것으로, 이 둘이 5·4운동에 작용했던 압력은 한가지이다.(4쪽)

여기에서 말하는 이른바 "복고주의자"는 분명 신유가를 포괄하고, 심지어는 아마도 신유가가 주요 대상일 것이다. "현실권력"은 분명 당시의 대만정권을 빗댄 것이다. 왜냐하면 당시의 공산당은 5·4운동을 긍정하였기 때문이다. 이런 까닭에 은해광의 이 말은 신유가를 국민당 정권을 도운 원흉으로 지적하고 신유가에게 죄

명이 가볍지 않은 형벌을 덧씌우는 것과 같았다.

이 사론을 겨냥하여 서복관은 곧바로 "이실"(李實)이라는 필명으로 「역사문화와 자유민주 — 우리를 모욕하는 자에 대한 답변」(歷史文化與自由民主 — 對於辱罵我們者的答復)이라는 글을 써서 같은 해 5월 20일 출판한 『민주평론』(제8권 제10기)에 발표하였는데, 그 결과 서복관과 은해광 두 사람은 공식적으로 결별하게 되었다. 서복관은 글에서 직접적으로 이 사론의 필자는 "문화폭도"(文化暴徒)라 지적하고 또 이렇게 강조하였다.

> 중국의 근래 몇 년 사이의 역사 문화 연구자는 주로 5·4운동은 중국 문화를 타도하려는 기획이라고 지적하는데, 중국인의 입장에서는 받아들일 수 없을 뿐만 아니라 과학과 민주의 입장에서도 합리적이지 않으므로, 이렇게 말할 필요가 없다. 중국 문화가 타도된 후에 중국이 야만 민족이 된다면 어떻게 과학과 민주를 실현할 수 있겠는가. 그러므로 우리는 중국 문화에 대한 비판으로 5·4운동 시기의 (중국 문화에 대한) 타도를 대체하고자 한다. 중국 문화 자체의 반성을 통해야 과학과 민주로 하여금 중국 문화 자체에서 뿌리를 생겨나게 할 것이다. 이 입장에 기초하여 5·4운동에 행하였던 비판이 곧 5·4운동이 전진해 나아가는 발전이고 문화 운동이 전진해 나아가는 발전인 것이다.(7쪽)

다음 해(1958년) 5·4운동을 기념하기 위하여 『자유중국』은 5월 1일 또 「5·4운동의 발걸음을 따라 전진하다」(跟着五四的脚步前進)라는 사론(제18권 제9기)을 간행하였다. 이 글은 서명하지 않은 사론이지만 여전히 은해광의 손에서 나온 것이다. 그는 이 사론에서 5·4운동이 중국의 옛 문화를 파괴했다고 비판하는 문화인(은근히 신유가를 지칭한다)을 "범문화주의자"(泛文化主義者)라 부르고 또 이렇게 지적하였다. "범문화주의자는 인간의 어떤 문제의 발생에 대해서도 그 원인을 모두 문화 요소로 귀결시키는데", 이것은 "헤겔의 혼돈사상에 중독된 것"이다. 은해광에 의하면 이와 같은 태도로 문화를 말하는 것은 곧 "아버지 이미지의 문화화"(父親意像之文化化, culturization of father-image)이고, 문화를 아버지 이미지의 화신으로 삼고서 숭배하는 것이다. 그는 또 이러한 문화관을 "현학적 문화주의"(玄學的文化主義)라 부르고, 이것은 장지동(張之洞)의 "중학(中學)을 체(體)로 삼고 서학(西學)을 용(用)으로 삼는다"(中學爲體, 西學爲用)는 설의 발전에 불과하다고 인식하였다. 그는 곧 노골적으로 다음과 같이 비판하여 말하였다.

> 현학적 문화주의자(玄學的文化主義者)는 헤겔의 발전 순서를 답습하고 피히테의 유아주의(唯我主義)를 견지하면서 주체의식을 강조하며, 칸트의 체제에 기탁하여 공맹을 뒤섞어서 협소한 민속적 잔해에 입각하여 이 "중학의 체"(中學之體)를 지킨다. 이들 인사의 입장에서 보면 서학의 "용"(用)은 가능하다. 왜냐하면 이것은 "외재적"(外在的)인 것으로 옷을 갈아입는 것과 같은 것이기에 갈아입어도 관계가 없는 — 존엄성에 손상이 없기 때문이다. 그러나 만약 우리가 어떤 사람의 머릿속에 문제가 있다고 말한다면 그것은 곧 타인의 인격을 구성하는 핵심을 건드리는 것으로 그 존엄성에 손상을 입히게 되고, 그는 화가 치밀어 반드시 "자아방어의 기제"(自我防衛的機制)가 작동을 하게 된다. 최근 몇 년 사이에 5·4운동에 반대하는 언론 및 문화 전통을 강조하는 작품은 모두 이 심리기제가 작용한 산물이지 결코 지식의 산물이 아니다. (4쪽)

이 말은 신유가(특히 모종삼, 당군의 두 사람)에 대한 한 걸음 더 나아간 공격이라 말할 수 있었지만 신유가 측에서는 직접적인 반응이 없었다.

3

위에서 서술한 것처럼 이 변론에 직접 참여한 인물로는 신유가 측에서는 주로 서복관이고 자유주의자 측에서는 은해광과 장불천 두 사람이다. 만약 우리들이 이 두 진영의 개별적 인물의 차이를 생략한다면 상술한 변론을 신유가와 중국 자유주의 사이의 변론으로 볼 수 있고, 그 논쟁의 초점은 아래의 두 가지 문제에 집중된다. (1) 중국 전통문화는 과학 발전과 민주 정치의 건립에 장애가 되는가? 혹은 바꾸어 말해서, 중국이 현대화하는데 반드시 먼저 전통문화에서 취사선택해야 하는가? (2) 민주 정치는 도덕적 기초를 필요로 하는가? 달리 말해서 정치 자유는 반드시 도덕 자유(道德自由; 意志自由)를 예비해야 하는가?

첫 번째 문제를 논의하면 신유가는 "근본으로 돌아가 새로움을 펼친다"(返本以開新)는 것을 일관되게 주장한다. 이것은 다시 말해서 모든 문화의 창신(創新)은 전통문화를 기초로 해야 한다고 말하는 것이다. 이런 까닭에 그들은 외래 문화적 요소는 이식할 수 없고 다만 자신들 전통의 내재적 발전과 조절을 통해 흡수할 수 있을 뿐이라고 생각한다. 그들이 5·4신문화 운동을 비판하는 것은 바로 이 운동의 지도적 인물들이 전통문화를 버리는 것이 중국 현대화의 선결조건이라고 인식하였기 때문이다. 반대로 자유주의자들은 중국 전통문화는 이미 과학과 민주를 발전시키지 못하였고, 그 속에는 이 두 가지가 발전하는데 장애가 되는 요소가 분명히 있으므로 중국의 현대화를 바란다면 중국 전통문화에서(적어도 그 핵심 부분에서) 취사선택해야 한다고 생각한다. 그러므로 그들에게 있어서 신유가가 중국 전통문화에서 민주와 과학을 열어야한다고 견지하는 것은 "중체서용"의 논의와 다를 바가 없는 것이고, 다만 자기 방어적인 심리적 필요에 불과한 것이다. 그뿐만 아니라 그들은 심지어 중국 전통문화가 전제정치를 낳았다면 중국 전통문화를 제창하는 것은 곧 절대적 전제정치를 위하여 부추기는 앞잡이와 다르지 않다고 인식한다.

두 번째 문제를 말하면 신유가는 민주정치는 반드시 도덕이상의 기초 위에 건립되어야 하고, 정치자유는 반드시 도덕자유를 예비해야 한다고 생각한다. 그들은 도덕계와 정치계의 구분을 인정하지만 이 두 세계가 서로 관련이 없다고 생각하지 않는다. 그들 역시 정치자유와 도덕자유가 같지 않음을 인정하고, 또 단선적으로 도덕자유를 제창하는 것은 민주정치의 건립에 충분하지 않다는 점을 인정하다. 그러나 그들은 도덕적 기초를 분명하게 나누고 단선적으로 정치적 측면에서 자유와 인권을 주장하는 자유주의에는 반대한다. 그들에게 있어서 이러한 자유주의는 뿌리가 없는 것이고, 근본적으로 공산주의의 도전에 대적할 수 없다. 모종삼은 일찍이 「자유주의의 이상주의적 근거」(自由主義之理想主義的根據)라는 글에서[6] 자유주의는 이상주의적 근거가 필요하지만 이러한 이상주의는 "이성주의적 이상주의"(理性主義的理想

6)『生命的學問』(臺北: 三民書局, 1970)에 수록되었다.

主義)만이 가능하다고 강조하였다. 그가 말하는 “이성주의적 이상주의”는 서양의 칸트가 열었던 “독일관념론”(deutscher Idealismus)을 대표로 한 것으로 낭만적 혹은 비이성적 이상주의(예를 들어 니체, 베르그송이 대표자이다)와는 다르다. 신유가는 도덕이상과 가치를 긍정한다면 단지 실재적 경험계(經驗界)에 머무를 수 없고 모름지기 초월계(超越界)에 들어가야 하는데, 이것은 완비된 형이상학을 근거로 삼아야 한다고 생각한다. 이런 까닭에 신유가의 대표적 인물 대부분은 완비된 형이상학이 있고, 혹은 형이상학의 가치와 의의를 승인한다.

그러나 다른 측면에서 중국의 자유주의자는 주로 영·미 자유주의 전통을 계승하고 답습한 것으로, 그 경험주의적 관점을 연대하여 이어받고 있다. 그들이 긍정하는 “자유”는 바로 영국의 정치철학자 이사야 벌린(I. Berlin)이 말한 “소극적 자유”(negative freedom)이다. 이러한 의미에서 정치 자유는 “개인이 타인의 억압을 받지 않고 행동하는 범위”를[7] 지시하는 것이다. 신유가는 이러한 자유가 매우 중요하지만 그것이 성립하기 위해서는 반드시 또 다른 의미의 자유, 즉 이사야 벌린의 이른바 “적극적 자유”(positive freedom) — 어떤 외재적 힘에 의지하지 않고 스스로 주재자가 된 자유를 예비해야 한다고 생각한다.[8] 한 개인의 행위가 타인의 저지를 받는지 여부는 기본적으로 경험에 근거하여 판단할 수 있는 것으로 형이상학적 영역에 들어갈 필요가 없다는 것이다. 은해광 본인은 논리경험론의 관점을 받아들이기 때문에 연

7) Isaiah Berlin: *Four Essays on Liberty*(Oxford 1969), 122쪽.

8) 같은 책, pp. 131ff.

이어서 그의 반 형이상학적 태도를 오염시켰다. 이런 까닭에 신유가와 중국의 자유주의자의 자유문제와 관계된 논쟁은 독일 이상주의 전통과 영국 경험주의 전통 사이의 논쟁을 반영한다.

4

이상의 두 가지 문제로 말하면 서복관, 은해광 두 사람의 관점 역시 서로 첨예하게 대립된다. "정치자유와 민주는 도덕 기초를 필요로 하는가?"라는 이 문제에 대하여 은해광은 분명히 부정적 태도를 취한다. 그는 「민주의 시금석」(民主的試金石)이라는 글에서 다음과 같이 말하였다.

> 만약 도덕으로 민주정치의 기초로 삼는다면 헤겔의 범논리주의(panlogicism)와 합류하게 된다. 범논리주의는 곧 범정치주의(panpoliticism)의 이론적 기초의 하나이다. 그런데 범정치주의는 전체주의 정치[極權政治]의 골간이다. 현대 기술의 영향이 심하거나 결정적으로 작용하는 가운데에서 과정은 목표보다 더 중요하다. 왜냐하면 사람이 직접 접촉하게 되는 것은 실제적인 과정이고 이상적 목표는 실현하지 못하였기 때문이다. 이 점은 옛날부터 이미 그러했지만 지금은 더 심해졌다. 도덕 목표를 실현하는 과정이 만약 도덕적이지 않다면 이상적 도덕은 현실적 재앙이 될 것이다. 고대의 종교박해나 동양의 "대의각미록"(大義覺迷錄)과 같은 방식의 사상이 만든 비극 및 현대의 전체주의 통치의 형성은 모두 이점에 뿌리를 두고 있다. 도덕 자체는 부도덕한 행위가 출현하는 것을 방지하는 도구로는 쓸모가 없다. 그러므로 도덕은 절대 민주정치의 기초가 될 수 없다. 한 걸음 물러나 말하여 이러한 재난이 없다고 하더라도 도덕은

> 윤리계(倫理界)에 있는 것이다. 그것은 제도 이외의 것이다. 그러므로 정치제도와는 서로 다른 것이다.[9]

그는 「과학과 민주를 논함」(論科學與民主)이라는 글에서 한걸음 더 나아가 "도덕을 민주정치의 기초로 삼는다"는 것을 주장하는 자는 "전통주의자"라고 불렀다. 또 "범도덕주의자는 모두 보수주의자이다. 이러한 보수주의자는 어떤 일을 만나면 범도덕주의적(panmoralistic) 관점을 견지하지만, 범도덕주의는 헤겔의 범논리주의와 매우 근접한 '형이상학의 기초' 위에 둔 것이다"고 생각하였다.[10] 이러한 비판은 분명 전적으로 신유가(특히 모종삼, 당군의 두 사람)를 대상으로 말한 것이다. 이것 역시 부분적으로는 은해광이 왜 중국의 전통문화를 민주정치의 장애로 보는가를 설명해준다. 왜냐하면 그는 "공자 이래로 중국문화는 범도덕주의의 길을 걸었다"고 생각하기 때문이다.[11]

서복관은 신유가 대부분의 대표적 인물들과 같이 민주정치와 정치자유의 가치를 긍정하고, 이어서 자유주의의 정신을 긍정한다. 1956년 당시의 교육부장관 장기윤(張其昀)은 「민주정치의 세 가지 진제(眞諦)」(民主政治三大眞諦)라는 제목의 강연[『정론주간』(政論週刊) 제88기에 간행하였다]에서 자유주의를 비판하였고, 은해광은 『자유중국』(自由中國) 제15권 제7기 (1956년 10월 15

9) 林正弘主編, 『殷海光全集』, 『政治與社會』, 360쪽. 이 글은 원래 『祖國週刊』 제8권 제12기 (1955년 1월 3일)에 발표하였다.

10) 林正弘 主編, 『殷解光全集』, 『學術與思想』, 304쪽. 이 글은 원래 『祖國週刊』 제9권 제10/11기 (1955년 3월 7/14일)에 발표하였다.

11) 林正弘 主編, 『殷海光全集』, 『中國文化的展望』, 540쪽.

일 출판하였다)에 「교육부장관 장기윤의 민주관-군주적 민주」(敎育部長張其昀的民主觀-君主的民主)를 발표하여 반박하였으며, 후에 국민당 측의 자유주의에 대한 일련의 공격을 불러들였다. 바로 이 당시에 서복관은 차례로 「왜 자유주의를 반대해야 하는가?」(爲什麼要反對自由主義?)[『민주평론』(民主評論) 제7권 제21기, 1956년 11월 5일]와 「비분적 항의」(悲憤的抗議)[1957년 2월 21일 홍콩 『화교일보』(華僑日報)에 발표하였다]라는 두 글을 발표하여 자유주의를 변호하였다. 그는 앞의 글에서 이렇게 나타내었다.

> ……어떤 한 사람이 자유주의를 표방하지 않는다고 하더라도, 심지어는 단지 하나의 자유주의자가 되는 것을 달갑게 여기지 않는다고 하더라도, 그의 지식과 인격의 성장 과정 중에는 반드시 자유주의를 통과해야 한다.[12)]

그는 엄연히 자유주의자로 자처하였다. 그러나 그가 이해한 '자유주의'는 정치·경제 내지는 사상의 특정한 관점을 가리키는 것이 아니라 모든 문화 창조에 필요한 기본정신이다. 그러므로 그는 이렇게 썼다.

> 자유주의라는 명칭이 비록 성립된 것은 빠르지 않지만 자유주의의 정신은 인류문화와 함께 한 것이다. 문화라고 할 수만 있다면 이 문화에서 자유주의 내지 자유라는 명칭을 찾을 수 없다고 하더라도 그 가운데에는 반드시 어떤 형태, 어느 정도의 자유정신이 약동하고

12) 徐復觀著·蕭欣義編, 『儒家政治思想與民主自由人權』, 289쪽.

있다. 그렇지 않다면 문화를 낳을 가능성이 근본적으로 없게 된다.[13]

이것에 의하면 자유주의의 정신은 일종의 정신상의 각성을 대표한다. 그러므로 그것은 어떤 특정한 측면(정치, 경제이든 아니면 사상이든 상관없이)에 한정되는 것이 아니라 모든 문화 영역에 관계된다.

이것은 서복관과 은해광이 문제를 서로 다른 각도에서 생각하였음을 나타낸다. 은해광은 논리 경험론의 영향을 받아 감관 경험을 투과하여 검증할 수 없고, 또 논리 분석을 통하여 그 진위를 판단할 수 없는 문제 — 논리 경험론의 술어로 말하자면, 즉 "경험 의미의 판단"(criteria of empirical meaning)의 영역을 초월한다 — 에 대해서는 일괄적으로 유보적 태도를 유지하였다. 반대로 서복관 자신은 사학자로서 "천인의 도리를 탐구하고 고금의 변화에 통한다"(究天人之際, 通古今之變)는 중국 사학 전통의 영향을 받았으므로 문제를 생각할 때에 매우 자연스럽게 정체주의적(整體主義的, holistic) 관점을 취하였다. 은해광이 "범도덕주의", "범정치주의", "범논리주의"라고 지칭하였던 이 "범"자는 그의 정체주의적 관점에 대한 반응을 나타낸다.[14] 그런데 서복관 자신이 "단지 자유주의자가 되는 것을 달가워하지 않았다"고 말한 것은 은해광이 취한 국한된 관점에 대해 불만을 표시한 것이다. 그러

13) 같은 책, 290쪽.

14) 은해광은 「傳統的價值」에서 이렇게 말하였다. "현학적 '체계벽'(體系癖)이 있는 자는 특히 이 '범'(泛)이라는 글자를 좋아하는 것 같다. 그렇지만 이 '범'자가 세상에 크게 '범람'(濫)하고 있음을 모른다."(林正弘主編, 『殷海光全集』, 『學術與思想』, 286쪽).

므로 그는 정치 자유를 생각할 때 자연히 정치 영역을 뛰어넘어 그 기초를 탐구하였다. 그는 이렇게 말하였다.

> 서양에서 자유정신은 먼저 지성(知性)에서 약동하였지만, 중국에서는 덕성(德性)에서 먼저 약동하였다. 그러나 자유정신은 반드시 발전하여 정치에 이르러야 하고, 반드시 정치에서 구체적 성취가 있은 후에야 그 자체가 명확한 체계를 이루고 또 지성덕성(知性德性)의 자유에 확고부동한 보증을 제공하게 된다. 당연히 정치자유는 결코 자유의 모든 것이 아니다. 정치자유는 모름지기 지성적이어야 하고, 특히 덕성의 자유를 근원으로 하여 모름지기 덕성자유에서 그 영양을 섭취해야 한다. 이것은 역사적 실천에서 상식이다.[15]

이른바 "정치자유는 결코 자유의 모든 것이 아니다"는 다음과 같은 것을 나타낸다. 정치자유는 반드시 초월적 이상을 근거로 삼아야 하는 것으로 서양에서 이러한 이상은 지성의 활동을 투과하여 표현되었고 중국에서는 도덕의 활동을 통하여 표현되었다.

서복관이 초월적 이상을 긍정하였다면 형이상학의 영역에 연계되지 않을 수 없다. 그렇지만 그는 웅십력, 당군의, 모종삼 세 사람에 비해 형이상학을 건립하지 않았고, 반대로 그의 저작에서 때때로 서양 형이상학에 대한 회의를 표현하였다.[16] 이것은 그 자신이 사학자이지 철학자가 아니기 때문이다. 그러나 다른 한편으로 그 역시 원칙적으로 모든 형태의 형이상학을 부정하지는

15) 徐復觀著 · 蕭欣義編, 『儒家政治思想與民主自由人權』, 293쪽.

16) 「有關中國思想史中的一個基題的考察」, 『學術與政治之間』 (臺北: 臺灣學生書局, 1980), 449-450쪽; 또 『中國人性論史』(先秦編) (臺北: 臺灣商務印書館, 1969), 219-220쪽 참조.

않았다. 그는 「중용의 지위 문제」(中庸的地位問題)에서 이렇게 지적하였다. 『중용』 자체는 덕성지심(德性之心)으로부터 나온 형이상학을 포함하고 있으며, 이 형이상학은 "사실 일반적으로 서양의 지성적 사변에서 나온 형이상학과 다르다"고 할 것이다.[17] 모종삼의 용어로 말하면 이것은 "도덕 형이상학"(moral metaphysics)이다. 서복관이 반대한 것은 지식의 개념과 구조에 의하여 건립된 "사변적 형이상학"(思辨的形上學: speculative metaphysics)이다. 그가 만년에 쓴 「공자 사상으로의 회귀」(向孔子思想性格回歸)에서는 심지어 이렇게 생각하였다. 웅십력, 당군의 두 사람이 건립한 형이상학은 공자사상의 성격과 무관하다. 왜냐하면 웅십력은 음양 개념을 투과하였고, 당군의는 희랍 계통의 철학 체계를 빌어 형이상학을 건립하였기 때문이다.[18] 서복관의 웅십력, 당군의 두 사람에 대한 평가는 혹 논의의 여지가 없지는 않지만 우리는 그의 이러한 평가로부터 적어도 그가 반대하는 것이 어떤 형태의 형이상학인가를 이해할 수는 있다. 이것 역시 그가 왜 덕성의 자유를 지성의 자유에 비하여 더 정치자유의 근원으로 삼는가를 설명할 수 있다.

5

윗글에서 서술한 것처럼 "중국 전통문화는 과학의 발전과 민주

17) 徐復觀, 『學術與政治之間』, 407-408쪽.

18) 徐復觀, 『中國思想史論集續編』 (臺北: 時報文化出版公司, 1982), 432-433쪽; 『論戰與譯述』 (臺北: 志文出版社, 1982), 174쪽.

정치의 건립에 장애가 되는가?"라는 문제에 대해 은해광의 대답은 그렇다고 생각한다. 그의 이 문제에 대한 관점을 설명하기 전에 우리는 그의 전통에 관한 견해를 이해할 필요가 있다. 그가 5·4운동의 정신을 계승했다고 자임하지만 5·4운동의 인물 중에서 전형적인 전반적 반 전통 사상을 받아들이지는 않았다. 그는 「전통의 가치」(傳統的價值)에서 전통에 대한 태도를 3가지로 분류하였다. 전통지상설(傳統至上說), 전통흘인설(傳統吃人說), 전통가소설(傳統可塑說)이 그것이다.[19] 그가 말한 "전통지상설"은 당시의 수구파(守舊派) 이외에 신유가를 포함한다. 이른바 "전통흘인설"은 5·4운동의 인물 이외에 마르크스-레닌주의자를 포함한다. 그 자신은 세 번째의 입장을 취하는데 "전통가소설"을 주장한다. 그는 이렇게 강조한다. 이 세 번째의 태도는 경험론자의 태도이다.[20] 그 자신의 말을 사용하여 말하면 경험론자의 전통에 대한 태도는 아래와 같다.

> 전통이란 단지 사회적 존재[社群]가 의지하여 생존하는 도구에 불과한 것이지 결코 조상의 위패가 아니고 숭배의 대상도 아니며 모두가 받들어 모셔야할 보살도 아니다. 전통은 수정할 수 있는 것인지, 보존해야만 하는 것인지, 혹은 바꿀 수 있는 것인지 하는 것은 모두 인간의 삶에 적합한가 여부에 의하여 정해지는 것이다. 만약 이것을 표준으로 삼는다면 전통은 수정이 가능하고 보존이 가능하고 바꾸는 것이 가능하므로 전혀 구속될 필요가 없다.[21]

19) 林正弘 主編, 『殷海光全集』, 『學術與思想』, 269-270쪽.

20) 같은 책, 276쪽.

21) 같은 책, 281쪽.

이러한 관점을 "전통의 도구론"(傳統的工具論)이라 부를 수 있다. 이것은 전통을 사회적 집단[群體]이 생활에 적응하는 도구로 삼는 것으로 인간의 생활에 합당한지의 여부에 따라 그 가치를 결정하는 것이다.

그는 이 표준에 의거하여 중국 전통 문화를 평가하면서 중국 전통 문화는 중국의 현대화에 불리하다고 단정한다. 왜냐하면 그는 아래와 같이 생각하기 때문이다.

> 어찌되었든 중국인이 백여 년 이래의 문제를 해결하여 생존하고 발전하려면 평탄하고 실제적인 길은 있다. 그러나 그것은 다만 과학을 배우고 민주를 실현하는 길이 있을 뿐이다. 그렇지만 중국을 수천 년 동안 지배하였던 이 전통은 불행하게도 과학과 민주와의 거리가 멀다.22)

그렇다면 그는 중국 전통을 파괴하는 것에 찬성하는가? 그의 "전통의 도구론"의 입장에 의하면 그는 전통을 파괴하는 것에 찬성하지 않는다. 그러므로 그는 이렇게 표현하였다.

> 적어도 실천의 측면에서 생각해 볼 때 필자는 이런 방법에 동의할 수 없다. 낡은 장삼이 추위를 막아줄 수는 없지만 당신이 갑자기 그것을 벗게 되면 폐렴에 걸리게 될 것이다. 저자가 동의할 수 없는 것은 위도자(衛道者)가 '전통 역사 문화'에 견지하고 있는 '무조건적 방어'[戒嚴] 태도에 빠진 것이다.23)

---

22) 같은 책, 284쪽.

23) 같은 책, 289쪽.

여기 마지막 구절의 말 속에서 신유가에 대한 지적은 결코 공평한 것이 아니다. 왜냐하면 신유가는 중국 전통 문화의 어두운 측면(특히 제왕의 전제 정치가 만들었던 재앙)에 대하여 비판한 적이 없지 않기 때문이다. 모두 잘 알고 있듯이 서복관은 중국 전제 정치의 폐단에 대하여 철저한 비판을 하였다. 그는 일찍이 「중국의 치도 — 육선공전집서를 읽은 후에」(中國的治道 — 讀陸宣公傳集書後)라는 글을 써서 중국 전통의 정치사상은 반드시 "이중주체성"(二重主體性)의 모순을 정면으로 바라보아야 한다고 지적하였다. 이것은 곧 중국의 정치사상은 법가를 제외하면 기본적으로 인민을 주체로 삼지만 현실의 전제 정치 중에서는 오히려 군주[人君]를 주체로 삼았다는 것이다.[24] 은해광은 이 글을 읽은 후에 심지어 「치란의 관건 — "중국의 치도"를 읽은 후에」(治亂的關鍵 — "中國的治道"讀後)라는 글을 써서 그것은 "비범한 사람의 비범한 작품" 이라고 높게 평가하였다.[25] 이렇게 평가한다면 그는 어떻게 신유가는 전통 역사 문화에 대하여 "무조건적 방어"의 태도를 견지한다고 말할 수 있는가?

공평성 여부를 밝히는 문제에 있어서 은해광의 지적은 사실 쌍방의 "전통"에 대한 이해에 근본적으로 분기점이 있음을 반영한다. 은해광의 전통관은 윗글에서 이미 설명하였다. 서복관의 전통관은 관점을 달리한다. 그는 일찍이 일본 철학자 무대리작

---

24) 徐復觀, 『學術與政治之間』, 104쪽. 이 글은 원래 『民主評論』 제4권 제9기 (1953년 5월 5일)에 발표하였다.

25) 徐復觀, 『學術與政治之間』, 127쪽. 이 글은 원래 『自由中國』 제8권 제12기 (1953년 6월 16일)에 발표하였고, 또 林正弘主編 『殷海光全集』, 『書評與書序』에 수록되었다.

(務臺理作)의 『역사철학 중의 전통 문제』(歷史哲學中的傳統問題)[26]를 번역하였고, 또 그 관점에 근거하여 「전통을 논함」(論傳統)이라는 제목으로 강연을 하였다.[27] 그는 이 강연에서 전통의 다섯 가지 기본 성격 혹은 구성 요소를 열거하였다. 민족성(民族性), 사회성(社會性), 역사성(歷史性), 실천성(實踐性), 질서성(秩序性)이 그것이다.[28] 더 중요한 것은 그가 무대리작의 설에 근거하여 전통을 두 층차, 즉 "저차원의 전통"(低次元的傳統)과 "고차원의 전통"(高次元的傳統)으로 구분한 점이다. 모든 풍속 습관은 모두 "저차원의 전통"에 속한다. 이러한 전통은 구체적 사상(事象)에 표현되는데 정태적(情態的)이고 자각(自覺)이 결핍된 것이다.[29] "고차원의 전통"에 대하여 서복관은 이렇게 해석하였다.

> 고차원의 전통은 저차원 중의 구체적 사상(事象)을 통하여 그것들 뒷면에 감추어져 있는 근본정신[原始精神]과 근본목적[原始目的]을 발견하는 것이다. 그것은 항상 어떤 민족의 종교 창시자, 성인, 대예술가, 대사상가 등이 창조한 것이다. 그것은 정신적으로 존재하는 것으로 눈으로 볼 수 있고 귀로 들을 수 있는 것이 아니라 모름지기 반성, 자각을 통해서만 비로소 발견할 수 있는 것이다. 또 이러한 발견으로부터 다시 저차원의 전통에 비판을 가할 수 있다. 비판을 가하는 중에 그것은 자연히 과거, 현재와 미래를 연계시키고 동시에 사고하게 된다. ……그러므로 고차원의 전통 자체는 곧 초전통성(超

26) 이 번역문은 『論戰與譯述』에 수록하였다.

27) 이 글은 徐復觀著・蕭欣義編, 『徐復觀文錄選粹』(臺北: 臺灣學生書局, 1980)에 수록하였다. 이 글에서 "전통"과 관련이 있는 설명도 같은 책에 수록된 다른 글 「傳統與文化」에 수록되었다.

28) 徐復觀著・蕭欣義編, 『徐復觀文錄選粹』, 107-109쪽.

29) 같은 책, 110쪽 참조.

> 傳統性)의 의미를 함유하게 된다. 더 구체적으로 말하자면 그것은 아래와 같은 몇 가지 특징을 담고 있다. 첫째, 그것은 이성적인 것이다. 이것은 바로 기독교의 의식은 저차원적이지만 그의 박애(博愛) 정신은 고차원적이고 이상적인 것과 같다. 둘째, 왜냐하면 반드시 사람들의 자성자각(自省自覺)을 통해서만 발견할 수 있기 때문에 발견하기만 한다면 그것은 저차원의 전통에 대해서도 반드시 비판적이기 때문이다. 비판적인 것이기 때문에 세 번째로 그것은 동태적이다. 동태적이기 때문에 넷째로 그것은 부단히 형성 중에 있는 것이고, 과거를 계승하고 또 동시에 과거를 초월하는 것이다.[30]

서복관, 은해광의 전통관을 비교하면 우리는 두 가지 분명한 차이를 어렵지 않게 발견할 수 있다. 첫째, 은해광이 이해하는 "전통"은 객관적으로 존재하는 대상으로 그 자체 자각을 결핍하고 있다. 그것은 단지 무대리작이 말한 "저차원의 전통"이다. 그러나 서복관의 입장에서 말하면 "고차원의 전통"이야말로 전통의 본질이 있는 것이다. 이러한 전통은 임의적으로 둘 수 있는 도구가 아니라 어떤 민족의 정신 자각을 대표하는 것이다. 그러므로 그 이상성(理想性)을 가지고 있다. 그 다음으로 은해광은 전통을 일종의 정태적 존재로 보기 때문에 그 역사성과 생명성을 무시한다. 그러나 서복관의 입장에서 말하면 전통은 오히려 동태적인 것이고 그 자신의 생명을 가지고 있어 자아성장(自我成長), 자아초월(自我超越)이 가능한 것이다. 우리는 "전통의 도구론"에 비하여 상대적으로 서복관의 전통관을 "전통의 주체론"(傳統的主體論)이라 부를 수 있다. 왜냐하면 주체만이 자각이 있을 수 있기

30) 같은 책, 110-111쪽.

때문이다. 이처럼 그들은 서로 다른 전통관에서 출발하였기에 중국 전통 문화에 대한 평가에서 현격한 차이가 있는 것도 전혀 이상하지 않다.

"전통의 주체론"에서 출발한 서복관은 자유주의에 대해 은해광과 다르게 이해하였다. 「왜 자유주의에 반대해야 하는가?」(爲什麽要反對自由主義?)라는 글에서 서복관은 이렇게 말하였다.

> 자유주의자가 전통과 사회에서 해방되어야 한다고 하는 것은 결코 전통과 사회를 부정하는 것이 아니라 전통과 사회에 대해 새롭게 평가하여 기존의 관념과 사상(事象)에 맑고 세련된 새로운 내용을 부여하고 또 더 합리적이고 풍부한 전통과 사회를 창조하는 것이다. 자유주의자는 여전히 전통과 사회라는 큰 흐름 속에서 생활해야만 한다. 그러나 그들은 전통과 사회를 향하여 피동적, 소극적으로 생활하는 것이 아니라 주동적, 적극적으로 창조적 변화를 발휘함으로써 전통과 사회로 하여금 맹목적 추동력이 아니라 인간의 양심 이성에 비추어 점차로 인간의 양심 이성의 산물이 되도록 한다.[31]

서복관의 견해에 의하면 "자유주의"는 모든 문화 창조에 필수적인 정신 자각을 대표한다. 이러한 자각으로 말미암아 인류는 한 편으로 전통의 큰 흐름[大流] 속에서 생활하고, 다른 한 편으로는 때에 맞게 전통에 대하여 반성과 비판을 가한다. 이러한 정신적 자각에 둘러싸인 "전통"은 분명히 생명이 없는 피동적 존재가 아니라 인간이 주체적 위치에서 주동적으로 창조적 역정에 참여하는 것이다. 이런 의미에서 자유주의자는 동시에 전통주의자

---

31) 徐復觀著 · 蕭欣義編, 『儒家政治思想與民主自由人權』, 291쪽.

일 수 있다. 우리는 이렇게 말할 수 있다. 서복관이 긍정한 것은 일종의 "전통주의적 자유주의"(傳統主義的自由主義)이다.

윗글에서 서술한 것처럼 서복관은 중국 전통 문화는 자유정신을 결핍하지 않았다고 생각한다. 그는 심지어 「중국 자유 사회의 발현」(中國自由社會的創發)에서 공자를 예로 들어 중국 사회는 어떻게 그의 노력으로 인하여 비자유 사회에서 자유 사회로 전환하였는가를 설명하였다. 그렇지만 그는 또 동시에 이렇게 지적하였다.

> 공자가 발현한 자유 사회는 역사상으로 철저하게 완성되지 않았다. 왜냐하면 이것은 정치 중의 한 가지 기본적인 문제, 즉 정권의 운용 문제가 해결되지 않았기 때문이다. 유가는 다만 군주는 "역위"(易位)할 수 있음을 지적하여 "정주"(征誅)와 "선양"(禪讓)의 두 가지 역위 형식을 제시하였고, 동시에 역위라는 대권을 행사하는 것은 당연히 인민이라고 지적하였다. 그러나 인민은 어떻게 이 대권을 행사할 것인가는 해답을 제시하지 않아 오늘날 민주 정치의 실현을 기다려야만 하였다.[32)]

그러나 이것은 유가사상이 민주정치에 불리함을 의미하는가? 서복관은 이러한 논점을 부정한다. 그는 이렇게 생각하였다.

> 공자사상이 정치 방면에서 정상적으로 발전하려면 필연적으로 민주 정치의 길을 걸어가야 한다. 이 민주 정치는 유럽 민주 정치가 근거하였던 공리주의(功利主義)를 초월하고(반대가 아니다) 인간의 최고 이념인 "인"(仁)을 기초로 해야 한다. 그리하여 근대의 민주 정

32) 徐復觀, 『學術與政治之間』, 293쪽.

치를 더욱 순화시킴으로써 철저하게 제도상으로 해결할 수 없었던 문제를 해결할 수 있을 것이다.[33]

이 결론은 사람들로 하여금 의외이며, 심지어 무조건적으로 바라던 바라고 생각하도록 만들 것이다. 그러나 우리가 서복관의 전통과 자유주의에 대한 관점을 이해하고, 그의 이 두 가지 관계에 대한 관점을 이해하기만 한다면 이 결론은 말할 것도 없이 순리적이다. 왜냐하면 그의 관점에 의하면 덕성의 자유는 정치자유의 최종적 기초로, 즉 덕성을 통하여 자유정신을 표현하는 유가전통이 합당한 때를 만나면 민주정치로 발전할 수 있기 때문이다. 우리가 중국의 전통을 일종의 생명이 없는 피동적 존재로 보지 않는 한 우리는 이러한 발전의 가능성을 부정할 이유가 없다. 그러므로 서복관은 "유가 정신이 민주 정치에 장애가 된다"는 관점을 지적하여 "이것은 양심이 없는 민족의 적으로부터 나온 것이 아니라 너무 무지한 문화적 매판가에서 나온 것"이라고 생각하였다.[34]

유가 전통과 과학의 관계에 대하여 서복관의 관점은 약간 다른 점이 있다. 그는 몇몇 수구파들과는 달리 중국 전통 문화에 이미 과학이 있음을 증명하려고 시도하지 않았다. 뿐만 아니라 심지어 유가 전통에 자유정신이 있는 것처럼 과학 정신을 포함하고 있다고 생각하지도 않았다. 그는 「유가정신의 기본 성격과 그 한계와 신생」(儒家精神之基本性格及其限定與新生)에서 대담하게

33) 같은 책, 293-294쪽.
34) 같은 책, 293쪽.

이렇게 말하였다.

> 우리는 당연히 유가정신 중에는 과학이 결핍되었으며, 희랍에서 나온 정신 중에 과학이 없는 것과 같음을 빨리 승인해야 한다.[35]

그러나 그는 이어서 이렇게 강조하였다.

> 그러나 유가정신 중에는 결코 반과학적 성분은 존재하지 않는다.[36]

그렇지만 유가 정신에 과학이 결핍되었다면 그것은 어떻게 과학을 끌어들일 수 있고, 과학 발전의 장애가 되지 않을 수 있는가? 이 문제에 대하여 서복관은 아래와 같은 해석을 하였다.

> 유가정신에 과학이 없었던 것은 다만 도덕 실천성이 사색의 자유 발전을 제한했기 때문이다. 도덕적 주체를 중시함으로 말미암아 부지불식간에 사(事)와 물(物)의 객관성이라는 중요성을 감소시켜 가볍게 만들었다. 그러나 이러한 제한과 경감은 결코 도덕 자체의 필연성에서 나온 것이 아니라 다만 실마리를 펼칠 때의 정신이 추구하는 중점이 다른 것에서 말미암은 것이다. 이 때문에 인성의 한 측면이 발전하였던 편벽됨으로 인하여 과학의 성과를 자각하지 못한 것은 인성의 또 다른 측면의 성과이다. 중국이 현대과학의 자극으로 인해 더욱 인성의 전면을 살펴볼 수 있게 된다면 과학 따라잡기에 필요할 뿐만 아니라 만물의 본성[物之性]을 다하고 만물의 공[萬物之

35) 徐復觀著・蕭欣義編, 『儒家政治思想與民主自由人權』, 81쪽.
36) 위와 같음.

功]을 이루어 인성 안의 도덕성으로 하여금 더욱 객관화하여 사물에 이르도록 할 수 있을 것이다. 그리하여 실제적으로 사물에 이르게 되어 더욱 도덕성이 일상의 인륜관계에서 효과를 거둘 수 있고 도덕성과 함께 부단히 충실하게 될 것이다.[37)]

이 단락의 말은 두 가지 차원의 의미를 포함한다. 첫째, 유가 전통 중에는 분명 과학이 결핍되어 있지만 과학이 지성의 표현으로 인성의 부분적 성취를 대표한다면 중국인은 자연히 현대 과학의 자극으로 그 지성을 발전시켜 과학을 그 전통 안에 받아들일 수 있다. 둘째, 전통 유가는 덕성(德性: 仁性)의 발전에 편중하였다. 그러나 덕성의 실현은 과학지식에 의거해야만 하는 것이므로 덕성 자체는 지성의 발전을 요구하여 과학지식을 성취한다. 그러므로 서복관은 이렇게 지적하였다.

중국의 이후 문화는 한 편으로는 인성(仁性)을 회복해야 하고, 동시에, "인(仁)을 전환하여 지(智)를 이루어"(轉仁成智) 지성이 도덕주체의 함양(涵養) 안에 있도록 해야 하지만, 도덕 형식의 속박을 받지 않도록 해야 한다. 이렇게 하여 중국문화는 인간의 대본(大本) 아래에서 인문과학과 자연과학을 이루게 될 것이다. 이와 같은 인성의 온전함[人性之全]을 깨달을 때에 신생(新生)이 곧 전진(轉進)이라는 이중의 노력이 필요할 뿐만 아니라 절대적으로 가능할 것이다.[38)]

이 단락의 말은 "전통의 주체론"의 관점에서만 그 의미를 드러낸다. 왜냐하면 우리가 전통을 인간의 주체적 신분으로서 창조적

37) 같은 책, 82쪽.
38) 같은 책, 97쪽.

과정에 주동적으로 참여하는 것으로 보지 않으면 이해할 수 없기 때문이다. 과학을 결핍한 전통은 어떻게 과학을 발전시킬 수 있는가? 이것 역시 중국 전통문화에 대한 이해와 평가에서 서복관, 은해광 두 사람의 서로 다른 전통관이 어떻게 결정되었는가를 보여준다.

6

아래에서 필자는 위에서 서술한 두 가지 문제를 구분하여 서복관, 은해광 두 사람의 논쟁을 평가하고자 한다. 먼저 "민주자유는 도덕 기초를 필요로 하는가?"라는 문제로 말하면 그들 사이의 대립은 표면적으로 볼 때 그렇게까지 심각한 것 같지 않다. 필자는 위의 글 제2절 「자유의 토론」(自由的討論)(『민주평론』 제5권 제6기, 1954년 3월 20일 발간되었다)에서 서복관이 뇌진에게 보낸 편지 가운데 나타난 관점을 인용하였다.

> 나는 줄곧 도덕에만 의거해서 정치 문제를 해결할 수 없고 도덕의 자유는 정치적 인권 자유를 대체할 수 없다고 생각하였다. 또 정치적으로 자유를 실현하는 것은 기타 자유의 선결 조건이 된다고 인정하였다. 그러나 나는 도덕은 반드시 정치와 격리되고 도덕 자유는 반드시 정치 자유와 격리되어야 한다고 생각하지는 않는다.(16쪽)

은해광은 뇌진의 이름으로 이 관점을 겨냥하여 이렇게 대답하였다.

> 민주정치는 결코 반도덕을 담고 있지 않다. 오히려 반대로 그것은 도덕의 실현에 가능한 환경을 창조할 수 있다. "안으로부터 밖으로 나아간다"(自內而外)는 것으로 말하면 도덕은 민주에 선행한다. 그러나 "밖으로부터 안으로 나아간다"(自外而內)로 말하면 민주는 도덕에 선행한다. 이 둘에서 누가 먼저고 누가 나중인가는 완전히 상대적이다.(17쪽)

이것은 다음과 같은 말이다. 민주정치는 그 내재적 기초로써 반드시 도덕을 미리 갖추어야 하지만, 도덕의 실현은 반드시 민주정치를 외재적 조건으로 삼아야 한다. 만약 은해광의 견해가 여기에만 머물렀다면 그와 서복관의 이 문제에 관한 관점에는 분명한 차이가 없다. 단지 서복관이 민주정치는 반드시 도덕을 기초로 삼아야 한다는 것을 강조하였다면, 상대적으로 은해광은 도덕의 실현은 제도의 측면에서의 설계를 필요로 한다는 것을 강조한 것이다.

1965년에 은해광은 다시 「자유의 윤리적 기초」(自由的倫理基礎)를 발표하여 자유를 "외부자유"(外部自由)와 "내심자유"(內心自由)로 구분하고 또 이렇게 강조하였다. "내심자유는 모든 자유의 출발점이다."[39] 그 자신의 해석에 의하면, 이른바 "내심자유"에는 두 가지 의미가 있다. 하나는 도덕적 의미로 "우리의 내심 '이성'(理性)이 '정욕'(情欲)을 극복한 것이다." 다른 하나는 "마음을 개방한 자유"로 마음은 시대와 환경의 한계를 초월할 수 있음을 의미한다.[40] "외부자유"는 "외부의 속박을 벗어난 자유"를 가

---

39) 林正弘主編, 『殷海光全集』, 『學術與思想』, 1175쪽.

40) 같은 책, 1176-1178쪽 참조.

리킨다.[41] 그는 이 두 가지 자유의 관계를 아래와 같이 귀결시킨다.

> ……"마음의 자유"[心靈自由] 혹은 "내부자유"(內部自由)는 자유의 출발점일 뿐만 아니라 "마음의 자유"가 없으면 곧 "외부자유"는 없다. 그러나 이것으로부터 "마음의 자유"가 있다고 해서 곧 "외부자유"가 있다고 추론할 수는 없다. 이 둘은 각각 다른 층차의 세계[層界]에 있다.[42]

은해광의 이 만년의 작품에서 우리는 다음과 같은 점을 더 분명하게 볼 수 있다. 정치자유와 도덕자유의 관계에 대한 서복관, 은해광 두 사람의 관점은 이미 매우 근접하였다.

그렇지만 그들 사이의 논쟁은 단지 오해에서 나온 것인가, 혹은 근본적으로는 감정적인[意氣] 논쟁인가? 사실은 그렇지 않다. 필자의 생각에는 은해광이 이 문제에 있어서 신유가에 했던 공격에는 더 나아간 사상적 배경이 있다. 이것은 두 가지 점으로 설명할 수 있다. 첫째, 은해광이 비록 "외부자유"는 반드시 "내심자유"를 기초로 삼아야 한다고 했지만, 논리 경험론을 받아들이고 형이상학에 반대하는 그의 태도로 말미암아 신유가(특히 모종삼, 당군의 두 사람)의 형이상학을 통하여 도덕자유를 증명하는 것에 대해서는 매우 반대하였다. 둘째, 신유가는 전통 유가의 "내성외왕"(內聖外王)의 기본 관점을 답습하여 도덕 가치를 모든 가치의 핵심으로 보지만, 은해광은 이것을 "범도덕주의"이고 도덕가치의

41) 같은 책, 1173쪽.

42) 같은 책, 1178쪽.

과도한 팽창이라 생각하였다.

현대 서양철학(특히 영·미철학) 중에는 강렬한 반 형이상학적 사조가 있는데, 그 가운데 논리 경험론이 대표적이다. 이 글에서 필자는 이러한 반 형이상학적 사조에 대하여 평가할 생각은 없다(또 불가능하다). 이 글의 목적은 단지 이런 점을 강조하는데 있다. 논리 경험론의 관점은 사실 민주와 도덕의 관계에 관한 은해광의 관점을 지지하기에는 부족하다. 이 점은 임정홍(林正弘)이 이미 「한 자유주의자의 민주과학관」(一個自由主義者的民主科學觀)에서 지적하였다.[43] 논리 경험론자가 제기한 "경험 의미의 판단기준"(經驗意義的判準)에 의하면 윤리명제는 감관경험을 빌어 검증할 수 있는 경험명제가 아닐 뿐만 아니라 논리 분석을 통하여 그 진위를 판정할 수 있는 분석명제도 아니다. 그러므로 인식의 의미가 없다. 그렇지만 논리 경험론자는 결코 윤리명제의 의미를 완전히 부정하지 않는다. 그렇다면 그 의미는 어디에 있는가? 그들은 결코 적극적으로 설명하지 않는다. M. 쉬리크(Moritz Schlick)의 『윤리학의 문제』(Fragen der Ethik)와 A. J. 에이어(Alfred Jules Ayer)의 『언어, 진리와 논리』(Language, Truth and Logic) 이외에 윤리학 문제에 대한 논리 경험논자의 토론은 매우 적다. 그러나 은해광의 입장은 다르다. 임정홍은 이렇게 말한다.

> 그는 도덕문제에 매우 관심이 있다. 그가 자유 민주를 제창하고 시정(時政)을 비판한 것은 모두 특정한 도덕 표준을 기초로 삼는다.[44]

43) 이 글은 中國論壇編委會主編, 『知識分子與臺灣發展』(臺北: 中國論壇雜志, 1989)에 수록되었다.

44) 같은 책, 417쪽.

만약 은해광이 신유가가 형이상학을 통하여 도덕 이상을 긍정하고 도덕 자유가 성립한다는 것을 증명하는 것에 대해 불만이라면, 그는 그의 관점에서 해명해야 할 의무가 있다. 그러나 우리는 은해광의 저작 중에서 윤리명제의 의미와 판단기준에 대해 그가 논리 경험론의 관점에서 했던 설명을 거의 찾아볼 수 없다. 그러므로 필자는 임정홍의 이러한 주장에 동의한다.

> 사상가의 표준으로 평단(評斷)하는 것, 이것은 은해광의 사상 작업 중에서 불충분한 점이다.[45)]

은해광이 신유가를 "범도덕주의"라고 지적한 것에 대해 서복관은 「중국 문화 부흥의 몇 가지 관념 문제」(中國文化復興的若干觀念問題)에서 논박하였다. 그는 아래와 같이 썼다.

> 어떤 사람은 중국 문화는 범도덕주의 문화이고, 중국 문화를 부흥하면 곧 범도덕주의를 이끌게 된다고 말한다. 이러한 사람들의 마음속에는 무엇이든지 "범"(泛)자를 덧붙이는데, 그것에 대하여 사형선고를 방불케 한다고 생각한다. ……도덕 문제로 말하면 도덕이 각기 개인의 생명 중에 뿌리를 내린 것임을 승인한다고 가정하고 또 일종의 존재라고 한다면 "도는 잠시도 떨어질 수 없다"(道也者不可須臾離也)는 말을 인정하지 않을 수 없다. 그러나 어떤 때에는 "날마다 사용하지만 알지 못하는"(日用而不知) 것이고, 어떤 때에는 도덕, 부도덕의 문제가 발생하지 않을 경우 곧 감추어져서 나타나지 않는다. 그러나 일단 도덕, 부도덕의 문제를 만나게 되면 곧 도덕의 주체 —

45) 같은 책, 418쪽.

> 양심으로 판단하게 되는데, 이것에 무슨 범(泛), 불범(不泛)의 문제가 있는가? 또 왜 그것의 "범"을 두려워하여 자신은 어두운 곳으로 달아나기를 바라면서 감히 밝은 곳으로 나오려 하지 않는가?[46]

은해광이 말하는 "범도덕주의"는 지나치게 도덕 가치를 강조하여 그 밖의 문화 영역이 그 독립적 의미를 잃게 만드는 일종의 환원주의[化約主義]를 지적한 것이다. 전통 유가는 내성을 외왕의 기초로 삼는 것, 즉 정치는 반드시 도덕을 기초로 해야 한다는 것을 견지한다. 그러나 다만 이러한 점만을 가지고 말하면 전통 유가는 일종의 "범도덕주의"를 포함한다고 단언하기에는 부족하다. 도덕과 정치의 관계를 말할 때 우리가 전통 유가는 도덕원칙을 직접적으로 정치 영역에까지 확장하여 정치 영역의 독립성을 말살한다는 것을 증명하지 못한다면, 그것을 "범도덕주의"라고 지적하기 어렵다.[47] 서복관은 「논어의 "백성이 믿지 않으면 설 수 없다"를 논함」(釋論語"民無信不立")에서 아래와 같이 지적하였다.

> 공맹 내지는 선진 유가가 수기(修己) 방면에서 제기한 표준은 곧 학술상에서 세운 표준으로서 치인(治人) 방면에서 제기한 표준, 곧 정치상에서 세운 표준과는 분명히 다른 것이다. 수기의 학술상 표준은 언제나 자연생명이 부단히 덕성을 향해 상승하는 것이지 결코 자연생명에서 만족하거나 자연생명의 요구에서 가치를 세우는 것이

46) 徐復觀, 『徐復觀文存』(臺北: 臺灣學生書局, 1991), 178쪽.
47) 이러한 지적에 대해서는 필자가 일찍이 「論所謂"儒家的泛道德主義"」를 써서 상세하게 분석하였으므로 참고할 수 있다. 이 글은 필자의 『儒學與現代意識』에 수록하였다.

아니다. 치인의 정치상 표준은 당연히 덕성의 표준을 인정하는 것이다. 그러나 이것은 단지 두 번째의 지위를 차지하는 것으로, 반드시 인민의 자연생명의 요구가 첫 번째의 지위를 차지한다. 치인의 정치상 가치는 먼저 인민의 자연생명 요구에서 세우는 것이다. 그 밖의 가치는 반드시 이 가치에 덧붙여야만 비로소 그 가치가 있게 된다.[48]

이 글은 다음과 같은 것을 나타낸다. 전통 유가는 결코 직접적으로 도덕원칙을 정치원칙으로 삼는 것이 아니고, 이것은 정치 영역이 도덕 영역에 상대적으로 그 독립성을 가지고 있음을 승인하는 것이다. 서복관은 「유가의 수기와 치인에서의 구별과 그 의의」(儒家在修己與治人上的區別及其意義)에서 이 의미를 한 걸음 더 나아가 나타내었다.

유가는 통치자가 인민이 좋아하고 싫어하는 것을 표준으로 삼는 정치사상을 요구할 뿐만 아니라 심도 있는 민주 정치의 정신을 함육(涵育)하는 것을 요구한다. 또 수기와 치인의 표준상 구분은 실은 오늘날 민주 정치에 기초가 없는 문제를 해결하려는 이론상의 결합[糾結]으로, 이것은 독재와 민주가 뒤섞이지 않도록 하기 위한 것이다. 이것 역시 하나의 기적이라고 말하지 않을 수 없다.[49]

그러나 다른 측면에서 서복관 역시 중국 전통 정치사상의 한계를 깊이 알고 있었다. 이 한계는 곧 이른바 "이중주체성"(二重主體性)의 모순이다. 이 모순의 해결은 제도상의 설계, 곧 민주제

---

48) 徐復觀, 『學術與政治之間』 (臺北: 臺灣學生書局, 1980), 299쪽.

49) 같은 책, 238-239쪽.

도의 건립에 달려있다. 그러므로 그는 「중국의 치도 — 육선공전집서를 읽은 후에」에서 아래와 같이 지적하였다.

> 중국 역사상의 성현은 "군심"(君心) 방면에서 이 모순을 해결하였고, 도덕 방면에서 이 모순을 해결하였다. 그러나 근대의 민주정치는 제도상에서, 법제상에서 이 모순을 해결하였다.[50)]

전자는 즉 중국 전통의 "덕치"사상이다. 그러나 문제는 이렇다. 이 모순을 해결하는 길은 군주에게 성인이 가지고 있는 수양을 요구하는 것이지만, 이것은 현실적으로 바랄 수는 있어도 구할 수 없는 것이므로 진정한 해결의 길이 아니다. 따라서 서복관은 다음과 같이 생각하였다.

> ……중국 역사 중의 정치적 모순 및 이 모순으로부터 생겨난 정치적 비극은 민주 정치에 의해서만 자연스럽게 해결될 수 있다. 민주 정치를 중국의 정치사상으로 받아들이는 것은 정치의 "덕"을 객관화하여 사람들이 실행할 수 있는 제도를 만드는 길 뿐이다. 이 길은 당연한 것으로 자연스럽고 쉽지만 견강부회(牽强附會)는 아니다. 그러므로 나는 항상 중국문화를 진정으로 이해하고 존중하는 사람은 반드시 오늘날 민주정치를 위한 노력이 곧 중국의 "성인은 궁박함이 때때로 있다"(聖人有時而窮)는 길과 통하게 되고, 이것은 중국문화 발전에 필요로 하는 것임을 믿어야한다고 말한다.[51)]

이러한 주장은 비록 전통 유가 "내성외왕"의 기본 관점을 남

---

50) 같은 책, 125쪽.

51) 같은 책, 126쪽.

겨둔 것이기는 하지만, 또한 "덕치"사상의 형식을 돌파하여 정치와 도덕의 구분을 더욱 분명하게 하였다. 이러한 상황에서 만약 여전히 이것을 "범도덕주의"라고 말하면 분명 공평한 논의가 아니다.

7

"중국 전통 문화는 과학의 발전과 민주정치의 건립에 방해가 되는가?"의 문제로 말하면 이 문제에 대한 은해광의 관점이 그의 중국 전통 문화에 대한 태도를 결정하였다. 비록 그가 의식적으로 5·4신문화 운동 시기의 반 전통 사상과 분명한 선을 그었지만 "경험론자의 태도"로 중국 전통 문화를 보았다. 그러나 그가 중국 전통 문화에는 민주와 과학의 발전에 장애가 있음을 인식하였다면, 그가 "전통의 도구론"에서 출발하여 중국 전통 문화에 엄격한 비판을 가한 것은 이상한 것이 아니다. 그러나 그 비판의 엄격함은 5·4신문화 운동의 인물들에게 뒤떨어지지 않을 것이다.

은해광은 『중국문화의 전망』(中國文化的展望)에서 영국 사상가 F. A 하이예크(Friedrich A. von Hayek)의 유럽 보수주의에 대한 비판을 인용하고, 이것을 빌어 중국의 보수주의를 비판하였다.[52] 그가 인용한 것은 하이예크가 그의 『자유의 헌장』(自由的憲章: *The Constitution of Liberty*) 후면에 덧붙인 부록 「나는 왜 보수주

---

52) 林正弘主編, 『殷海光全集』, 『中國文化的展望』, 291-306쪽.

의자가 아닌가?」(我爲何不是個保守主義者?)이다. 하이예크의 이 글은 주로 유럽의 보수주의자 — 예를 들어 콜리지(S. T. Coleridge), 보날드(L. G. A. Bonald), 마이스트르(Joseph de Maistre), 뫼세르(Justus Möser), 코르테스(Donoso Cortès) 등으로 특히 영국 토리(Tory)당 사람들 — 를 겨냥한 것으로, 그들은 변화를 두려워하여 사회의 자유 신장을 거부하였다.

그러나 의식적이었는지 무의식적이었는지 여부는 알 수 없지만 은해광은 유독 하이예크의 이 책 제4장 "자유, 이성과 전통" 중의 "전통"과 관계가 있는 견해만을 언급하지 않았다. 하이예크는 이 장에서 자유 이론의 두 가지 전통을 구분하였다. 하나는 경험적, 비계통적 전통이고, 다른 하나는 사변적, 이성주의적 전통이다.

> 전자는 자발적 성장, 그러나 완전히 이해하지 못한 전통과 제도에 대한 해석 위에 세워진 것이고, 후자는 유토피아를 건설하는 것을 목표를 삼았지만 이러한 일은 사람들이 실험해보았지만 성공한 적이 없는 것이다.[53]

거칠게 말해서 우리는 이 두 가지 전통을 구분하여 "영국식 전통"[英國傳統]과 "프랑스식 전통"[法國傳統]으로 부를 수 있다. 왜냐하면 전자는 주로 몇몇 영국 철학자 혹은 사상가들 — 예를 들어 흄(David Hume), 아담 스미스(Adam Smith), 퍼거슨(Adam Ferguson), 터커(Josiah Tucker), 버크(Edmund Burke), 페일리(William

53) F. A. von Hayek, *The Constitution of Liberty* (London 1960), p. 54.

Paley)과 같은 — 에 의해 형성된 것이고, 후자는 프랑스 철학자 데카르트(René Decarte)의 이성주의 영향을 깊이 받은 것으로, 프랑스 백과전서파(百科全書派), 중농학파(重農學派), 루소(Jean-Jaques Rousseau) 및 콩도르세(Marquis de Condorcet)를 대표로 하기 때문이다.[54] 그는 심지어 헤겔과 마르크스 역시 이 전통에 귀결시킨다.[55]

하이예크는 한 걸음 더 나아가 이렇게 지적하였다. 이 두 가지 자유 이론 사이의 가장 큰 차이는 그들이 전통의 역할 및 기타 일체의 무의식적 성장 결과(예를 들어 풍속, 습관, 관례, 자연스럽게 형성된 제도)의 가치에 대해 견지하고 있는 관점에 있다.[56] 그는 이렇게 썼다.

> 만약 이점에서 말하면 이성주의의 길은 자유의 독특한 성과와 완전히 배치되고, 또 자유의 가치를 무시하는 것과 같다고 하는 것은 타당한 평가라고 할 수 있다. 무릇 일체의 유용한 제도는 모두 의도적으로 설계한 것이라고 믿고, 의도적인 설계를 거치지 않은 제도는 인간에게 유리한 것이라고 여기지 않는 사람은 필연적으로 자유의 적이 될 것이다. 그들에게 자유는 혼돈을 의미한다.[57]

그에게 있어서 프랑스 전통의 자유 이론이 반대로 자유의 적이 된 것은 인간 이성의 역량을 지나치게 높게 평가하여 이성의

54) 같은 책, p. 55f.

55) F. A. von Hayek, *Studies in Philosophy, Politics and Economics* (Chicago 1967), p. 95.

56) F. A. von Hayek, *The Constitution of Liberty*, p. 61.

57) 위와 같음.

설계를 빌어 자유로운 사회를 창조할 수 있다고 생각했기 때문이다. 인간 이성의 역량을 지나치게 높게 평가하기 때문에 그것은 자연히 이성의 설계에 의하여 나온 것이 아닌 전통과 제도를 억압하게 되고, 그 결과 자유 사회의 성장에 필요한 "자율적 질서"[自發秩序: spontaneous order]를 말살하였다.[58] 반대로 그는 이렇게 생각하였다. 영국 전통의 자유 이론은 인간 이성의 한계에 대한 경각이 있었으므로 전통 및 자연스러운 변화에서 나온 모든 제도를 중시하였고, 이렇게 함으로써 반대로 자유를 보장할 수 있었다. 그러므로 그는 아래와 같이 말하였다.

> 다른 한 측면에서 경험주의적 변화의 전통에 대하여 말하면, 자유의 가치는 주로 설계되지 않은 것의 성장이 제공하는 기회에 있고, 자유 사회의 유익한 기능은 대체로 이러한 자유 성장의 제도에 의거한다. 만약 장기적 성장의 제도, 풍속, 습관과 "모든 장기적 관례 및 고유한 방식의 규제가 낳은 자유를 보장하는 조치"에 대한 진정한 존중이 없다면 아마도 진정으로 자유를 믿는 사람이 있을 수 없고, 또 분명 자유로운 사회를 만들려고 시도하더라도 성공하는 사람은 없을 것이다. 성공한 자유 사회는 매우 큰 범위 안에서 언제나 전통의 구속을 받는 사회인데, 이것은 혹 패러독스로 나타나지만 (자유사회의 모습은) 참으로 이와 같을 것이다.[59]

필자는 여기에서 하이예크의 자유 이론에 대하여 진전된 탐구를 할 생각은 없고 다만 한 가지 사실을 지적하고자 한다. 은해

---

58) 같은 책, p.160 참조. F. A. von Hayek: *Law, Legislation and Liberty*, Vol. 1: *Rules and Order* (Chicago 1973), pp. 35-54.

59) F. A. von Hayek: *The Constitution of Liberty*, p. 61.

광이 하이예크의 이론을 빌어 신유가를 비판할 때 그는 의식적이든 무의식적이든 하이예크 사상 중에서 신유가의 관점에 유리한 논점을 생략해버렸다는 것이다. 더욱 역설적인 것은 우리가 신유가와 중국 자유주의의 자유 이론을 하이예크가 말한 "프랑스 전통"과 "영국 전통"의 자유 이론과 서로 비교할 때 하이예크의 학설과는 정반대의 현상을 발견하게 된다는 점이다. 중국에서 전통에 대하여 엄격한 비판적 태도를 견지한 것은 경험론자로 자임하거나 혹은 적어도 경험론적 경향이 있는 자유주의자이고, 전통에 대하여 동정과 경의를 품고 있는 자는 반대로 은해광이 헤겔과 동조하는 것으로 본 신유가이다. 만약 하이예크가 이 사실을 알았다면 그가 은해광 등과 같은 사람들은 진정한 자유주의자가 아니라고 생각하였을지는 알 수 없지 않는가? 혹은 그 자신의 관점을 바꿀 수 있을까?

8

몇몇 문헌에서 표출한 것과 은해광의 몇몇 제자들이 오래 전에 제시한 것처럼, 그의 중국 전통 문화에 대한 태도는 만년에 이르러 분명한 변화가 있었다. 은해광은 만년에 병으로 쓰러진 가운데 행한 대화를 그 문인들이 기록하였는데, 진고응(陳鼓應)에 의하여 『은해광의 마지막 대화 — 춘잠토사』(殷海光最後的話語 — 春蠶吐絲)로 집성되었다. 이 책 중에 수록된 약간의 언론은 분명히 은해광의 중국 전통 문화에 대한 관점이 이미 크게 변화하였음을 나타내었다. 예를 들어 그는 이렇게 말하였다.

현대인이 전통을 말하는데 전통이 무엇인지 모른다는 것인가? 그 근본 이유는 현대인이 전통으로부터 버려졌기(棄兒) 때문이다. 전통은 결코 보수(保守)와 동등한 것이 아니다. 전통은 곧 대대로 전해진 문명의 결정(結晶), 지식의 누적, 행위의 규범이다. 전통은 인류 공동의 자산으로 각각의 문화인이 사실상 공유하고 있는 것이다.[60)]

많은 사람들이 근대 서양의 자유사상을 가지고 고대 중국을 평가한 후에 공격을 하는데(호적과 나는 이전에 이러한 잘못을 범하였다) 아래와 같은 것을 보려고 생각하지 않는다. 사상적으로 보면 노자와 장자의 세계는 얼마나 자유자재(自由自在)한 것인가? 특히 장자에서 마음은 얼마나 개방적인가?(개방적 사회를 건립하려면 먼저 반드시 개방적 마음을 가져야 한다) 사회적 측면에서 볼 때 중국은 강대한 황제 통치제도[帝制] 아래 인민은 오히려 매우 큰 사회적 자유를 누리고 있었다. 유태교와 회교를 가지고 말하면 공자교[孔教]에 비하여 전제적 독단[專斷]이 매우 심하였다. 역사적 사회는 역사적 사회와 비교해야 하는 것으로 역사적 사회와 근대 서양의 사회를 비교하는 것은 근본적으로 잘못된 것이다.[61)]

그 자신은 이러한 변화의 원인에 대하여 아래와 같은 분석을 하였다.

내가 입장이 바뀌어 중국 문화를 좋아하게 된 데에는 네 가지 원인이 있다. (1) 반성에 대해 사고하는 가운데 얻은 이해이다. 중국 문화의 생명에 대한 통찰, 인생 활동의 안배에 대하여 나는 점차 비교적 깊은 인식을 갖게 되었다. (2) 생활의 경험에서 체득하였다.

---

60) 陳鼓應, 『殷海光最後的話語—春蠶吐絲』 (臺北: 環宇出版社, 1972), 34쪽.

61) 위의 같음.

> 이전의 시골 생활을 회고해 보면 이러한 생활은 사람들에게 신선하고, 안정되고, 아름답고, 편안하고, 자유로움을 주는데 — 이것이 바로 사람이 사는 생활이고 사람이 마땅히 살아가야할 생활로, 이러한 생활은 중국 문화의 근원에서 나온 것이다. (3) 나는 아이센슈타트(Eisenstadt), 파슨스(Parsons) 등과 같은 사람들의 영향을 받았다. (4) 최근에 장호와 서 선생의 자극을 받아 나의 중국 문화에 대한 생각을 이끌었다.[62]

여기에서 제기한 "서 선생"(徐先生)은 당연히 서복관이다. 위정통(韋政通)의 「내가 알고 있는 은해광 선생」(我所知道的殷海光先生)에 의하면 은해광은 그 생명의 마지막 시기 몇 년 사이 그가 당시에 신유가와의 사이에 대처되었던 것에 대하여 자못 후회하면서 이것은 "매우 잘못된 일"이라고 인정하였다.[63] 이러한 후회는 분명 그 사상 전환의 결과이다.

은해광이 만년에 사상적으로 전환한 것은 그의 중국 전통 문화에 대한 관점과 태도에 영향을 미쳤을 뿐만 아니라 그가 한결같이 믿었던 논리 경험론에도 영향을 주었다. 그는 논리 경험론에 대하여 입장을 바꾸어 아래와 같은 비판을 제기하였다.

> 논리 경험론에는 하나의 가정이 있는데, 일체의 지식은 모두 "정합"(unity)할 수 있다고 생각하는 것으로, 논리 경험론의 이러한 발전은 결과적으로 "지식의 극단주의"[知識的極權主義]를 조성하였다. ……논리 경험론이 사람으로 하여금 가장 불만족스럽게 하는 것은 다음과 같다. 머릿속의 문제를 해결하면 곧바로 인생의 문제를 해

62) 같은 책, 56-57쪽.

63) 林正弘主編, 『殷海光全集』, 『殷海光紀念集』, 58쪽; 72-73쪽 참조.

> 결할 수 있다고 생각하는 것이다. 사실 사람의 문제는 결코 이것에 그치는 것이 아니다. 사람의 가장 중요한 문제는 마음의 문제이다. 머릿속의 문제는 "건드리는 것"(touch)이다. 마음의 문제를 확정할 수 없었으므로 논리경험론은 곧 마음의 "거짓된 문제"(pseudo problem)라 생각하였다. 아마도 논리경험론의 논점으로 볼 때, 마음의 문제는 "거짓된 문제"이지만, 그러나 그것은 오히려 "진실한 문제"(genuine problem)이다.[64]

이러한 전환은 더욱 근본적인 의미가 있다. 왜냐하면 그는 원래 논리 경험론의 관점에 근거하여 중국 전통 문화를 비판하였기 때문이다. 이러한 기본 관점이 이미 동요되었기 때문에 그의 중국 전통 문화와 자유주의의 관계에 대한 견해 역시 그에 따라 동요하게 되었다. 그러므로 그는 이렇게 표시하였다.

> 중국의 전통과 서양의 자유주의는 어떻게 소통할 것인가? 이 문제는 우리가 깊이 사고해볼 만한 가치가 있다. 만약 나의 병이 좋아지면 나는 이 문제에 대하여 좀 더 공부를 하고 연구해 볼 생각이다.[65]

이것은 다음과 같은 점을 시사한다. 그는 이제 다시 중국 전통 문화와 자유주의를 대립적이어서 조화할 수 없는 것으로 보지 않는다.

은해광이 만년에 사상적으로 전환한 것은 위에서 증명하였던 문헌과 위정통의 보고 이외에 그의 가장 친밀했던 제자 임육생

---

64) 陳鼓應, 『殷海光最後的話語—春蠶吐絲』, 12-13쪽.

65) 같은 책, 33쪽.

(林毓生)과 장호(張灝) 두 사람 및 서복관으로부터 증명할 수 있다.[66] 그러나 우리가 지나치게 그의 이러한 전환을 과장하여 그와 신유가 사이에 여전히 존재하는 거리를 과소평가해서는 안 된다. 신유가 진영에서 그가 비교적 긍정할 수 있었던 인물은 서복관 뿐이었고, 전목·모종삼·당군의 세 사람에 대해서는 여전히 좋지 않았다. 세상을 떠나기 1년 전(1968년) 그가 노홍재(盧鴻材)에게 보낸 편지에 여전히 이러한 말이 있다.

> 사상적 노력의 진행 과정으로 말하면, 나는 호적을 적어도 백 년은 앞섰고, 당군의, 모종삼을 적어도 삼백 년은 넘었으며, 전목은 적어도 오백 년은 넘었다. ……이들 지식인들은 여러 가지 간판을 내걸고 퇴보에 힘을 썼지만 나는 멈추지 않고 여전히 앞으로 나갈 뿐이었다.[67]

그는 병으로 쓰러진 상태에서 중국 문화를 긍정한 동시에 오히려 또 이렇게 표시하였다.

> 중국 문화는 네 사람의 관점에 의거하여 파악할 수 없다. 첫째, 다윈의 진화론 관념에 근거할 수 없다. 이 관념은 수많은 사람들을 갈림길에 빠지도록 한다. 둘째, 칸트의 초험(超驗) 관념을 가지고 운용할 수 없다. 셋째, 헤겔철학을 통해서 할 수는 없다. 넷째, 마르크

66) 林毓生: 「殷海光先生終生奮鬪的永恒意義」(林正弘主編, 『殷海光全集』, 『殷海光紀念集』), 136쪽; 張灝: 「一個沒有走完的路」(林正弘主編, 『殷海光全集』, 『殷海光紀念集』), 165-170쪽; 徐復觀: 「痛悼吾敵, 痛悼吾友」, 『儒家政治思想與民主自由人權』, 328쪽.

67) 林正弘主編, 『殷海光全集』, 『殷海光書信集』, 320쪽.

> 스사상을 통해서 할 수는 없다.[68]

그 중의 두 번째와 세 번째는 분명 당군의와 모종삼 두 사람을 겨냥하여 말한 것이다. 필자의 판단에 의하면 그가 서복관의 관점을 받아들일 수 있었던 것은 한 편으로는 서복관이 중국 전통 문화의 어두운 면에 대하여 깊은 비판을 한 것이고, 다른 한 편으로는 서복관 자신이 사학자로 그의 사상 중에는 형이상학적 분위기가 비교적 적었기 때문이다.

장호 역시 중국 전통 문화에 대한 은해광 만년의 새로운 평가에 제한[限度]을 두고 있음을 주목하였다. 그가 「완주하지 못한 길」(一個沒有走完的路)에서 이렇게 지적한 것과 같다.

> 은 선생의 이 방면의 생각 혹은 느낌은 대부분 모호한 것이었지 분명한 것이 아니었고, 대부분 단편적인 것이었지 계통적이지 않았다. 그는 근대화에 대하여 때로는 갈피를 잡지 못하였지만 결코 그가 근대화에 반대하는 대표자는 아니었고, 더욱이 완전히 전통의 회포(懷抱)에 들어간 대표자도 아니었다. 적어도 내 개인적인 인상으로는 그가 세상을 떠나기 전에 그는 아직 중국문화에 대하여 가치상에서 강렬하고 분명한 긍정을 하지 않았다. 바꾸어 말해서 그의 중국 전통문화에 대한 새로운 평가는 인지(認知)와 정감의 의미가 비교적 강한 것이고 가치상의 긍정은 비교적 약하고 모호하였다.[69]

그러므로 우리는 이렇게 말할 수 있다. 은해광의 사상은 만년

---

68) 陳鼓應, 『殷海光最後的話語 — 春蠶吐絲』, 43쪽.

69) 林正弘主編, 『殷海光全集』, 『殷海光紀念集』, 167쪽.

에 전환하기 시작하였지만 그는 이러한 전환을 완성할 충분한 시간이 없었다. 만약 하늘이 그에게 시간을 빌려 주어 그가 관심을 가진 문제를 철저하게 생각할 수 있도록 허락하였다면 필자는 이러했을 것이라고 믿는다. 비록 그가 신유가의 관점에 완전히 동의하지는 않더라도 적어도 그들 사이의 거리는 아마도 조금은 축소되었을 것이다. 바로 이점으로 말하면 필자는 서복관이 「나의 적을 애통해 하며 슬퍼하고, 나의 벗을 애통해 하며 슬퍼하다」라는 글에서 하였던 은해광에 대한 평가에 동의한다.

> 그는 학술상의 과학 일원론(科學一元論)에서 과학 가치의 한정론(限定論)으로 전환하였다. 이것은 그의 학문에 대한 열정과 성실성을 설명해준다. 그는 당군의, 모종삼 두 선생에 대하여 줄곧 오해를 하였다. 그는 그가 전환한 방향이 곧 당군의, 모종삼 두 선생이 줄곧 해왔던 주장으로, 지식은 반드시 경험법칙 중에서 성취하지만 단지 지식에 의거한다면 결코 인생의 가치를 세울 수 없고 더욱이 인생의 가치를 대체하는 주장일 수 없다는 것에 대해 주목하지 못하였다.[70]

만약 우리가 호적을 제1세대 자유주의의 대표로 삼고 은해광을 제2세대의 대표로 삼는다면, 은해광의 제자 임육생, 장호 등과 같은 사람들은 제3세대를 대표하는데, 중국 자유주의의 발전이 점차 5·4신문화 운동 이후의 반 전통 사상의 경향을 취사선택하고 있음을 보여준다. 이러한 발전은 서복관이 줄곧 견지하였던 관점을 확인하는 것이다. 자유주의와 전통 사상은 결코 대립적인 것이 아니다. 이점으로 말하면 현대 신유가와 중국 자유주

---

70) 徐復觀, 蕭欣義編, 『儒家政治思想與民主自由人權』, 333쪽.

의 사이의 논쟁은 이미 역사가 되었다고 말할 수 있다. 그렇지만 우리가 지금 서복관, 은해광 두 사람이 적이자 친구였던 관계를 회고하는 가운데 필자는 「유학은 어떻게 민주와 과학을 펼칠 것인가?」(儒學如何開出民主與科學?)에서 표시하였던 관점을 다시 강조하고자 한다.

신유가와 자유주의의 기본 신념 사이에는 조화할 수 없는 근본적 모순은 없다.[71]

71) 李明輝, 『儒學與現代意識』, 16쪽.

제4장

유가사상에서 내재성과 초월성

현대 신유가는 항상 "초월성"과 "내재성"이라는 이 두 개념으로 전통 유가사상[특히 그 천도(天道) 사상]을 해석하면서 유가의 천도 혹은 기본 정신은 "초월하면서 내재한다"(超越而內在)라고 강조하여 서양 종교 중의 "초월하면서 외재한다"(超越而外在)라는 기본 형식과 서로 대비시킨다. 이것은 두 종류의 "초월성"(超越性) 개념에 관계된다. 우리가 그것을 "내재초월성"(內在超越性)과 "외재초월성"(外在超越性)으로 구분하여 불러도 문제가 되지 않을 것이다.

현대 신유가가 특히 유가사상에서 "내재초월성"을 상소하는 것은 주로 헤겔 이래 서양인의 중국 문화(특히 유가사상)에 대한 일종의 편견을 해명하기 위한 것이다. 헤겔은 『철학사 강연록』(哲學史講演錄)에서 공자사상에 대하여 아래와 같은 평론을 하였다.

> 우리에게는 공자와 그 제자 사이의 담화가 있는데 그 중에는 통속적 도덕을 포함하고 있다. 이러한 도덕은 우리가 어느 곳에서나

> 볼 수 있는 것으로 각 민족 중에서 모두 볼 수 있고 또 그것에 비하여 더 좋다. (그렇지만) 그것은 대단한 것이 아니다. 공자는 실천 철학자이다. 그에게는 사변철학이 전혀 없고 단지 양호하고 정명(精明)하며 도덕적인 교훈만이 있을 뿐으로, 우리는 그 안에서 어떤 특별한 것을 얻을 수 없다. 키케로의 『의무론』(義務論)은 도덕적 훈계의 책이다. 그것이 우리에게 주는 것은 공자의 저작보다 더 많고 좋다. 공자의 원래 저작에 근거하여 우리는 아래와 같이 비판할 수 있다. 만약 그것들이 일찍이 번역되지 않았다면 그의 명성에 더 좋았을 것이다.[1)]

이 관점에 의하면 공자는 단지 세상일을 통찰한 지자(智者)로 세속의 도덕을 선양하였지만 고원한 이상은 제시하지 않았던 인물이다. 이것은 이런 의미와 같다. 공자사상은 초월성을 결핍하고 있다.

그러므로 헤겔의 중국 종교에 대한 평가는 매우 낮다. 그는 『종교철학강의』(宗敎哲學講義)에서 중국 종교를 가장 저층의 "자연종교"(自然宗敎)에 귀속시키고, 자연 종교에서 그것은 단지 "직접 종교"(直接宗敎: 巫術을 말한다)보다 높지만 "실체적 종교"(實體的宗敎)에 속한다고 하였다. 그는 중국 종교의 "천"(天)을 다음과 같이 이해한다.

> 중국인의 천(天)은 세속 위에 형성된 독립된 왕국이 아니고 또 그 자체는 곧 이상적 왕국의 세계로 우리가 천사와 죽은 자의 영혼이

---

1) Hegel: *Vorlesungen über die Geschichte der Philosophie* in: G. W. F. Hegel: *Werke*, Theorie Werkausgabe (Frankfurt/M 1969ff.), Bd. 18, S. 141f.

> 사는 천국이 있다고 가정하는 것 혹은 희랍의 올림퍼스 산은 세속의 생활과 다르다고 하는 것과 같다. 그런데 세속에 있으며 일체의 역량을 가지고 있는 것은 모두 황제에 예속된다. 이것은 개별적 자아 의식으로 의도적인 방식을 가지고 이러한 완전한 통치를 수행한다.[2)]

바꾸어 말하면 중국 문화에서 "천"은 현실세계를 벗어날 수 없고, 또 그런 까닭에 이상을 충분히 지탱할 수 있는 초월성을 결핍하였다.

헤겔의 이러한 관점은 그 후 서양인[특히 한학가(漢學家)]의 중국 문화에 대한 시각에 깊은 영향을 주어 그들로 하여금 중국 문화에는 초월 정신이 결핍되었다고 생각하게 하는 인식을 형성하였다. 현대 신유가는 단연코 이러한 견해를 부인한다. 예를 들어 1958년 당군의(唐君毅), 모종삼(牟宗三), 장군매(張君勱) 및 서복관(徐復觀) 네 사람이 공동으로 발표한 〈중국문화를 위하여 세계 인사에게 삼가 알리는 선언〉(爲中國文化敬告世界人士宣言)[3)]에서 특히 이러한 관점을 논박하였다. 이 〈선언〉에서 이렇게 지적하였다. 중국 문화가 비록 서양과 같은 제도화된 종교는 없지만, 이것은 중국 민족이 단지 현실적 윤리도덕만을 중시하여 종교성의 초월 감정을 결핍하였음을 표시하는 것이 아니라 "중국 민족 종교성의 초월 감정 및 종교 정신은 윤리도덕을 중시하고 모두 하나의 근본이 되는 문화에서 연원하여 그 윤리도덕의 정신과 합

---

2) Hegel: *Vorlesungen über die Philosophie der Religion*, in: G. W. F. Hegel: *Werke*, Bd. 16, S. 320.

3) 이 〈宣言〉은 후에 唐君毅의 『中國人文與當今世界』(臺北: 臺灣學生書局, 1975) 및 『說中華民族之花果飄零』(臺北: 三民書局, 1974) 두 책에 수록되었고 「中國文化與世界」라 명칭을 바꾸었다.

일되어 나누어지지 않는다"는 것을 증명한다.[4] 이와 같이 윤리도덕과 나누어지지 않는 초월 감정 중에서 종교의 초월 정신은 결코 그것이 인륜도덕 안에 있는 것을 배척하지 않는다. 바꾸어 말하면 그 내재성과 초월성은 서로 대립되지 않으므로 이미 "내재초월성"(內在超越性) 개념이 암암리에 담겨 있다.

중국인의 종교 정신은 내재성을 강조한다. 이 점에 대해서는 그동안 논쟁이 거의 없었다. 그렇지만 그것은 초월 정신을 가지고 있는가? 이것은 오히려 매우 큰 논쟁을 불러 일으켰다. 위에서 설명한 헤겔의 관점이 하나의 예이다. 이 〈선언〉에 의하면 중국인의 종교적 성격의 초월 정신은 세 가지 측면에서 찾아볼 수 있다.

(1) 과거에 중국에서는 천지에 제사하고(祭天地), 조상을 섬기는 예(祖先之禮)가 있었는데, 이것은 곧 일종의 종교적 성격의 초월 감정을 표현한 것이다.[5]

(2) 중국 사상가가 제시한 "천인합덕"(天人合德), "천인합일"(天人合一), "천인불이"(天人不二), "천인동체"(天人同體) 등의 설에서 "천"의 함의는 분명 현실의 개체와 사람 사이의 관계를 초월한다.[6]

(3) 중국인의 의리의 학(義理之學)은 일종의 인의(仁義)의 가치 및 도 자체의 신앙을 포함하는 것이며, 인의의 가치를 개인 생명

---

4) 唐君毅: 『中華人文與當今世界』, 881쪽.

5) 같은 책, 881-882쪽 참조. 이밖에 당군의는 『中國人文精神之發展』 (臺北: 臺灣學生書局, 1974) 중에서도 三祭(祭天地, 祭祖先, 祭聖賢人物)의 종교적 의미를 논하였으므로 이 책 382-392쪽을 참조하라.

6) 唐君毅: 『中華人文與當今世界』, 882쪽 참조.

을 초월한 가치로 보기 때문에 필요한 때가 되면 사람은 자각적으로 살신성인(殺身成仁), 생명을 버리고 의를 취하는(捨生取義) 것이다. 이러한 신앙은 곧 일종의 종교적 성격의 초월 신앙이다.[7]

당연히 이러한 초월적 종교 정신은 그 내재성을 부정하지 않는 것으로 신유가가 항상 말하는 것과 같이 그것은 "초월하면서 또 내재하는"(旣超越又內在) 것이다. 중국인이 이해하는 "천"으로 말하면 당군의의 『중국문화의 정신가치』(中國文化之精神價值) 중의 한 단락에서 "초월하면서 또 내재하는" 그 특성을 설명하였는데 우리는 아래에서 서술하기로 한다.

> 중국사상의 천덕(天德)에서 지덕(地德)을 전개하고 천지를 병칭하는 것은 실로 지고한 형이상학과 종교적 지혜를 표시한다. 이것은 결코 천으로 하여금 그 통일성을 상실하게 하여 우주가 이원(二元)이 되게 하지 않는다. 오직 하나의 근본인 천이 지(地)를 펼쳐서 자연계를 포괄할 따름이다. 천이 자연계를 포괄하고, 그런 까닭에 또 "자연계에서 생겨난 사람, 사람과 함께 자연계에서 창조한 일체의 인문"(生于自然界之人, 與人在自然所創造的一切人文)을 포괄한다. 이 포괄한다는 말은 곧 감싸고 덮는 것(包而覆)이며 또 그것을 높이고 승화하는 것이다. 그러기에 천은 한 편으로는 그 초월성을 잃지 않아서 사람과 만물 위에 있고, 한 편으로는 또 사람과 만물 가운데 있는 것으로 흡사 사람과 만물의 좌우 혹은 아래에 있는 것과 같다 (이 두 가지의 의미는 바라문교와 서양 범신론사상 중에도 있다).[8]

이것으로 우리는 다음과 같은 점을 이해할 수 있다. 신유가의

7) 같은 책: 883-884쪽 참조.

8) 唐君毅: 『中國文化之精神價值』(臺北: 正中書局, 1974), 338쪽.

관점에 의하면 천의 초월성은 천과 현실적 존재로서 인간과 자연 사이에는 거리 혹은 장력이 있다. 바로 현실적 존재인 개인으로 말하면 이러한 거리 혹은 장력은 그가 일생 동안 분투를 해도 완전히 소실되지 않는다. 그러나 유가와 도가는 적어도 모두 인간의 현실 생명 중에서 이러한 거리 혹은 장력을 완전히 제거할 가능성이 항상 존재하기 때문에(비록 매우 어렵다고 하더라도) 피안 혹은 천국에서 구할 필요는 없다. 천의 내재성은 바로 이러한 의미를 포함한다. 여기에 인용한 당군의의 말에서 서양의 범신론을 인용하여 같은 의미라고 생각한다. 그러므로 서양 전통의 기독교 사상으로 볼 때 범신론은 이단으로 귀결시킬 수 없다. 이것으로 볼 때 그는 결코 서양 기독교 전통에서 신과 인간, 신과 자연의 이원적 대립이라는 사상 형식에 근거하여 천의 초월성을 이해하지는 않는다. 사실 현대 신유가의 대표적인 주요 인물들은 모두 아주 분명하다. 기독교 전통의 사상 형식에서 초월성과 내재성은 병존할 수 없다.

두유명(杜維明)은 심지어 이러한 "초월하면서 또 내재하는" 특성을 유가정신 방향의 특색이라 생각한다. 그는 「초월하면서 내재함 — 유가정신 방향의 특색」(超越而內在 — 儒家精神方向的特色)[9]이라는 제목의 방담록(訪談錄)이 있는데, 그 표제가 이러한 의미를 분명하게 나타낸다. 이 방담록에서 그는 두 가지 측면에서 유가사상의 이러한 "초월하면서 또 내재하는" 특성을 구분

9) 이 訪談錄은 그의 『儒學第三期發展的前景問題』(臺北: 聯經出版公司, 1989)에 수록되었다. [옮긴이] 이 책은 成均館大學校 學而會에 의해 『유학 제3기 발전에 관한 전망』(아세아문화사, 2007)으로 번역 출판되었다.

하여 설명하였다. 첫째, 사회철학 혹은 정치철학 측면에서 그는 이렇게 지적하였다. 유가의 궁극적 관심 혹은 이상은 현존하는 정치 사회의 구조 밖에서 그 실현을 구하는 것에 있지 않다. 그러므로 그는 이렇게 말하였다.

> 유가는 줄곧 현실 속에 이미 존재하는 사회정치적 구조 중에서 전환의 기능을 발휘하기를 희망한다. 이러한 각도에서 말하면 그것은 비교적 현실적이기 때문에, 그것의 초월적 이상성, 궁극적 관심은 기타 종교와 서로 비교할 때 비교적 약할 것이다. 더 확실하게 말하면 그것은 초월하면서 외재하는 것이 아니라 초월하면서 내재하는 것이다. 그것은 기존의 제도를 뒤집어 완전히 다른 제도에서 새로운 제도를 다시 세우는 것이 아니고, 기독교와 같이 천국으로 대표되는 가치와 세속의 가치가 확연히 다르거나, 혹은 불교와 같이 가장 원시적이면서 사람과 사람이 서로 만나 이룬 사회 구조를 타파하고서 사원[廟宇]을 중심으로 한 하나의 이상세계를 새로 구성하는 것이 아니다. 유가는 바로 우리가 앞에서 설명한 것과 같이 그것의 최고 도덕이상은 인간의 기본적 정감과 생물학적 본능 위에서 건립한 것이다. 이런 까닭에 그것은 사회의 원초적 관계에 대하여, 예를 들어 가정의 관계에 대하여 적극적으로 인정하는 태도를 취하여 그것이 개인들의 인격 완성에 방해가 되는 속박으로 삼지 않을 뿐만 아니라 그것이 인격의 완성을 촉진하는 진정한 현실적 기초로 생각한다. 이것은 우리가 이해하고 연구해야할 매우 가치가 있는 과제이다.[10]

둘째, 심성의 학(心性之學)이란 측면에서 그는 특히 이렇게 지적하였다. 유가사상에서 인간의 심(心), 성(性)과 천 사이에는 연

---

10) 杜維明, 『儒學第三期發展的前景問題』, 180쪽.

계가 있고 또 장력이 있다. 예를 들어 그는 아래와 같이 말하였다.

> 당신이 자신의 내재적 원천에 깊이 들어가면 갈수록 당신은 더욱 초월할 수 있다. 이것은 바로 맹자가 말한 "우물을 파서 샘에 이른다"(掘井及泉)는 것이다. 초월은 반드시 그 내재를 담보해야 하고 그 윤리는 반드시 형이상학적 초월의 차원에 이르러야만 최종적으로 완성할 수 있다. 윤리의 최고 완성은 "천인합일"(天人合一)이지만 그 최고의 "천"은 반드시 인륜세계에서 구체화되어야 한다. 초월해야 하면서 또 깊게 들어가야 하기에 이러한 장력이 있으며 중간의 연계는 단절된 것이 아니다. 이런 까닭에 이학가(理學家)가 말한 "태극"(太極), "천"(天), "리"(理) 등의 관념이 나타날 수 있다. 이러한 관념들은 한편으로는 성인이라 하더라도 알 수 없고, 다른 한 편으로 그것은 또 매우 평범한 것으로 서양의 신비주의와 같은 것은 없다.[11)]

그러므로 그에게 있어 유가는 내성의 측면이든 외왕의 측면이든 모두 이러한 "초월하면서 또 내재하는" 사상 특색을 충분히 표현하였다.

그렇지만 천이 동시에 초월성과 내재성을 가지고 있다는 점을 가장 분명하게 설명한 사람은 모종삼이다. 그는 『중국철학의 특질』(中國哲學的特質)에서 아래와 같이 기록하였다.

> 천도(天道)는 아주 높은 곳에 있어서 초월적 의미를 갖는다. (그러나) 천도가 사람의 몸에 관통[貫注]할 때에는 사람에게 내재하여 사람의 성(人之性)이 된다. 이때 천도는 또 내재적(Immanent)이다. 이런 까닭에 우리는 칸트가 좋아한 용어로 말하면 천도는 한편으로

---

11) 같은 책, 188쪽.

> 는 초월적(Transcendent)이고 다른 한편으로는 또 내재적(Immanent와 Transcendent는 상반되는 글자이다)이다. 천도는 초월적이며 또 내재적인 것으로 이때 종교와 도덕의 의미를 함께 갖는다. 종교는 초월적 의미를 중점으로 삼고, 도덕은 내재의 의미를 중점으로 삼는다고 말할 수 있다.[12)]

이것으로 볼 때 그가 천의 초월성과 내재성을 동시에 긍정한 것은 다음과 같은 점을 지적하기 위한 것이다. 유가사상은 사람들이 잘 알고 있는 인문정신 이외에 또 동시에 종교정신을 담고 있다. 만약 우리가 이것으로 인하여 유가사상을 일종의 종교로 본다면 이러한 종교는 형태상으로 분명 기독교로 대표되는 서방의 전통 종교와는 크게 다르다. 모종삼은 「인문주의와 종교」(人文主義與宗教)에서 특별히 그것을 "인문교"(人文教)라 칭하였다. 또 그 특성을 아래와 같이 설명하였다.

> 유가가 긍정하는 인륜(人倫: 倫常)은 비록 바뀔 수 없는 것이지만 하나의 주의(主義) 혹은 이론이 아니기 때문에 현실생활 중의 인륜은 종교가 될 수 없다. 반드시 인륜을 버리지 않고 인륜으로부터 진선미(眞善美)의 "신성의 실질"(神性之實) 혹은 "가치의 근원"(價值之源), 다시 말해 보편적 도덕실체를 인증하고 긍정한 후에야 종교가 될 수 있다. 이 보편적 도덕실체를 나는 "출세간법"(出世間法)이라 말하지 않고 단지 초월실체라 말할 뿐이다. 그러므로 초월이면서 내재하기에 떨어지지 않고 내재하면서도 외재하기에 결코 떨어지지 않는다.[13)]

---

12) 牟宗三: 『中國哲學的特質』(臺北: 臺灣學生書局, 1974), 26쪽.

13) 牟宗三: 『生命的學問』(臺北: 三民書局, 1970), 74쪽.

이상에서 인용한 신유가 학자의 여러 학설은 비록 강조하는 점이 다르지만 그 기본 종지는 일치한다. 그들은 모두 위에서 서술한 헤겔식의 관점을 겨냥하여 서양 전통 종교의 이원론(二元論)에 기초한 "초월성" 개념[外在超越性] 이외에 "내재초월성"(內在超越性) 개념을 제시하고, 이것으로 유가사상의 종교성을 설명하였다. (그러나) 유가사상의 이러한 "내재초월성"의 특색에 반대하면서 신유가와 다른 입장을 취하는 몇몇 학자들이 있다. 예를 들어 은해광의 제자로 자유주의 진영에 속하는 임육생, 장호 두 사람은 모두 이러한 관점을 받아들인다. 임육생은 「신유가가 중국에서 민주를 추진하면서 이론적으로 당면한 곤경」(新儒家在中國推展民主的理論面臨的困境)에서,[14] 장호는 「초월의식과 심층의식」(超越意識與幽暗意識)에서[15] 이 개념에 근거하여 유가사상을 이해하지만, 그들은 유가사상에는 이러한 점이 부족하다는 것에 치중하여 강조하였다.

최근 미국학자 홀(David L. Hall)과 에임스(Roger T. Ames)는 그들의 공저 『공자사상탐미』(孔子思想探微: Thinking Through Confucius)[16]에서 오히려 신유가의 내재초월성 학설에 대하여 비평하였다. 이 책에서 서로 관계가 있는 주요 논점은 이미 일찍이 그들이 함께 쓴 중문으로 된 논문 「길은 다르지만 하나로 돌아감 — 공자사상

14) 이 글은 『政治秩序與多元社會』(對北: 聯經出版公司, 1989)에 수록되었다.

15) 이 글은 『政治秩序與多元社會』(對北: 聯經出版公司, 1989)에 수록되었다.

16) David L. Hall & Roger T. Ames: *Thinking Through Confucius*. Albany: State University of New York, 1987.

의 세 가지 기본적인 예비적 가정을 해석함」(殊途同歸 — 詮釋孔子思想的三項基本豫設假定)[17]과 「공자사상 중의 "의" 개념의 의미를 재검토함」(孔子思想中"義"概念涵義的再檢討)[18] 및 에임스의 중문으로 된 논문 「공자사상의 종교관적 특색 — 천인합일」(孔子思想中宗教觀的特色 — 天人合一)[19]에 있다. 중문, 영문 자료에 포함된 주요 논점에 달라진 점이 없고, 동시에 번역을 하면서 어쩌면 생겨나게 될 논리적 오해를 피하기 위해 필자는 아래에서 이들 논점을 토론할 때에는 가능한 한 이 세 편의 중문으로 된 논문을 근거로 하였다.

그들이 공자사상을 해석할 때 가장 특징적인 것은 세 가지 대비적 개념에 근거하여 그들의 이른바 "공자사상의 세 가지 기본적인 예비적 가정을 해석함"을 제시한 점이다. 이 세 가지의 짝 개념은 "내재성"(內在性: immanence)과 "초월성"(超越性: transcendence), "양극성"(兩極性: polarity)과 "이원성"(二元性: duality), "전통성"(傳統性: traditional)과 "역사성"(歷史性: historical)이다. 이 세 가지 짝 개념 대비를 통하여 그들은 공자사상과 서양철학 전통 사이의 기본적 차이를 분명하게 드러낼 수 있다고 생각하였다. 이 세 가지 짝 개념의 대비에서 내재성과 초월성의 대비는 가장 근본적인 의미를 갖는다. 그 밖의 대비되는 두 가지 짝 개념은 모두 이것으로부터 나올 수 있는 것이다. 그러므로 우리는 먼저 내재성과 초월성의 대비를 토론하기로 한다.

---

17) 이 글은 『大陸雜誌』 제68권 제5기 (1984년 5월 15일)에 수록되었다.
18) 이 글은 『史學評論』 제8기 (1984년 5월 15일)에 수록되었다.
19) 이 글은 『鵝湖月刊』 제108기 (1984년 5월)에 수록되었다.

내재성과 초월성에 대하여 그들은 이렇게 지적하였다.

> 엄격한 '초월성'은 다음에서 결정된다 : 독립적 원칙 — 갑(甲) — 초월은 의존적 원칙 — 을(乙) — 을 결정한다. 그 반대는 성립되지 않는다.[20]

이 정의에 근거하여 그들은 이렇게 생각한다. 서양 전통에서 초월성 원칙과 그 특유의 "본질 존재론"[基質存有論: substance ontology]은 나누어질 수 없는 것이다. 왜냐하면 플라톤의 "틀"(基型, form), 아리스토텔레스의 "부동의 동자"[不動的發動者], 데모크리토스 및 루크레티우스의 "원자"(原子)이든 기독교의 "신"이든 모두 독립하여 변하지 않는(獨立而不變) 것이고, 또 그것들로부터 나온 만물의 어떠한 영향도 받지 않기 때문이다.[21] 반대로 그들은 공자사상을 "유기적 존재론"[機體性系統: organic ontology] 혹은 "과정 철학"[歷程哲學: process philosophy]으로 이해하고, 또 그 중에서 "사건존재론"[事件存有論: event ontology] 혹은 "과정 본체론"[過程本體論: process cosmos]으로 보면서 "내재성 우주"[內在性宇宙: immanental cosmos]를 이러한 존재론의 주요 함의의 하나로 삼는다. 왜냐하면 이 유기적 체계에는 질서 원칙, 가치원칙 그리고 그 환경(자연적 혹은 인문적)은 서로 의존하고 상호 영향을 주기 때문이다.[22] 이상의 관점에 기초하여 에임스는 이렇게 강조한다.

---

20) 「殊途同歸」, 227쪽; 「孔子思想中"義"概念涵義的再檢討」, 213쪽.

21) 「殊途同歸」, 227-228쪽; 「孔子思想中宗教觀的特色—天人合一」, 42-43쪽; 「孔子思想中"義"概念涵義的再檢討」, 213-214쪽; Thinking Through Confucius, p. 13. 참조.

> 공자사상의 기본 예비적 가정은 '내재성'이지 '초월성'이 아니다. '초월성'으로 공자사상을 해석하는데 응용하게 되면 그 결과는 서로 맞지 않고[圓枘方鑿, 圓鑿方枘] 전혀 어울리지 않게 된다.[23]

내재성과 초월성의 대비에서 양극성과 이원성의 대비가 파생되어 나온다. 그들의 관점에 의하면 서양철학은 "초월성" 개념을 광범위하게 사용하므로 독립적이어서 바뀌지 않는(獨立不改) 초월자와 그것으로부터 생겨난 의타성[依待性]의 사물이 엄격하게 구분되고, 이것으로부터 여러 가지 이원적(二元) 대립이 형성된다. 예를 들어 실재(實在)와 표상(表象), 초자연(超自然)과 자연(自然), 형식(形式)과 질료(質料), 보편(普遍)과 특수(特殊), 지식(知識)과 독단(獨斷), 생(生)과 사(死), 시작[始]과 끝[終], 마음[心]과 몸[身體], 자신과 타인, 행동자와 행동, 이론과 실천, 이성과 경험 등이 그것이다.[24] 이와는 반대로 그들은 초기 유가의 "내재성 우주"는 단지 "개념의 양극성"(概念的兩極性, conceptual polarity)을 통해야만 이해할 수 있다고 생각한다.[25] 그들은 다음과 같이 해석하여 말하였다.

> 이른바 "양극성"은 두 개의 "유기적 과정"[機體性過程: organismic events]은 "공생체"(共生體: symbiosis)의 성질을 가지고 있음을 지칭한다. 이 두 가지가 각기 배태하여 형성될 때 다른 한 편에 의지하

22) 「殊途同歸」, 227-228쪽; *Thinking Through Confucius*, pp. 15-17 참조.

23) 「孔子思想中宗教觀的特色—天人合一」, 44쪽.

24) 「殊途同歸」, 229-230쪽; 「孔子思想中宗教觀的特色—天人合一」, 42-43쪽.

25) 「殊途同歸」, 225쪽.

> 는 것을 필수조건으로 삼는다. 이 체계 안에서 각기 하나의 "존재자"(存在者)는 모두 "자생적"(自生的: autogenerative)이며 "자결적"(自決的: selfdeterminate)이다. "존재과정"에서 각각의 참여자는 모두 "자연"(自然: so-of-itself)이지 어떤 "초월적 연원"[超越的來源]으로부터 "의미"[意義] 및 "순서"[次序]를 획득하는 것이 아니다. 이와 같이 "개체" (particular)는 "자생적"이지만 또 다른 하나의 "개체"와 "공생"의 관계를 가지고 있다.[26)]

그들의 관점에 의하면 이원성과 양극성의 대비는 두 가지 서로 다른 우주관을 낳았다. 개념의 이원성은 일종의 우주에 대한 "본질적 해석"[本質性詮釋: essentialistic interpretation]을 이끌었다. 이 우주관에서 존재자는 불연속적인 것이다. 반대로 개념의 양극성은 일종의 우주에 대한 "유기적 해석" [機體性詮釋: organismic interpretation]을 이끌었다. 이 우주관에서 일체의 존재자는 하나의 연속체에 예속되고, 존재의 과정은 순환적이지만 비선적(非線的: linear)이다.[27)] 이 두 가지 우주관의 차이를 가장 두드러지게 나타내는 것은 아마도 아래와 같은 사실일 것이다. 서양 철학 전통에서 "창조"는 기본적으로 일종의 "무 가운데에서 유를 낳는"(無中生有: creatio ex nihilo) 과정이지만 중국사상에서는 이러한 "창조" 개념을 찾을 수 없다.[28)]

이상의 두 개념의 대비에 기초하여 그들은 한 걸음 더 나아가 "전통성"과 "역사성"의 대비를 빌어 중국 문화와 서양 문화의 차

---

26) 「殊途同歸」, 230쪽; *Thinking Through Confucius,* p. 18f. 참조.
27) 「殊途同歸」, 230-231쪽; Thinking Through Confucius, p. 19f. 참조.
28) 「殊途同歸」, 229-231쪽; Thinking Through Confucius, p. 19f. 참조.

이를 드러낸다. 중국 문화는 전통성에 편중되었고, 서양 문화는 역사성에 편중되었다. 이러한 대비의 중점은 여기에 있다.

> ……'역사'는 인물 혹은 사건에 의하여 창조된 것이다. 그런데 '전통'에는 곧 모종의 '기정조건'(旣定條件: givenness)이 있고, 오직 이러한 조건은 과정 발전의 정체성(整體性)을 중시하고 '개산조'(開山祖: originator) 혹은 '창시인'(創始人: creator)의 절대적 중요성을 가볍게 여긴다.[29)]

이것으로 우리는 이런 점을 어렵지 않게 살펴볼 수 있다. "전통성"과 "역사성"의 대비는 앞의 두 항의 대비에 대한 문화 측면에서의 반영이다. 이러한 반영의 관계는 분명히 그들의 "전통성 문화"(傳統性文化)와 "역사성 문화"(歷史性文化)에 대한 묘사에서 보인다.

> 역사성 문화와 전통성 문화는 분명히 '율법'(律法)과 '예속'(禮俗)으로 그 구별을 나타낸다. 전자는 원칙과 율법이 준수하는 도덕에 편중되는 경향이 있지만, 후자는 미학성의 예속적 참여를 강조한다. 역사성 문화에서 '율법'은 규범적 구속력을 가지는 것이고, 그들은 일송의 외재적 조직 원칙을 형성하였다. 전통성 문화에 대해서 율법은 내재성을 가지고 있다; (전통성 문화에서 율법은) 예속의 형식이 되어 이 예속에 참여하는 개체를 형성하였다.[30)]

네빌(Robert Cummings Neville)이 『공자사상탐미』의 「전언」(前言)

---

29) 「殊途同歸」, 232쪽.

30) 위와 같음.

에서 제시한 것처럼 비록 홀과 에임스 두 사람의 공자사상과 중서철학에 대한 해석에는 논쟁점이 있지만[31] 필자는 이렇게 생각한다. 그 안에는 적지 않은 깊은 통찰이 있고, 또 그들의 몇 가지 견해는 신유학자의 관점과도 합치되는 점이 있다. 예를 들어 말하면 두유명은 일찍이 "존재의 연속"(存有的連續), "유기적 정체"(有機的整體), "변증적 발전"(辨證的發展)을 "중국철학의 세 가지 기조"(中國哲學中的三個基調)로 보고, 또 그 세 가지 의미를 이끌어내었다. (1) 귀납주의(conductionism)에 반대한다. (2) 상호 의존을 중시한다. (3) 선형추리[線性推理]를 초월한다.[32] 우리는 그 내용을 자세하게 논할 필요는 없지만 이것들의 핵심부분에서 이런 점을 알 수 있다. 그것들은 위에서 서술한 홀과 에임스 두 사람의 중국철학에 대한 해석과 대체로 일치한다.

그렇지만 그들은 왜 신유가의 "초월성" 개념을 반대하면서 유가사상을 해석하는가? 필자가 이해하기로 이러한 비판과 학설의 제시는 사상의 내용이 다르다는 것이 아니라 개념 사용의 차이에 있다. 홀과 에임스 두 사람이 "초월성"이라는 용어를 사용할 때에 근거로 삼는 의미는 한편으로는 너무 협의적이고 다른 한편으로는 또 너무 광의적이다. 왜 "너무 광의적이다"고 말하는가? 그것은 그들 자신이 "초월성" 개념에 행한 정의에 근거하여 말하는 것이다. 윗글에서 이미 그들의 정의를 인용하여 "엄격한 '초월성'은 다음에서 결정된다 : 독립적 원칙 — 갑(甲) — 초월은 의존적

---

31) *Thinking Through Confucius*, p. xiii.

32) 杜維明, 「試談中國哲學中的三個基調」, 『中國哲學史研究』, 1981년 제1기, 19-25쪽.

원칙 — 을(乙) — 을 결정한다. 그 반대는 성립되지 않는다"고 서술하였다. 이 정의에 근거하면 "초월성"은 존재 순서에서 "독립"과 "의존"의 대비로 표현된다. 『공자사상탐미』에서 그들은 다른 한 가지 정의를 제시하였다.

> 엄격한 초월성은 아래와 같이 이해할 수 있다. 하나의 원칙 갑은 을의 원칙으로, 만약 갑에 호소하지 않는다면 을의 의미 혹은 함의는 충분한 분석과 해석을 얻을 수 없고, (그렇다면) 갑은 을에 대하여 초월적이다. 이 반대는 그렇지 않다.[33]

이 정의와 앞의 정의의 차이는 이런 점에 있다. 전자의 정의는 초월자와 의존자의 존재 순서를 설명하는 것이고, 후자의 정의는 이 둘의 인식 순서를 설명하는 것이다. 왜냐하면 "분석"과 "해석"은 모두 일종의 인식 활동이기 때문이다.

그러나 문제는 두 가지 사물 사이의 존재 순서와 인식 순서는 반드시 일치하지 않는다는 것이다. 예를 들어 칸트는 일찍이 자유와 도덕법칙 사이의 존재순서와 인식순서를 이렇게 설명하였다.

> 자유는 분명 도덕법칙의 존재 근거(ratio essendi)이고, 도덕법칙은 오히려 자유의 인식 근거(ratio cogniscendi)이다.[34]

이것은 다음과 같은 말이다. 존재의 순서로 말하면 도덕법칙은 반드시 자유를 예비해야 하지만, 우리는 오히려 도덕법칙에 대한

---

33) *Thinking Through Confucius*, p. 13.

34) *Kritik der praktischen Vernunft*, in: *Kants Gesammelte Schriften* (Akademieausgabe, 아래에서는 KGS로 간략히 칭한다), Bd. 5, S. 4 Anm.

의식을 통하여 자유를 긍정할 수 있을 뿐이다. 이와 똑같이 우리는 이렇게 말할 수 있다. 존재 순서로 말하면 유가의 "천"(天) 혹은 "도"(道)는 "인"(人)에 우선하여 그 근본이 된다. 그러나 인식 순서로 말하면 "천" 혹은 "도"에 함축된 의미는 오히려 사람을 통해야만 드러날 수 있는 것이다. 이것은 "인간이 도를 넓힐 수 있다"(人能弘道)는 말의 함의이다. 이렇게 말하면 "초월성"의 개념은 다만 사물의 존재 순서를 설명하는 것에 한정된다. 이 범위에서 말하면 홀과 에임스 두 사람의 "초월성" 개념에는 다만 "독립하여 존재하면서 변하지 않는다"(獨立不改)는 의미만이 남는다.[35] 그러나 누가 유가의 "천" 혹은 "도"가 독립성과 영원성을 가지고 있고 그들의 정의에 의하면 초월성 원칙이라고 볼 수 있다는 것을 부정할 수 있겠는가?

그렇지만 현대 신유학자들이 "천" 혹은 "도"를 초월적 원칙과 실체로 볼 때, 그 "초월성" 개념에는 "초현실성"(超現實性) 혹은 "이상성"(理想性)의 의미를 담고 있다. 필자가 알기로 벤자민 슈왈츠(Benjamin I. Schwartz)는 「고대 중국의 초월성」(古代中國之超越性)[36], 「초월성의 시대」(超越性的時代)[37]라는 두 글에서 "초월성"이란 용어를 사용할 때에 이러한 의미를 중시하는데, 즉 "일종의 물러남[退返]과 전망[前瞻] — 현실계에 대한 일종의 비판적, 반성적 질의(質疑) 및 초현실계에 대한 새로운 시야"[38]를 가

35) 『孔子思想中宗教觀的特色—天人合一』, 44쪽.

36) Benjamin I. Schwartz: "Transcendence in Ancient China", *Daedalus*, Vol. 104(1975), Spring, pp. 57-68.

37) Benjamin I. Schwartz: "The Age of Transcendence", *Daedalus,* Vol. 104(1975), Spring, pp. 1-7.

리키는 것이다. 이러한 의미에서 보면 홀과 에임스 두 사람은 고대 원자론자의 "원자" 역시 초월성 원칙으로 보지만 사실 잃은 것이 많다. 왜냐하면 해석 원칙으로 볼 때 "원자"는 결국 현실의 자연계에 속하기 때문이다.

한편 그들이 "초월성"과 "내재성"을 서로 받아들일 수 없는 모순 개념으로 볼 때, 그들은 가장 엄격한 의미에서 "초월성" 개념을 해석한다. 우리는 두 가지 맥락에서 서양철학 전통 가운데 이러한 의미의 "초월성"을 볼 수 있다. 먼저 존재론의 맥락에서 "초월성"은 다음과 같은 것을 의미한다. 세계 혹은 자연을 벗어나 그것과 서로 단절된다. 스피노자(Benedictus de Spinoza)가 그의 범신론 체계에서 신을 만물의 "내재인"(內在因: causa immanens)으로 보고 "초월인"(超越因: causa transiens)으로 보지 않은 것은 바로 이러한 의미이에서다.[39] 기독교의 정통 교의는 이러한 의미에 근거하여 신의 초월성을 강조한다. 그러므로 범신론을 이단으로 보는 것은 필연적이다. 다음으로 지식론의 맥락에서 "초월성"은 다음과 같은 의미이다. (초월성은) 우리의 어떤 인식 능력 내지는 전체 인식 능력을 초월한다. 예를 들어 칸트는 『순수이성비판』 중에서 이렇게 썼다.

> 우리는 그것의 사용이 온전히 가능한 경험의 경계 안에 머무는 원칙들을 **내재적** 원칙이라 일컫고, 반면에 이 한계를 넘어간다고 하

38) 같은 책, 3쪽.

39) Spinoza: *Ethica*, Pars 1, Prop. 18, in: *Spinoza Opera* (im Auftrag der Heidelberger Akademie der Wissenschaften, hg. von Carl Gebhardt, Heidelberg 1925/1987), Ⅱ, S. 63.

> 는 원칙들을 **초험적** 원칙이라 일컫고자 한다.[40]

이것은 곧 (앞에서 말한) 이러한 의미를 취한 것이다. 이러한 의미에 근거하여 칸트는 "신의 존재", "영혼의 불멸", "의지의 자유" 이 세 가지 이념을 "초월적"이라고 본다. 당연히 이 두 가지 의미로 말하면 "초월성"(超越性)과 "내재성"(內在性)은 서로 배척되는 개념으로 "내재초월성"(內在超越性) 혹은 "초월하면서 또 내재한다"는 것은 서로 모순되는 말이 된다.

그러나 문제는 이렇다. 신유학자는 이처럼 엄격한 의미의 "초월성"과 "내재성" 개념을 사용하는가? 윗글에서 모종삼의 『중국철학의 특질』 가운데 다음과 같은 말을 인용하였다.

> ……우리는 칸트가 즐겨 사용한 글자로 천도는 한 편으로 초월적(超越的)이고, 다른 한 편으로는 또 내재적(內在的)이라고 말할 수 있다.

이것은 다만 그가 칸트철학 가운데 "초월성"과 "내재성"이라는 이 두 개념을 빌어서 썼다는 것을 증명할 뿐, 그가 칸트의 의미에 근거하여 이 개념을 사용했음을 증명하는 것은 아니다. 왜냐하면 우리는 칸트철학에 대해 깊이 연구한 모종삼이 칸트철학에서 이 두 개념이 갖는 의미를 모른다고 상상하기 어렵기 때문이다. 가장 합리적인 해석은 아마도 이럴 것이다. 그는 결코 완전히 칸트철학의 의미에 근거하여 이 짝 개념을 사용하지는 않았

---

40) *Kritik der reinen Vernunft*, hg. Raymund Schmidt (Hamburg 1976), A395f./B352. (A=1781년 제1판, B=1787년 제2판)

을 것이다. 이것은 아래와 같은 사실로 증명할 수 있다. 그는 초기의 저작에서[예를 들어 그가 1956년과 1957년에 출판한 대작 『인식심의 비판』(認識心的批判) 중에서] "초월성"이라는 용어로 transzendent의 의미와 상관이 있지만 다른 개념인 tranzental을 번역하였다. 그런데 그는 1983년에 출판한 『순수이성비판』의 번역본에서는 transzendent를 "초리적"(超離的)이라 번역하고, "초월적"이라는 명칭은 여전히 transzental의 번역어로 삼았다. transzendent와 transzendental의 구별에 관해서는 칸트의 『일체의 가능한 학문으로써 출현한 미래의 형이상학의 서론』(一切能作爲學問而出現的未來形上學之序論)에 핵심이 되는 설명이 있다.

> '초월성'(超越的: transzendental)이라는 말은……모종의 일체의 경험을 초월하는 것을 의미하는 것이 아니라, 비록 경험에 선행하지만(선천적) 오히려 다만 경험지식으로 하여금 가능한 것이 되도록 하는 것이다. 만약 이들 관념이 경험을 넘어선다면 그 운용은 곧 초리적(超離的: transzendent)이라 칭한다. 이것은 내재적(또한 곧 경험에 국한되는) 운용에서 구별이 있다.[41]

칸트철학에서 transzendental과 immanent는 결코 서로 모순되는 개념이 아님을 알 수 있다. 이제 모종삼이 사용한 "초월적"이라는 용어는 칸트철학의 transzendent와 완전히 같지 않고, 또 transzendental과도 완전히 같은 것이 아닌 것으로, 분명히 그가 "초월적"이라는 용어를 사용할 때에 "초월성"과 "내재성"의 모순

---

41) *Prolegomena zu einer jeden künftigen Metaphysik, die als Wissenschaft wird auftreten können, KGS,* Bd. 4, S. 373f. Anm.

성[不相容性]을 예비한 것은 아니다.

모종삼은 『중국철학의 특질』에서 "초월성"의 개념으로 유가의 "천명"(天命) 관념을 설명한다.

> "천명" 관념은 초월의 측면에서 명명지중(冥冥之中)에 하나의 표준이 있고, 이 표준은 만고불멸(萬古不滅), 만고불변(萬古不變)으로 우리로 하여금 그의 통제 하에 있게 하여 행위 방면에 있어서 조금도 마땅히 차이가 나거나 넘어서는 안 된다고 느끼게 만든다. 만약 "천명"의 감각이 있다면 먼저 초월감(超越感: Sence of Transcendence)이 있어야 하고, 하나의 초월적 "존재"를 인정하고 난 후에 말할 수 있다.[42]

그는 또 이렇게 보충하였다.

> 오늘날의 말로 하면 "경덕"(敬德), "명덕(明德)"을 통하여 "천명"(天命), "천도"(天道)의 의미를 표시하고 결정하는 것이다. 그것은 일종의 도덕 질서(Moral order)로 희랍철학 중의 공정(公正: Justice)에 상당한다. 그렇지만 후자의 함의는 전자의 풍부하고 심원한 것에 미치지 못한다.[43]

에임스는 이것에 대하여 아래와 같이 평론하였다.

> "공정"(公正)은 희랍철학에서 "초월성원칙"(超越性原則)인데 모씨는 분명히 이러한 정의(定義)의 엄격한 "초월성"을 고전 중국 전통

42) 牟宗三, 『中國哲學的特質』, 21쪽.
43) 위와 같음.

에 이식하였다. 논리 추론상이든 혹은 예비적 가정(假定)이든 모두 "원예방착"(圓枘方鑿)[圓鑿方枘]으로 사람들로 하여금 동의하게 할 수 없다.[44]

왜냐하면 그에게 있어서 신유학자는 흡사 transcendence라는 이 영문자의 자의와 to go beyond를 뒤섞은 것 같았기 때문이다.[45] 그는 특히 이렇게 지적하였다.

이것은 이 글자의 중국어 번역 "초월"이라는 용어에 타당성이 결핍되어 있다. 그런 까닭에 원래 글자의 기본적 함의 — 일종의 독립불개(獨立不改), 탁월함[卓雅不群]이라는 성질을 오해하고 가리게 되었다. "dualism"의 한역인 "이원론"(二元論)은 매우 정확한 번역이므로 하나의 유력한 해명으로 삼을 수 있다. 이른바 "이원"에서 "원"이 가리키는 것은 "세계만유"(世界萬有: world)이고, 다른 하나의 "원"은 바로 독립불개한 "초월성원칙"(transcendent principle)이다. 그 요의는 "독립불개"에 있음으로 "초월"로 충족될 수는 없다.[46]

윗글에서 이미 지적하였다. 신유학자는 "초월성"과 "내재성"의 대립이라는 이원 구조에서 "초월성" 개념을 사용한 것이 아니다. 모종삼이 이렇게 말한 것과 같다. "천명", "천도"의 의미는 희랍철학에서 "공정"에 상당하는 것으로 그것들은 분명히 모두 "만고불멸, 만고불변"의 표준으로써 말한 것에 불과하다. 그러므로 그도 희랍철학의 이원론 구조에 근거하여 유가의 "천명" 혹은 "천도"를

44)「孔子思想中宗教觀的特色—天人合一」, 45쪽.

45) 같은 책, 44쪽.

46) 위와 같음.

나타낸 것이 아니다. 만일 그렇지 않다면 그는 이렇게 말할 수 없었을 것이다.

> 후자(공정)의 함의는 전자(천도, 천명)의 풍부하고 심원한 것에 미치지 못한다.

그러므로 에임스의 비판은 분명 오해에서 나온 것이다.

만약 우리가 이러한 이원론적 구조로 "초월성" 개념을 이해하는 것을 벗어난다면 "초월성"은 현실성(現實性)과 이성성(理性性), 혹은 유한성(有限性)과 무한성(無限性) 사이의 장력(張力)을 표시할 수 있다. 이와 같이 광의의 의미에 의하면 "초월성"과 "내재성" 이 두 개념은 꼭 모순이 되는 것은 아니다. 사실 홀과 에임스 두 사람이 서양 현대 실존철학[存在哲學]이 이해하는 "초월성" 역시 이 의미에 가깝다는 것을 모르는 것은 아니다. 왜냐하면 실존철학에서 "행동자"(agent)로서의 인간을 "초월적 원칙"으로 보았기 때문이다.[47] 그런데 유가의 "천인합일" 사상에서 천의 초월성은 다만 인간의 도덕주체성을 통하여 이해될 수 있고, 인간의 도덕주체 역시 그럼으로써 초월 의미를 획득하게 된다.[48] 그러므로 유가이든 실존철학이든 "초월성"과 "내재성"은 결코 상호 모순되는 개념이 아니다.

심지어 칸트철학에서 "초월성"과 "내재성" 역시 분명하게 나누어지지 않는다. 칸트의 관점에 의하면 "신의 존재", "영혼의 불

---

47) 「殊途同歸」, 227-228쪽; *Thinking Through Confucius*, p. 13f. 참조.
48) *Kritik der praktischen Vernunft*, *KGS*, Bd. 5, S. 133 u. 135. 참조.

멸", "의지의 자유" 이 세 가지 개념은 사변적 측면에서는 비록 "초월적"이지만, 실천적 측면에서는 오히려 "내재적"인 것으로 전환할 수 있다. 왜냐하면 우리는 도덕법칙의 의식을 통하여 이들 관념의 실재성을 긍정할 수 있기 때문이다. 모종삼이 천도는 "초월적이면서 또 내재적이다"고 긍정할 때 또 이러한 의미를 취하였다. 예를 들어 그는 『원선론』에서 서양의 신 개념을 중심으로 한 "초월신학"을 언급할 때 이렇게 말하였다.

> 나는 이러한 신학을 중국의 전통에 의하여 여전히 초월적 존재론에 되돌린다. 이것은 초월적인 것에 근거하고 도덕적 무한지심(無限智心)에 의하여 건립된 것인데, 무집(無執)의 존재론이라 이름하고 또 도덕 형이상학이라 말한다. 여기에서 무한지심은 대상화, 개체화되어 인격신이 되지 않는다. 다만 초월적인 것이며 보편적 도덕본체(천지만물을 포괄하여 말한 것이다)로서 사람 혹은 일체의 이성을 가지고 있는 것에 의하여 체현되는 것이다. 이 무한지심이 초월적인 것이 되는 것은 인격신이 초월적이 되는 것과는 다르다. 후자는 다만 초월할 뿐 내재하지 않는 것이지만, 전자의 초월은 초월하면서 내재하는 것이다. 분석해서 말하면 그것은 절대 보편성을 가지고 있어서 각각의 사람과 사물을 초월하고 또 감성경험으로 도달할 수 없으므로 초월적이다. 그러나 그것은 또 일체의 사람과 사물의 본체[體]이므로 또 내재적이다.(어떤 사람은 초월하면서 내재한다는 것은 모순되고 서로 맞지 않는다고 생각하지만 이것은 말할 가치가 없다.) 이런 까닭에 그것의 창조성은 또 신의 창조성과 다르고, 이것은 비교할 수 없는 것을 가지고서 곡해할 수는 없는 것이다.[49]

---

49) 牟宗三, 『圓善論』(臺北: 臺灣學生書局, 1985), 340쪽.

이곳에서 "감성경험이 도달할 수 없는"이라는 의미로 무한지심의 "초월성"을 설명한 것은 칸트가 말한 사변적인 "초월성"과 비슷하다. 그런데 그가 "무한지심은 사람 혹은 일체의 이성이 있는 것으로부터 체현될 수 있는" 것이라는 의미로 "내재성"을 설명한 것 역시 칸트가 실천적 측면에서 말한 "내재성"과 유사하다. 그러므로 반드시 서양철학의 입장에 서서 "초월성"과 "내재성"의 모순성을 견지한다면 독단을 피할 수 없을 것이다. 모종삼은 "어떤 사람은 초월하면서 내재한다는 것은 모순되고 서로 맞지 않는다고 생각하지만 이것은 말할 가치가 없다"고 말하였는데, 이것은 전적으로 에임스의 「공자사상 중의 종교관의 특색 — 천인합일」을 겨냥하여 말한 것이다.

만약 우리가 현대 신유가가 유가사상의 초월성을 강조하는 것이 헤겔식의 오해를 불식시키기 위한 것이라는 것을 이해한다면 "내재초월성"은 자연히 결코 의미가 없는 개념이 아님을 이해하게 될 것이다. 뿐만 아니라 이것은 또 "유가사상은 종교인가?"라는 흔히 일어나는 논쟁과도 관계가 있다. "종교", "초월성" 이러한 서양철학 개념의 사용이 궁극적으로 어떤 의미를 준칙으로 삼고 있는가 하는 것은 아마도 문제의 핵심이 아닐 것이다. 왜냐하면 서양 문화 전통 중에서도 이들 개념 역시 다의성[岐義]을 피할 수 없기 때문이다. 중요한 것은 이렇다. 우리가 이들 개념을 사용하여 중국사상을 해석할 때 그 특색을 충분히 나타낼 수 있는가? "종교" 개념의 다른 의미에 기초하면 "유가사상은 일종의 종교이다"라는 관점과 이와 상반된 관점 사이의 논쟁은 어쩌면 문자상의 차이에 불과한 것일지도 모르지만 결코 표면상의 의미만 있는 것은 아니다. 똑같이 "유가사상 중에는 초월성이 있는가?"라는 문제 역시 "초월성" 개념의 정의 문제에만 그치는 것이 아니라 유가사상 내지는 전 중국문화에 예비된 사상 형식 및 그것이 잉태한 "세계관"(Weltanschauung)과도 연관이 있다. 아마도 우리는 거친 표현이지만 이렇게 말할 수 있을 것이다. 중국문화의 기본사상 형식은 연속성(連續性)을 기초로 하고, 서양문화의 기본사상 형식은 단절성[斷裂性]을 기초로 하기 때문에 양자가 잉태한 세계관 역시 각각 이 두 가지 특징을 갖추고 있다.[50] 바로 이러한 점으로 말하면 "내재초월성"과 "외재초월성"의 대비는 사상 형식과 세계관에서 중국문화와 서양문화의 근본적 차이를 드러낸 것이다. 이것은 우리가 이 두 문화를 이해하는데 실로 중요한 의미를 갖는다.

50) 중국과 서양문화 사이의 이러한 대비에 관해서는 林安梧의 「"絕天地之通"與 "巴別塔" — 中西宗教的一個對比切入点之展開」, 『鵝湖學志』 제4기 (1990년 6월), 1-14쪽 참조.

제5장

현대 신유가의 도통론

1

유가의 도통설(道統說)은 맹자에까지 소급해 갈 수 있는데, 후에 한유(韓愈)가 제창하여 송대 유학자들이 널리 말하게 된 것으로 유학사에서는 중요한 문제이다. 민국 이후의 신유가는 송명유학이 전개한 심성학[心性之學]을 자각적으로 계승하고 도통설[道統之說]을 제창하였다. 1958년 당군의(唐君毅), 모종삼(牟宗三), 장군매(張君勱) 및 서복관(徐復觀) 네 사람이 연명하여 발표한 〈중국문화를 위하여 세계인사에게 삼가 알리는 선언〉(爲中國文化敬告世界人士宣言)에서 도통설을 긍정하였다.[1] 그러나 도통설

1) 이 선언은 원래 『民主評論』 제9권 제1기 (1958년 1월 5일) 및 『再生』 제1권 제1기 (1958년 1월)에 발표하였다. 후에 張君勱著 · 程文熙編, 『中西印哲學文集』 (臺北: 臺灣學生書局, 1981) 및 張君勱의 『新儒家思想史』 (臺北: 張君勱先生獎學金基金會, 1980)(附全文英譯)에 실었다. 또 『中國文化與世界』 라는 제목으로 唐君毅의 『中華人文與當今世界』 (臺北: 臺

에 대해 철학적 의미를 먼저 철저하게 발휘한 인물은 모종삼이다. 그는 도통설을 제창하면서 도통(道統)과 정통(政統), 학통(學統)을 함께 제시하여 논하였다. 전목(錢穆)은 전통 유가의 도통설에 대하여 비판을 하였지만 결코 "도통"의 개념에 반대하지는 않았다. 그는 「치통과 도통 — 중국문화로 본 국부와 총통 손문, 장개석 및 지금의 학술계」(治統與道統 — 從中國文化來看國父與故總統孫·蔣二公及當前之學術界)라는 제목의 한 강연에서 "도통"의 개념을 긍정한 것 이외에 또 "치통"은 "도통"에 예속된다고 주장하였다.[2)]

현대 신유가의 도통론은 전통 유가의 도통론처럼 적지 않은 비판을 받았다. 가장 흔히 보이는 비판은 이렇다. 도통설은 배타성을 가지고 있어서 자신과 다른 것을 받아들이는 관용정신이 부족하다. 대륙학자들에 의하여 현대 신유가로 평가된 방동미(方東美)는 전통 유가의 도통관을 재삼 통렬하게 배척하고 "학통"으로 "도통"을 대체할 것을 주장하였다.[3)] 왜냐하면 그가 볼 때 "도통을

灣學生書局, 1975) 및 唐君毅의 『說中華民族之花果飄零』(臺北: 三民書局, 1974)에 수록되었다. 이 선언의 제4 및 6절에서 道統之說을 언급하였다.

2) 이 강연 원고는 「中央研究院三民主義研究專題叢刊」之七(1977년 5월)이다.

3) 方東美의 유가 도통론에 대한 비판은 주로 그의 『新儒家哲學十八講』(臺北: 黎明文化事業公司, 1983)의 제1강-제4강에서 보인다. 필자는 대륙학자들이 방동미를 현대 신유가의 계열에 두는 것에 대해 유보적인 입장을 취한다. 왜냐하면 방동미의 생명정조(生命情調)는 기본적으로 미학적이지 도덕적이지 않기 때문이다. 그는 바로 이러한 생명정조를 통하여 유가를 본다. 그러므로 그가 이해한(달리 말해 높게 평가한) 유가는 기본적으로 단지 생명정조의 투사일 뿐이다. 이것은 그가 왜 『論語』를 경시하고 『周易』과 『尙書』「洪範」을 중시하며 송명유학을 폄하하

말하는 것은 천박하고 독단적이며 편벽된 폐단을 낳기 쉽고 학통을 말하게 되면 이러한 병폐가 없기" 때문이다.[4] 그는 특히 송대 이후 유행한 도통 관념을 비판하였다.

> ……이 유행하는 도덕관념은 비판적이지 않고 또 (객관적 합리성을 갖춘) 연구에 의한 것도 아니라 독단적 신앙에 가깝다.[5]

현재 중국 대륙의 현대 신유가 연구를 주도하고 있는 방극립(方克立)은 재삼 현대 신유가의 도통설을 비판하였다. 그는 이렇게 생각하였다.

> 현대 신유가는……반드시 자신의 근본적인 한계를 극복해야만 하는데 그것은 다른 사조와의 상호 작동 중에 더욱 건강한 마음 상태[心態]를 표현해 내는 것이다. 만일 그렇지 않으면 (유가가 나타낸) 공헌도 이와 같은 사상의 진정한 정화(精華)일 수 없다. 내가 여기에서 주로 지적하는 것은 "도통"관념이다. 현대 신유가는 흔히 다른 사람들이 유가에 대해 공평하게 보지 못한다고 원망하고, 마르크스-레닌주의가 "중국에 들어와 주된 사상이 된 것"(入主中國)과 전반 서화론의 광풍이 불었던 것에 대해 크게 불만을 토로하였다. 그러나 그들 자신은 오히려 "도통"관념을 고집하여 도통을 계승한다는 강렬한 의식을 표현하고 "정통"(正統)을 자임하였다. 그리고 유학만이 신성한 천도를 체현한다고 생각하여 다른 사상 학설을 모두 이단사설(異

고 선진유학을 높게 평가하며 특히 道家와 華嚴宗을 좋아하는지 설명할 수 있다. 그러므로 나는 그가 유가사상의 몇 가지 측면만을 높게 평가한다고 말할 수 있을 뿐 유가사상의 대표인물이라 선언할 수는 없다.

4) 方東美, 『新儒家哲學十八講』, 35쪽.

5) 같은 책, 51쪽.

> 端邪說), 방문좌도(旁門左道)로 보고 맹자의 "양주와 묵적을 물리친다"(闢楊墨)는 태도로 배척하였다. ……그러므로 현대 신유가가 중국 현대의 기타 사조와 서로 작동하여 발전하려면 먼저 자아중심의 "도통"관념을 버리고 자신을 합당한 위치에 두어야 한다.[6]

그러나 가장 주목할 만 한 점은 이렇다. 똑같이 대륙 학자들에 의하여 현대 신유가로 분류되는 여영시(余英時)는 최근「전목과 신유가」(錢穆與新儒家)에서 웅십력 계열 신유가(그의 제자 당군의, 모종삼, 서복관 세 사람을 포함한다)의 도통관을 맹렬히 비판하였다. 또 특히 전목과 그들의 도통관은 다르다고 강조하면서 전목을 현대 신유가에 넣어서는 안 되는 주요 이유로 삼았다.[7] 여영시는 이 글에서 전목이『중국학술통의』(中國學術通義)에서 도통을 논의한 두 단락의 말을 인용하였다.

> 이제 중국 후반부 유학사 가운데 이른바 도통문제를 다루어야 한다. 왜냐하면 이전의 유학과 다른 점은 도통에 귀속되는 것으로 자부심을 갖는 것보다 더한 것이 없기 때문이다. 이 관념은 사실 한유가 처음 세시한 것이다.「원도」(原道)편에서 "요임금은 이것을 순임금에게 전하였고 순임금은 우·탕·문·무·주공에게 전하였으며, 문·무·주공은 공자에게 전하였고 공자는 맹자에게 전하였으며, 맹자가 죽자 전해지지 못하였다"고 말하였다. 한유는 은연중에 이 도통을 (자신이 계승하였다고) 자부하였다. 이 관념은 분명 당시의 선종(禪宗)에서 나온 것으로 오직 선종에서 이러한 단선적 전수의 설

6) 方克立,「展望儒學的未來前景必須正視的兩個問題」(節錄), 홍콩『法言』격월간 제3권 1기 (1991년 2월호), 40쪽. 이 글은 원래『天津社會科學』1991년 제1기에 수록되었다.

7) 이 글은 그의『猶記風吹水上鱗』(臺北: 三民書局, 1991)에 수록되었다.

> 이 있었고, 유가에서 말하는 도통은 선종과 같이 완전하지는 못한 것 같다. 왜냐하면 선종은 항상 단선적으로 서로 계승하여 이어지면서 끊어지지 않았지만, 유가의 도통은 확실히 끊어져 천 년 이상 단절되었다가 갑자기 이와 같이 전해지지 않던 비밀을 얻은 인물이 갑자기 출현하였기 때문이다.[8)]
>
> 도통에 관한 송·명시대의 논쟁에 대해 우리는 지금 다만 주관적 도통 혹은 단선적 도통이라 칭할 수 있을 뿐이다. 도통에 대한 이러한 유형의 관점은 여러 흐름을 끊게 되고 심지어는 고립되거나 흐름이 취약하게 되어 쉽게 중단될 수 있다. (따라서) 우리는 이것을 또 쉽게 끊어지기 쉬운 도통이라 말할 수 있다. 이와 같이 주관적·단선적·고립적이어서 쉽게 단절되는 도통관은 사실 오류가 매우 많다. 만약 진정한 도통이라면 모름지기 역사문화라는 대 전통에서 말해야하므로 당연히 이것은 전체 문화라는 대 전통이 곧 도통이라는 것을 알아야 한다. 도통을 이렇게 말한다면 비교적 객관적이어서 단선적일 수 없고 또 중단될 우려도 없다.[9)]

유가 도통설은 불교 선종에서 나왔다는 설에 대해 진영첩(陳榮捷)은 그렇지 않다고 논박하여 변론하였다.[10)] 사상사의 관점에서 한 사상이 기타 사상의 영향으로 인하여 탄생하였는지 여부를 토론하는 것은 때때로 억측을 벗어날 수 없어 합의된 논의가 있기 어렵다. 그러나 논리적으로 만약 선종의 법통이 한 노선에 따라 단선적으로 전해지지만, 유가의 도통은 도리어 중단될 수 있다고 말한다면 우리는 유가의 도통설이 반드시 선종에서 나왔다고 말할 수 없다. 이 문제의 해결은 이 글의 탐구 목적과 큰 관계가 없

---

8) 錢穆, 『中國學術通義』(臺北: 臺灣學生書局, 1984), 93쪽.

9) 같은 책, 94쪽.

10) 陳榮捷, 『朱學論集』(臺北: 臺灣學生書局, 1982), 14쪽 및 18쪽 참조.

으므로 여기에서는 논의하지 않기로 한다. 여기에서 중요한 것은 여영시가 전목과 웅십력 계열의 신유가에는 기본적으로 분기점, 즉 "사상사가의 도통관"(思想史家的道統觀)과 "철학가의 도통관"(哲學家的道統觀)의 분기가 있음을 보았다는 점이다.[11] 여영시는 이 분기점에서 출발하여 전목과 웅십력 계열 신유가의 학술 취향 및 유학 전통에 대한 인식에서 중대한 분기점을 논의하였다.

만약 전목의 도통관을 "사상사가의 도통관"이라 한다면 이른바 "철학가의 도통관"은 또 어떤 특색이 있는가? 여영시의 이해는 주로 아래와 같은 한 단락의 말에 보인다.

> 앞에서 인용한 전목 선생의 설은 유학이 아닌 다른 곳에서 나온 것으로 선종의 영향을 받아 단선적이며 또 매우 쉽게 중단이 되는 도통관을 발전시켜 나왔다. 그렇다면 신유가의 도통관은 송명이학의 연속인가? 신유가는 웅십력으로부터 시작하여 모두 일종의 강렬한 도통의식을 가지고 있다. 그러나 그들이 도통을 새롭게 건립한 방식은 이미 송명시대 이후 일반적으로 취한 길과는 다른 점이 있다. 그들은 도를 전하는 계보[世系]를 중시하지 않고 또 "전심"(傳心)을 말하지 않으며, "심성"(心性)에 대한 이해와 체험적 징험[體證]으로 역사상의 유학자가 "도체"(道體)를 견득하였는지 여부를 판단한다. 이 점에 있어서 그들은 오히려 육구연, 왕양명의 모습에 비교적 접근한다. 신유가의 제1대와 제2대의 여러 인물들이 "심", "성", "도체"의 확실한 의미 및 셋 사이의 관계에 대하여 모두 일치된 결론을 얻지 못하였고, 그들의 도통 계보는 이로 인하여 또 엄격하거나 관용적인 차이가 있다. 그러나 엄격하거나 관용적이거나 상관없이 대체로 모두 맹자 이후 도통은 중단되었고 북송시대에 이르러서 비로소 이어

11) 余英時, 『猶記風吹水上鱗』, 56쪽.

> 졌으며, 명대 말기 이후 도통은 또 3백 년 동안 중단되었다가 신유가가 출현하면서 다시 확립되었다고 생각한다. ……이것으로부터 신유가의 도통은 비록 단선적인 전수는 아니지만 그러나 오히려 여전히 어느 때라도 단절될 수 있음을 알 수 있다.[12]

여영시의 견해에 의하면, "사상사가의 도통관"과 "철학가의 도통관"의 중요한 구별은 이런 점에 있다. 전자는 전체 역사문화의 전통을 도통으로 삼기 때문에 "누가 도통을 대표하는가"라는 문제가 없고, 이런 까닭에 도통이 중단될 우려가 없다. 후자는 도통을 개별적 유학자에게 기탁하기 때문에 유학자의 "도"에 대한 체오(體悟)에 근거하여 "누가 도통을 대표하는가"를 결정한다. 이런 까닭에 도통은 때때로 중단될 우려가 있다. 여영시의 해석에 근거하면, 웅십력 계열의 신유가가 주장하는 후자와 같은 유형의 도통관은 송명유학 중의 육구연, 왕양명 계열에 연계되어 학술상으로 "도"의 주관적 체오를 중시한다. 그에게 있어서 이러한 유형의 도통관이 갖고 있는 가장 큰 문제는 바로 여기에 있다.

이점에서 출발하여 여영시는 더 나아가 웅십력 계열의 신유가가 필연적으로 만나게 되는 문제로 다음과 같은 것이 있다고 지적하였다. 첫째, 그들은 이성을 초월한 증오(證悟), 철학적 논증으로 누가 진정으로 "도체"를 깨달아 얻었는가를 증명하지 않는다. 그러므로 그들은 "누가 도통을 대표하는가?"라는 논쟁에 빠지지 않을 수 없다. 그들은 도를 체득한지 여부를 결정하는 표준이 절대적이어서 또 "누가 정통인가? 누가 방계인가?"의 쟁론에 빠

12) 같은 책, 70-71쪽.

지지 않을 수 없다.[13] 둘째, 그들은 도통으로부터 정통과 학통을 펼칠 것을 주장하는데 이것은 현실적으로 피라미드와 같은 형식의 사회구조를 반드시 미리 설정하고 그들 자신은 그 정점에 머물게 된다. 그러나 이것은 근대 서양 사회가 갈수록 다원화되는 추세와 배치된다.[14] 셋째, 그들은 근대 과학주의가 표현한 "지성의 오만함"에 대항하기 위하여 모습만 다르지 동일한 정감의 의식 형태, 즉 도덕주의를 발전시켜 나왔고, 또 그것으로 인하여 여영시가 말하는 "양지의 오만함"을 형성하였다.[15] 여영시는 이 계열의 신유가가 갖고 있는 관점을 아래와 같이 총결하였다.

> 종합하면 신유가 제1세대와 제2세대의 주요 사상 경향으로 볼 때 그들이 세우고자 한 것은 일체의 문화 활동을 뒤덮는 지고무상(至高無上)의 "교"(敎)를 세우는 것이지 지식성의 "학"(學)이 아니다. 그들은 단지 철학 가운데 하나의 유파를 자임하는 것을 즐겁게 생각하지 않는다. 이 "교"의 지위는 역사적으로 보면 서양의 중세신학과 현대 국교화가 된 마르크스주의가 일찍이 얻었고, 중국 전통의 유교는 모두 이러한 정도에까지 이르지 않았다. 모두 잘 알고 있듯이 중세신학과 현대 마르크스주의는 모두 정치권력을 빌어 천하에 군림하는 지위를 얻은 것이다. 신유가가 의거하는 것은 양지(良知)의 영명(靈明)이지 어떤 외재적 역량이 아니다. 이것은 당연히 무한하고 거대한 임무이다. 그러나 신유가가 비록 현실적으로 천하에 군림하는 경지와는 거리가 아주 멀지만, 그들이 군림하려는 마음 상태는 이미 견고하여 깨부술 수 없다. "양지의 오만함"의 일부는 적어도 이런 마

13) 같은 책, 71-81쪽 참조.

14) 같은 책, 82-89쪽 참조.

15) 같은 책, 90-96쪽 참조.

> 음 상태 가운데에서 파생하여 나온 것이다.[16)]

다른 사람들의 비판과 비교하면 여영시의 위와 같은 비판은 현대 신유학의 도통론에 대한 가장 전면적이고 엄격한 비판이라 말할 수 있으므로 특별히 토론할 가치가 있다. 위에서 서술한 것처럼 그의 비판은 주로 한 가지 사실에 대한 진술 위에서 세워진 것으로 다음과 같다. 웅십력 계열의 신유가는 개별 유학자의 "도"에 대한 체오와 이해에 근거하여 "누가 도통을 대표하는가"를 결정한다. 그러므로 도통은 때로 중단될 우려가 있다. 이런 까닭에 우리는 그의 비판이 공평한가 여부를 판단하려면 먼저 이러한 진술이 사실에 부합하는가 여부를 결정해야 한다.

2

사실상 웅십력은 "도통"의 관념을 제기한 것이 매우 적다. 필자가 알고 있는 바에 의하면 그는 『독경시요』(讀經示要)에서 일찍이 분명하게 도통설을 제기하였다. 그가 송대 이학에 대하여 말한 것은 비록 미미하지만 오히려 도통설을 긍정하였다. 그는 이렇게 말하였다.

> 나는 어렸을 때 혁명에 종사하여 송학(宋學)의 도통 관념을 대단한 것으로 여기지 않았지만 후에 매우 의미가 있음을 깨닫게 되었다. 대개 한 국가의 학술사상은 비록 복잡하지만 하나의 중심이 없

16) 같은 책, 96쪽.

> 을 수는 없다. 도통은 하나의 중심사상을 표시하는 것에 불과할 뿐이다. 이 중심사상은 언제라도 변화하고 나아갈 수 있는 것이지만 그 근원은 결국 고갈되지 않는다.[17]

"중심사상"이라는 말은 매우 광범위한 것으로 꼭 "도"에 대한 주관 체오를 지칭하는 것은 아니다. 이 "도통"이 언제라도 변화하고 나아갈 수 있다는 점에서 보면 그것은 당연히 웅십력이 같은 책의 다른 곳에서 말한 이른바 유학 전통이다. 그는 아래와 같이 말하였다.

> 유학이 정통이 된 것은 한대에 독존유술(獨尊儒術)한 것으로부터 시작된 것이 아니다. 유학은 공자를 종사(宗師)로 삼는다. 공자철학이 근본 대전(大典)이 되는 것은 먼저 『주역』을 추천할 수 있지만 『주역』은 멀리 복희와 황제를 잇는다. 『시경』, 『서경』은 예를 지키는 것으로 모두 아언(雅言)이고, 『논어』는 그것을 아는 것이다. 『춘추』는 노나라 역사[魯史]로서 의를 세운 것인데, 맹자가 그것을 밝혔다. 『중용』에서 "중니는 요순을 조술하고 문무를 헌장하였다"(仲尼祖述堯舜, 憲章文武)고 말하였다. 맹자는 공자가 요순 이래 성인의 대업[大成]을 모았다고 말하였다. 이것은 모두 실록이다. 고내의 성제명왕(聖帝明王)이 입신행기(立身行己)하는 지덕요도(至德要道), 천하를 평탄하게 다스리는 대경대법(大經大法)은 공자가 모두 융합하고 관통함으로써 위대한 학파를 형성한 것이다. 공자는 스스로 "옛 것을 좋아하고 구함에 민첩하다"(好古敏求)고 말하였고, 또 "조술하되 짓지 않는다"(述而不作), "옛 것을 배우고 새로운 것을 안다"(溫故知新)고 말하였는데 그가 계승한 것은 원대하고, 흡수한 것은 두텁고 깊다. 그러므로 육

---

17) 熊十力, 『讀經示要』(臺北: 明文書局, 1984), 463-464쪽.

> 경을 정한 것은 실로 옛 전적에 따른 것이지만 자신의 새로운 뜻에 의거하였으므로 명목상으로는 조술이지만 사실은 창조이다. ……그러므로 유학의 연원은 본래 멀리 역대 성왕[聖明]에서 발원한다. 그렇지만 유학의 완성은 또 분명히 공자에서 비롯된다. 그러나 공자는 멀리 역대 성제명왕의 정신적 유산을 계승하였으므로 유학에서 중화민족의 특징을 밝힐 수 있다. 왜 그러한가? 유학사상은 중국의 역대 성명(聖明)으로 끊이지 않고 전해진 것이지 우연히 발생한 것이 아니기 때문이다. ……이것으로 유학이 중국사상계에서 원래부터 정통적 지위를 차지하였지 한대에서 시작된 것이 아님을 알 수 있다.[18]

이 단락의 말에 의하면 웅십력이 이해하고 있는 "도통"은 공자가 계승하여 융합・관통[融貫]하고 발양시킨 문화 전통이다. 이 문화 전통을 정통으로 보고 "도통"이라 명명한 것은 단지 역사적 사실을 진술한 것이다. 기본적으로 이것과 전목이 역사 문화의 대 전통을 "도통"으로 본 것과 다르지 않다.

웅십력의 도통론은 단지 여기에서 그친다. 그는 여영시가 말한 것과 같이 유학자 개인의 "도"에 대한 체오에 근거하여 도통의 계보를 건립하지 않았다. 여영시가 볼 때 웅십력 계열의 신유가가 유학자의 "도"에 대한 체오를 근거로 하여 도통의 계보를 건립하려고 한 것은 그들이 "맹자, 육상산, 왕양명 계열의 심학을 정통으로 삼는 것으로서, 필연적으로 하나의 보편적이면서 초월적인 '심체'(心體)를 긍정하는 것"[19]에서 연유한다. 웅십력의 학술 성격은 육상산, 왕양명에 가깝지만 정이천, 주희와 멀다는 것은

---

18) 같은 책, 328-329쪽. 또 熊十力의 『原儒』(臺北: 明倫出版社, 1971), 33-34쪽 참조.

19) 余英時, 『猶記風吹水上鱗』, 71쪽.

분명한 사실이다. 그러나 사상사로 말하면 도통설은 비록 한유 내지 맹자에게까지 소급해갈 수 있지만 그 관념은 주자가 정식으로 제시하였고 그의 문인이 완성한 것이다.

주자는 『중용장구서』(中庸章句序)에서 "도통"이라는 말을 정식으로 제기하였고, 또 처음으로 완비된 도통론을 제시하였다. 「서」에서 말하였다.

> 상고(上古) 시대의 성신(聖神)으로부터 하늘을 계승하고 천극을 세워 도통의 전통이 나오게 되었다. 그것은 유가 경전에 보이는 것으로 곧 '윤집궐중'(允執厥中)은 요임금이 순임금에게 전한 것이다. "인심(人心)은 위태하고 도심(道心)은 은미하니 오직 정미하고 한결같아야 진실로 그 중(中)을 잡을 수 있다"는 것은 순임금이 우임금에게 전한 것이다.(蓋自上古聖神, 繼天立極, 而道統之傳有自來矣. 其見于經, 則'允執厥中'者, 堯之所以授舜也. '人心惟危, 道心惟微, 惟精惟一, 允執厥中'者, 舜之所以授禹也.)

여기에서 이른바 "십육자심전"(十六字心傳)은 고문 『상서』(尙書) 「대우모」(大禹謨)에서 나온 것으로, 주자는 도통이 선하는 내용으로 보았다. 그는 서문 중에서 또 도통의 계보를 제시하였는데, 이 계보는 요(堯), 순(舜), 우(禹) 이외에 탕(湯), 문왕(文王), 무왕(武王), 고요(皐陶), 이윤(伊尹), 부열(傅說), 주공(周公), 공자(孔子), 안연(顏淵), 증자(曾子), 자사(子思), 맹자(孟子)를 포괄하였다. 맹자 이후로 천여 년 동안 중단되었다가 다시 이정(二程)에게 전해졌다. 후에 이론적 필요에 의하여 주자는 또 도통의 연원을 복희(伏羲)에까지 소급하였고, 이정 앞에 주돈이(周惇頤)를 덧붙였다.[20] 만년에 이르러서 그는 『창주정사고선성문』(滄州精舍告先聖文)에서 소옹(邵雍), 사마광(司馬光) 및 그의 스승 이동(李侗)을 도통의 대열에 넣었다.[21] 주자의 문인들은 기본적으로 「중용장구서」에 근거하여 도통의 계보를 안배하지만 한 걸음 더 나아가 주자 역시 그 대열에 넣었다. 예를 들어 그의 문인 황간(黃榦: 勉齋)은 『성현도통전수총서설』(聖賢道統傳授總敍說)을 찬하였는데, 그 속에서 열거한 도통의 전승 순서는 이렇다. 요, 순, 우, 탕, 문왕, 무왕, 주공, 공자, 안연, 증자, 자사, 맹자, 이정, 주자이다.[22] 주자의 또 다른 문인인 진순(陳淳: 北溪)이 열거한 도통의 계보는 이러하다. 복희, 신농, 황제, 요(皐陶를 신하로 삼았다), 순, 우, 탕(伊尹을 신하로 삼았다), 부열, 문왕, 무왕, 주공, 소공(召公), 공자, 안연, 증자, 자사, 맹자, 주돈이, 이정, 주자이다.[23] 진영첩(陳榮捷)은 주자와 그 문인의 도통론을 아래와 같이 총결하였다.

> ……도통의 차례는 기본적으로 곧 철학적인 계통이지 역사적인 혹은 경적(經籍)상의 계열이 아니다. 한 걸음 더 나아가 말하면 도통

20) 陳榮捷, 『朱學論集』, 16-17쪽 참조; 陳榮捷, 『朱子新探索』(臺北: 臺灣學生書局, 1988), 431-433쪽.

21) 『朱子大全』(臺北: 臺灣學生書局, 四部備要本), 제10책, 『文集』 권86, 12쪽. 주자가 이 세 사람을 도통에 넣은 이유에 관해서는 張亨의 『朱子的志業—建立道統意義之探討』, 『臺灣學生中文學報』 제5기 (1992년 6월), 73-76쪽을 참조.

22) 黃宗羲, 『宋元學案』(臺北: 華世出版社, 1987), 제4책, 권63, 「勉齋學案」, 2022-2023쪽.

23) 陳淳, 『嚴陵講義』. 『文淵閣四庫全書』(臺灣商武印書館影印本, 1986), 제709책, 58-59쪽에 보인다.

> 의 관념은 곧 신유학 발전의 철학적인 내재적 필요에서 나온 것이다. 이러한 까닭에 나는 신유학의 전체 관념은 곧 리(理)의 관념을 건립하는데 있음을 알 수 있다.[24)]

여기에서 우리는 주자 계열의 도통론은 사실 여영시가 말한 "철학가의 도통관"에 속한다는 것을 알 수 있다. 이것은 "도통의 계보 건립은 반드시 보편적이고 초월적인 '심체'에 대한 긍정에 기초해야 한다"는 설을 부정하는 것이다. 왜냐하면 주자의 도통론은 이러한 심체의 긍정에 기초한 것이 아니라 보편적이고 객관적인 "리"에 대한 긍정에 기초하고 있기 때문이다.

다른 측면에서 육상산과 왕양명의 심학은 사람마다 모두 직접적으로 도체를 체오할 수 있다고 강조하기 때문에 이심전심의 도통 전승 방식을 벗어날 수 있었다. 그런데 이것은 여영시의 설과 마침 반대된다. 왕양명은 「답나정암소재서」(答羅整庵少宰書)의 한 단락에서 이렇게 말하였다.

> 무릇 도(道)란 천하의 공도(公道)이다. 학(學)은 천하의 공학(公學)이다. 주자가 얻어서 자신의 것으로 삼을 수 있는 것이 아니고, 공자가 얻어서 자신의 것으로 할 수 있는 것이 아니다. 천하가 공적인 것은 공인된 말이다. 그러므로 말하여 옳다면 비록 자기와 다르더라도 자기에게 이롭다. 말하여 그르다면 비록 자기와 같아도 자신에게 해가 된다. 자신에게 이로우면 자신이 반드시 그것을 좋아하고 자신에게 이롭지 않다면 자신이 반드시 싫어한다. 그렇다면 누군가 오늘의 논의가 비록 혹 주자와 다르다 하더라도 반드시 그가 좋아하는

24) 陳榮捷, 『朱學論集』, 17쪽.

것은 아니다.[25]

이것은 비록 직접적으로 주자의 도통론을 겨냥하여 말한 것은 아니지만 사실상 그의 도통론에 대한 비판을 담고 있다. 왜냐하면 만약 도가 주자, 심지어 공자가 얻어서 사유[私]할 수 없는 것이라면 도통 전승의 계보를 건립하는 것은 큰 의미가 없다. 그러므로 웅십력에게는 "어떻게 도체를 체오할 것인가"하는 것이 성명(性命)과 관계되는 문제라고 말할지라도 그가 도통의 계보를 건립하지 않은 것은(또 그럴 뜻도 없었다) 지극히 자연스러운 일이었다. 따라서 역사적 사실로 말하든 의리로 말하든 여영시의 설은 모두 논의해볼만한 여지가 없는 것은 아니다.

3

이 글의 첫머리에서 제기한 것처럼 웅십력 이후에 당군의, 모종삼, 장군매 및 서복관 네 사람은 1958년에 연명하여 발표한 〈중국문화를 위하여 세계인사에게 삼가 알리는 선언〉(아래에서는 〈선언〉으로 간략하게 부른다) 중에서 분명하게 도통설을 긍정하였다. 〈선언〉에서 두 차례 도통설을 제기하였다. 첫 번째 중국문화는 "일본성"(一本性)(서양문화의 다원성에 상대적으로)이라는 것을 강조할 때 제기하였다. 〈선언〉 제4절에서 이렇게 말하였다.

---

25) 陳榮捷 編, 『王陽明傳習錄詳注集評』(臺北: 臺灣學生書局, 1983), 卷中, 第176條, 253쪽.

> 이 '일본성'(一本性)은 곧 중국문화는 본원(本原)상으로 하나의 체계라는 것을 말한다. 이 '일본'(一本)은 결코 그 다양한 근원을 부정하는 것이 아니다. 이것은 고대 중국에도 있었고 또 서로 다른 문화지역에도 있었다. 그러나 이것은 장애가 되지 않는다. 중국 고대 문화에는 일맥상통하는 단서가 있다. 은나라가 하나라를 대체하였지만(殷革夏命) 하나라의 문화를 계승하였고, 주나라가 은나라를 대체하였지만(周革殷命) 은나라의 문화를 계승하였다. 즉 삼대 문화가 일맥상통하여 전승된 것이다. 이후 진(秦)나라는 주나라를 계승하였고, 한(漢)나라는 진나라를 계승하여 당, 송, 원, 명, 청에 이르러 중국은 정치상으로 분합(分合)이 있었지만 대일통(大一統)이 변함없는 길(常道)이었다. 또 정치의 분합은 문화 학술 사상의 큰 흐름에 영향을 주지 않았으니 이것이 곧 이른바 도통의 전승이다.[26]

여기에서 말한 "도통"은 중국문화가 일맥상통하여 전해진 단서를 말한 것이지 체도한 성현의 마음의 전함[心傳] 혹은 계보를 지적한 것이 아니다. 이것과 웅십력이 전체 유학 전통을 도통으로 삼는 것, 전목이 역사 문화의 큰 전통을 도통으로 삼은 것은 유형상으로 볼 때 모두 여영시가 말한 "사상사가의 도통관"에 속한다. 이런 까닭에 〈선언〉에서 말하였다.

> 중국 역사 문화 중의 도통설은 혹 중국 현대인과 서양인이 듣기 좋아하는 것이 아니다. 그러나 듣기 좋아하는지 여부와 상관없이 이것은 중국역사상의 사실이다. 이 사실은 곧 중국문화의 일본성에서 근원한다.[27]

---

26) 唐君毅,『中華人文與當今世界』, 876-877쪽.
27) 같은 책, 877쪽.

〈선언〉 제6절에서는 더 나아가 중국 학술 사상의 핵심은 심성지학(心性之學)에 있다고 지적하였다. 이러한 맥락에서 〈선언〉에서는 아래와 같이 썼다.

> 고문상서(古文尚書)에서 요·순·우가 서로 전해 준 16글자의 심법(心法)은 분명 늦게 나온 것이다. 그러나 후인이 이 설을 거짓으로 만들고, 송명유학자들이 이 설을 중국 도통이 전해진 연원이라고 깊게 믿은 것은 바로 그들이 중국 학술문화는 당연히 심성학을 그 본원이라고 믿었기 때문이다.[28)]

여영시는 "중국 학술 사상의 핵심은 심성지학에 있다"라는 이 논단에 질의할 것이 있었다. 그에게 있어서 이것은 "웅십력의 특수한 관점"에 불과한 것으로, 웅십력의 이와 같은 특수한 관점은 육상산, 왕양명을 계승한 것이다.[29)] 그러나 사실상 〈선언〉 중에서 말한 "심성지학"은 결코 이렇게 협의적인 의미에 한정되지 않는다. 왜냐하면 그것은 이렇게 지적하였기 때문이다. "이 심성지학은 중국 고대의 이른바 의리지학(義理之學)의 또 다른 한 측면으로, 즉 인간에게는 당위적 의리[당연한 의리의 본원]가 있다는 것을 말한 것이다."[30)] 또 말하였다. "중국 심성지학은 송명시대 이후에 크게 성행하였다. 송명사상은 사실 선진시대 이후 중국사상에서 두 번째로 가장 발전한 단계이다. 그러나 선진시대의 유가·도가사상에서 사실 심성에 대한 인식은 이미 그 사상의 핵심

---

28) 같은 책, 884-885쪽.

29) 余英時, 『猶記風吹水上鱗』, 68쪽 참조.

30) 같은 책, 884쪽.

이 되었다."[31] 그가 질문한 것은 〈선언〉 중에서 말하는 "심성지학"은 육상산, 왕양명 계열에 한정되는 것이 아니고, 또 송명이학에 한정되지 않으며, 심지어는 유가사상에 한정되는 것이 아니라 도가사상을 그 안에 포함한다는 것이다. 그러므로 중국 학술 사상의 핵심이 심성지학에 있는지의 여부는 분명 각자 관점이 있겠지만 이것을 육상산, 왕양명 내지는 웅십력의 특수한 관점에 불과하다고 말하기는 어렵다. 뿐만 아니라 〈선언〉에서 분명히 주자학파를 빌어 십육자전심법(十六字傳心法)을 강조한다는 사실은 "중국 학술 사상의 핵심은 심성지학에 있다"는 이 논단을 증명하고 있었다. 중국 문화가 도덕, 가치의 탐구를 중시하고 지식, 과학의 연구를 경시한다는 것으로 말하면 이러한 논단은 대체로 사실에 합치된다. 어찌되었든 이와 같은 논단은 사상사적 사실을 지적한 것으로 어떤 일파의 특수한 관점을 대표하는 것이 아니다.

〈선언〉의 "도통"에 대한 설명은 여기에서 그치기로 한다. 이 관념에 완비된 철학적 해석을 가한 사람은 모종삼이다. 이 글의 첫머리에서 언급한 것처럼, 모종삼이 처음으로 도통, 학통, 정통이라는 삼통설을 제시하였다. 이 삼통설은 그의 『역사철학』(歷史哲學), 『정도와 치도』(政道與治道), 『도덕 형이상학』(道德的形而上學) 세 권의 책을 관통하고 있다. 그는 또 「도통·학통·정통을 간략히 논함」(略論道統·學統·政統)이라는 글에서 삼통설을 집중적으로 논하였다. 모종삼은 "통(統)이란 관통하여 계승한다는 의미이므로 수통(垂統)이라 말하고 또 통서(統緖)라 말한다"[32]고

31) 위와 같음.

하였다. “통”자는 여기에서 아래와 같은 의미를 담고 있다. 삼통은 추상적으로 말하는 것이 아니라 역사 발전의 구체적 과정에서 비로소 말할 수 있는 “통”이 있을 뿐이다. 그러므로 삼통설은 사실 독특한 역사관을 그 배경으로 한다.

모종삼은 『역사철학』의 첫머리에서 그의 역사에 관한 관점을 논의하였다.

> 나는 역사를 볼 때 모름지기 자신을 역사 속에 두어야 하고 자기 개인의 생명과 역사 생명을 하나로 통하게 하는 것은 한 줄기 내면에 흐르는 연속성이라고 본다. 또 모름지기 실천적 관점에서 역사를 보고, 역사를 한 민족의 실천 과정사로 보아야 한다. 자신을 역사 속에 둔다는 것은 다음과 같은 것을 표시한다. 역사를 내치고서 자기와 서로 관계가 없는 자연대상으로 삼을 수는 없다. 실천에서 역사를 보면 다음과 같은 것을 표시한다. 역사는 근본적으로 사람의 실천 과정 중에 형성되는 것이지 외면에 존재하면서 이미 형성된 것으로 우리의 “지성”이 이해할 수 있는 하나의 외재적 대상[外在體]이 아니다.[33]

솔직히 말해 이러한 의미의 “역사”는 곧 헤겔이 그의 『역사철학강의』 중에서 말한 “철학적 역사”(die philosophische Geschichte)로, 이성의 관점을 통하여 이해된 “역사”이다. 모종삼은 “실천”은 정신 생명이 그 이상(특히 도덕 이상)을 표현하는 활동이다.[34] 그

---

32) 牟宗三, 『生命的學問』 (臺北: 三民書局, 1970), 62쪽.

33) 牟宗三, 『歷史哲學』 (臺北: 臺灣學生書局, 1988), 1쪽.

34) “實踐”의 의미에 관해서는 『道德的理想主義』 (臺北: 臺灣學生書局, 1978) 중의 「理想主義的實踐之函義」 및 「辟共產主義的“實踐論”」 두 글을 참조

러므로 정신 생명 및 이상을 벗어나면 곧 "역사"는 말할 것이 없게 된다. 그는 이렇게 말하였다.

> ……개인으로 말하면 실천 중에서 개인의 생명은 바로 정신적 생명이고, 정신적 생명은 하나의 "정신적 실체"(精神的實體)를 담고 있다. 이 실체는 곧 개인생명의 "근본"[本]이다. 민족으로 말하면 실천 중에서 한 민족의 생명은 바로 하나의 보편적 정신생명이고, 이 중에는 하나의 보편적 정신실체를 담고 있다. 이 보편적 정신실체는 민족생명의 집단적 실천 중에서 관념적 내용이 있는 이상을 나타내어 그것의 실천을 이끌고 그것의 실천을 생겨나게 한다. 관념은 곧 그것의 실천 방향과 태도이다.[35]

이것에 초점을 맞추어 말한다면 역사는 곧 보편적 정신 실체가 실천 중에 그 관념을 표현하는 과정이다. 모종삼은 또 이렇게 지적하였다. 이 과정은 곡절(曲折)적인 것이다. 왜냐하면 인간은 동물적 속성을 가지고 있으므로 정신 실체 자체는 동물적 속성의 한계 안에서 그 관념을 표현하고, 이것은 각 민족에 다른 문화전통과 관념 형태가 있도록 결정하기 때문이다.[36]

종합하여 말하면 모종삼에게 있어 각 민족의 역사는 곧 그 민족이 그 특수한 관념 형태를 투과하여 그 정신 생명을 표현한 과정이다. 각 민족의 역사는 모두 정신 실체의 표현(객관화)이므로 보편성을 가지고 있다. 또 그것은 반드시 모종의 특수한 관념 형

할 수 있다.

35) 牟宗三, 『歷史哲學』, 1-2쪽.

36) 같은 책, 2-3쪽.

태를 투과하여 정신 실체를 표현하는 것이므로 특수성을 가지고 있다. 모종삼은 이 보편성과 특수성이라는 두 측면으로 "통"을 설명한다. 그는 바로 과학은 확대해서 말하면 곧 지식의 학(知識之學: 논리학, 수학을 포괄한다)으로 "학통"을 말한 것이고, 덕성의 학(德性之學)으로 말하면 "도통"이고, 정치 형태 혹은 정체(政體)로 말하면 "정통"이라고 하였다.

과학 지식에 대해 모종삼은 이렇게 생각한다. 중국에 본래 있었던 학통의 단서 곧 희·화의 관(羲·和之官)이 있었지만, 이 전통은 감각적, 실용적 원시 형태에 머물렀을 뿐 지식의 학문인 "지성 형태"(知性形態)로 발전하지 못하였다. 이점으로 논하면 중국 문화는 과거에 "학통"을 건립하지 못하였다.[37] 그러나 반드시 주의해야할 점은 여기에서 말한 "학통"은 방동미가 말한 "학통"과 똑같은 것이 아니다. 왜냐하면 방동미가 말하는 "학통"은 지식의 학문에 한정되지 않고, 대체로 우리가 오늘날 말하는 이른바 "학술전통"과 같은 것으로 "덕성의 학"(우리가 학문으로 본다면)을 그 안에 포괄하기 때문이다. 중국 과거의 정치 형태 혹은 정체의 발전에 대해 모종삼은 이렇게 생각하였다. 중국은 진한 이전의 귀족제에서 진한 이후의 군주전제(君主專制) 제도로 "학통"을 형성하였고, 지금 이후로는 반드시 민주제로 진입하여 현대적 의미의 국가, 정치, 법률을 건립해야 한다. 이것은 "당연한 것이지만 쉽지 않은 일로, 또 역사적 소이연(所以然)으로 바꿀 수 없는"[38] 것이다. 이것은 바로 이른바 "유학은 민주를 펼친다"(儒學開出民主)

37) 牟宗三, 『生命的學問』, 60-63쪽 참조.

38) 같은 책, 63-64쪽.

는 설이다.[39] 그러므로 모종삼의 견해에 의하면 중국의 "정통"은 아직 충분히 발전하지 못하였다.

모종삼에게 있어서 "학통"과 "정통"에 비하여 상대적으로 충분히 발전하였고 또 중국 문화의 독특한 성질을 표현하기에 좋은 것은 "도통"이다. 윗글에서 제기하였듯이 주자는 「중용장구서」에서 이른바 "십육자심전"을 도통이 전한 내용으로 삼았다. 모종삼은 『역사철학』 중에서 이 도통의 순서를 제기하면서 이렇게 말하였다.

> 이것은 이학가(理學家)가 특히 "중"(中)자를 가지고 도통의 전(道統之傳)으로 삼은 것이다. 이것은 분명 송대 유학의 두드러진 특징이지만, 그 은미함에서 나타남으로 변화한 것은 공맹으로부터 이미 그러하였다. 그 현저하게 드러난 것은 반드시 그 은미하게 가려진 곳에서 말미암는다. 여기에서 관건은 공자에게 있다. 공자는 이 자연적 추세가 형성한 노선을 현저하게 드러난 도통으로 전환시키고 그 "의미"[意義]를 분명하게 드러내어 우리 중화 민족 역사의 관념 형태를 관통했다고 생각하였다.[40]

이것이 비록 송대 유학자의 도통론을 해석한 것이지만 이 가운데에서 현대 신유가와 송대 유학자의 도통론 사이의 미묘한 차이가 나타난다. 송대 유학자는 보편적이고 객관적인 "리"(理)를 가지고 "도통"을 말하고, 단지 "도"의 보편성을 강조하여 이 보편

---

39) 이 논의의 철학적 의미에 관해서 필자는 「儒學如何開出民主與科學」에서 이미 상세하게 토론하였다. 이 글은 필자의 『儒學與現代意識』(臺北: 文津出版社, 1991)에 수록하였다.

40) 牟宗三, 『歷史哲學』, 5쪽.

적인 "리"를 실현한 자만이 도통이 있게 된다고 보았다. 그러므로 도통의 계보를 건립하는 것은 송대 유학자의 도통론으로 말하면 사실 그 필요성이 있었다. 반대로 모종삼은 한 민족이 그 역사 중에서 그 독특한 관념 형태를 통하여 표현한 "의미"로 "도통"을 말한다. 이 "의미" 자체는 분명 보편성을 가지지만 그 표현 방식은 오히려 특수하다. 그러므로 모종삼은 말하였다. "공자가 말한 '인'(仁)은 당연히 중국인을 한정하여 말한 것이 아니다. 인의 도리[仁道]는 가장 보편적인 것이다. 그렇지만 인의 도리를 표현하고 공자의 '인교'(仁教)를 이루는 것은 그 문화 생명상의 특수성을 가지고 있다."[41] 간단히 말해서 도통은 곧 특수성 중에서 보편성을 표현하는 과정이다. 모종삼은 헤겔의 개념을 빌어 이 보편성을 "구체적 보편성"(이것으로 추상적 보편성과 구별하였다)이라 불렀다.[42] 이러한 의미에서 도통은 결코 소수의 성인에게 달려있어서 어느 때라도 중단될 우려가 있는 것이 아니라, 전 민족의 역사 문화에 기탁하여 그 민족이 망하지 않는다면 도통은 이어져 갈 수 있게 된다. 이러한 설명은 결코 도통의 드러나고 감추어짐(顯隱)을 부정하는 것이 아니다. 이른바 "사람이 능히 도를 넓힐 수 있다"(人能弘道)는 말에는 성현이 도를 넓혀서 도통은 창현(彰顯)될 수 있음을 담고 있다. 그러나 이것은 도통이 소수의 성현에게 전속되었음을 의미하는 것이 아니라 단지 이들 성현들이 자각적으로 도통을 책임지고 창현한다는 것을 인정한 것일 뿐이다. 이런 까닭에 모종삼을 대표로 한 현대 신유가에게 도통 계보의

41) 牟宗三, 『生命的學問』, 69쪽.

42) 위와 같음.

건립은 본질적인 의미가 없다.

그러므로 우리는 이렇게 말할 수 있다. 모종삼을 대표로 하는 현대 신유가는 전체 역사 문화 중의 도통에 연계되어 있다. 그러므로 도통론은 그 역사관을 배경으로 하는데, 이러한 역사관은 인류 역사에 그 의미가 있고 그 정신 가치가 있음을 긍정하는 것이다. 그리고 이러한 의미와 가치는 이성을 가지고 있기 때문에 자유 주체가 되는 인간의 표현이다. 모종삼은 「유가 학술의 발전과 사명」(儒家學術之發展及其使命)에서 아래와 같이 말하였다.

> 공자가 인의를 말한 것은 사실 역사 문화를 붙잡고서 말한 것이다. 이 의미는 다음과 같은 말을 담고 있다. 공자의 인의는 단지 도덕적인 것일 뿐만 아니라 그 객관적 실현에 중점을 둔 것이다. 일체의 전헌(典憲)은 모두 이성(위에서 규정한 이성)의 객관화이고 객관정신의 표현이다. 중용에서 공자가 "요순을 조술하고 문무를 헌장하였다"고 한 것과 그 뒤에 말한 이른바 요·순·우·탕·문·무·주공·공자의 도통은 모두 공자가 역사 문헌 의미에서 전헌의 도통[또 곧 예의(禮義)의 도통]으로 세상에 응하여 말한 것을 가리킨다. 공자가 이 도통을 진작하여 잃지 않은 것과 미래에 수통(垂統)한 것은 모두 지나간 때의 흔적을 진술하여 말한 것이 아니라 바로 이 흔적이 나타내는 "의미"를 지직한 것이다. 흔적은 도통이 될 수 없고 의미가 도통이 될 수 있다. 이 의미는 곧 공자가 바로 전헌의 발전에 비판적 반성을 부여하여 얻은 것이다. 분명히 이것은 한 때 유행하는 학설이나 한 학파의 말이 아니라 진실로 마음으로 동의하고 객관성과 보편성을 갖춘 것이다.[43]

43) 牟宗三, 『道德的理想主義』, 5-6쪽.

이와 같은 의미의 "도통"은 전목이 말한 "주관적 도통"(主觀的道統) 혹은 "단선적 도통"(一線單傳的道統)이 아니라 반대로 그 자신이 역사문화라는 큰 전통을 도통으로 삼은 관점에 가깝다. 헤겔의 역사철학에서 사용한 용어는 분명 전목이 잘 알고 있었던 것은 아니었지만, 전목도 역사를 지나간 일의 흔적으로만 볼 수는 없을 것이다. 전목은 일관되게 역사는 그 정신과 생명이 있다고 주장하였으므로 그 역시 "역사정신"[44]을 말하였다. 이렇게 보면 웅십력 계열의 현대 신유가 도통론과 전목의 도통론 사이에는 같은 점이 다른 점보다 많은 것 같다.

4

이상으로 웅십력 계열 현대 신유가의 도통론을 간략히 서술하였다. 필자는 아래에서 이 도통론을 평가할 것인데, 특히 이 글 첫머리에서 제기한 여러 가지 비판을 중심으로 합당한 평가를 할 것이다. 현대 신유가의 도통론이 비판을 받은 것은 부분적으로는 전통 유가(특히 송대 유가) 도통론의 현대판으로 보였기 때문이다. 사실 전통 유가의 도통론에는 긍정적 가치와 의미가 있다. 오대(五代)의 "천시의 노가 무너시사 현인이 숨었나"(天地廢, 賢人隱)는 시대를 경과한 후에 송유가 제시한 도통론이 문화의식의 각성을 대표하였다. 각 민족의 생명은 반드시 상도에 의거하여 유지되기 때문에 오랫동안 가치전도, 착란의 상태에 처해서는 안 된다. 모종삼은 한 강연에서 도통을 민족 발전의 "상수"(常數)로 비

44) 錢穆, 『中國歷史精神』(臺北: 東大圖書公司, 1990), 5-6쪽 참조.

유하였다.[45] 이점으로 말하면 현대 신유가의 도통론은 전통 유가의 도통론을 계승하여 똑같이 강렬한 문화 의식을 표현하였다고 말할 수 있다.

그 다음으로 전통의 "도통" 개념은 "정통"(혹은 "治統")에 상대적으로 연계되어 제시된 것이다. 맹자는 먼저 분명하게 "도"(道)와 "세"(勢)의 문제를 제기하였다. 『맹자』「진심 상」(盡心 上) 제8장에 그 말이 있다.

> 옛날의 어진 왕(賢王)은 선(善)을 좋아하고 권세를 잊었다. 옛날의 어진 선비(賢士)가 어찌 유독 그러하지 않았겠는가? 그는 도를 좋아하고 다른 사람의 권세를 잊었으므로 왕공이라도 공경하고 예를 다하지 않으면 곧바로 뵙지 않았다. 뵙더라도 곧바로 하지 않았으니 하물며 만나도 신하로 대할 뿐이라면 어찌하겠는가?(古之賢王好善而忘勢; 古之賢士何獨不然? 樂其道而忘人之勢, 故王公不致敬盡禮, 則不得亟見之, 見且由不得亟, 而況得而臣之乎?)

이후로 "도가 권세보다 존귀하다"(道尊于勢) 혹은 "리가 권세보다 존귀하다"(理尊于勢)는 것은 역대로 유학자들이 기본적으로 갖게 되는 공통된 인식이 되었다. 예를 들어 명대 유학자 여곤(呂坤)은 이렇게 말하였다.

> 천지사이에서 오직 도리(理)와 권세(勢)가 가장 존귀하다. 비록 그러하지만 도리는 또 존귀한 것에서도 존귀한 것이다. 묘당(廟堂)에서 이 도리를 말하면 천자도 권세로 억압할 수 없고, 설령 억압을

45) 牟宗三, 『時代與感受』(臺北: 鵝湖出版社, 1984), 344-347쪽.

한다고 하더라도 도리는 천하에 만세 후에도 신장될 것이다. 그러므로 권세란 제왕의 권력(權)이고, 도리란 성인의 권력이다. 제왕이 성인의 도리를 갖고 있지 않으면 그 권력은 때로 도리에 굴복함이 있게 된다. 그렇지만 도리는 또 권세에 의거하여 권세의 존망을 가능하게 할 수 있는 것이다. 무상의 권력이 유지되고 참월(僭越)이라는 금도(禁度)를 범하지 않으니, 이것은 유자(儒者)가 감히 이 도리를 선양하는 것을 자신의 임무로 삼고 천자 앞에 당당히 나서기 때문이다.[46)]

송대 유학자가 정식으로 도통설을 제기한 후에 "리"와 "세"의 관계는 "도통"과 "치통"의 관계가 되어 도통은 "리"를 대표하고 치통은 "세"를 대표하였다. 왕선산(王船山)은 이렇게 지적하였다.

천하에 지극히 중요하면서도 빼앗을 수 없는 것에는 두 가지가 있다. 천자의 지위로 이것을 치통(治統)이라 한다. 성인의 가르침으로 이것을 도통(道統)이라 말한다.[47)]

도통과 치통의 분립은 한 편으로 서로 대립되지만 다른 한 편으로는 서로 의지한다. 청대 유학자 이이곡(李二曲)은 그 사이의 관계를 이렇게 지적하였다.

고금에 치통(治統)이 있고 도통(學統)이 있었다. 치통은 단 하루라도 행하는 사람이 없어서는 안 되고, 도통 또한 하루라도 행하는 사람이 없어서는 안 된다. 그런데 도통과 치통은 일찍이 서로 성쇠(盛

46) 呂坤, 『呻吟語』 (臺北: 河洛出版社, 1974), 권1, 「談道」, 43-44쪽.
47) 王夫之, 『讀通鑒論』 (北京: 中華書局, 1975), 권13, 「成帝」, 408쪽.

衰)와 종시(終始)가 되었다. 그러므로 치통이 펼쳐지면 도통이 비로소 펼쳐지고, 도통이 성행하면 치통은 더욱 성행하게 된다.[48]

도통설의 제기는 전통 유가의 비판정신을 위하여 이론적 근거를 제공하였다. 왜냐하면 그것은 정치적 권력 밖에 가치 표준을 세워서 유학자들은 이 표준에 근거하여 현실 정치를 비판할 수 있었기 때문이다. 그러므로 중국의 과거 제왕전제(帝王專制)의 정치적 형국 아래에서 도통설은 제왕의 권력에 대하여 일종의 무형적이지만 실제적으로 제한할 수 있는 힘이 있었다. 주원장(朱元璋)이 강포한 전횡으로 공자의 제사를 없애고 맹자의 배향을 폐하려 하였지만 전당(錢唐) 등과 같은 인물들의 강력한 간언으로 결국 여론의 압력을 살피지 않을 수 없어서 그치게 되었다.[49] 그러므로 도통설의 제기는 사실 전제 정치의 해독을 완화시킬 수 있었다.

현대 신유가는 도통을 민족의 상도로 보고, 또 변화무쌍한 현실 정치의 권력 밖에 영원하고 보편적인 가치 표준을 두어서 이것에 근거하여 현실 정치를 비판하였다. 이것은 전통 유가의 도통관과 같은 작용을 한다. 그러나 현대 신유가의 도통설은 현실 정치로 말하면 더 진일보한 의미를 가지고 있는데 바로 이런 점을 지적한 것이다. 민주 정치의 건립은 중국 문화 발전의 "내재적 요구"(內在要求)이다. 모종삼 등에게 있어서 도통과 정통의 관계

48) 『李二曲全集』(臺北: 廣文書局, 1978), 권10, 10쪽 상.

49) 이 일은 『明史』 권139, 「列傳」제27, 「錢唐傳」에 보인다. 또 全祖望의 『鮚埼亭集』(臺北: 華世出版社, 1977), 권35, 「辨錢尚書爭孟子事」, 442-443쪽 참조.

는 곧 전통 유학 중의 "내성"과 "외왕"의 관계이다. 그러나 그들도 재삼 강조한다. 전통 유가는 "내성"에서 직접적으로 "외왕"으로 통하여 나가기 때문에 최상으로 성취할 수 있는 것은 "성군현상"(聖君賢相)의 정치적 구조를 건립할 수 있을 뿐 민주 정치를 건립할 수 없다. 그들이 비록 내성외왕의 기초를 인정하지만 결코 간단히 "외왕"을 "내성"의 직접적 확장으로 보는 것이 아니라, 그 사이에 한 가지 층차의 전환적 단절[轉折]이 있어서 "곡통"(曲通)으로 "직통"(直通)을 대체할 것을 요구하는 것이다. 모종삼은 "양지의 자아감함"(良知的自我坎陷: self-negation)으로 "내성"과 "신외왕"(新外王: 민주 정치)의 관계를 설명하였다. 이와 같은 "내재적 요구"설은 몇몇 학자들의 의문을 자아내었지만 도통설에 일종의 새로운 현대적 의미를 부여한 것은 의심의 여지가 없다.[50)]

전통 유가의 도통설에서 가장 병통이 되는 곳은 그 안에 담고 있는 정통 의식과 이것으로부터 혼합되어 나오게 되는 배타성이다. 전목, 방동미 두 사람이 송대 유학의 도통론을 비판하는 그 중요한 이유가 여기에 있다. 확실히 주자 문인들 중에는 도통설에서 지나치게 정통의식을 강조하여 협소한 경향으로 나아가는 추세가 있었다. 예를 들어 주자의 문인 진순(陳淳)은 육구연(陸九淵) 및 진량(陳亮)을 이단으로 보고 맹렬히 비난을 하였는데 이

---

50) 이 "內在要求"에 질의는 林毓生의 「新儒家在中國推展民主的理論面臨的困境」을 참조하기 바란다. 이 글은 『政治秩序與多元社會』(臺北: 聯經出版公司, 1989)에 수록되었다; 陳忠信, 「新儒家"民主開出論"的檢討」, 『臺灣社會研究』 제1권 제4기 (1988년 동계호). 이러한 비판을 겨냥하여 필자는 일찍이 각각 「儒學如何開出民主與科學?」 및 「歷史與目的」이라는 두 편의 논문을 썼고 모두 『儒學與現代意識』에 수록하였다.

러한 경향을 충분히 표현하였다.[51] 이러한 병폐는 주로 도통 계보의 배열로 일어난 것이다. 도통의 계보를 배열하기 위하여 그들은 이러한 문제를 결정해야만 했다. 누가 진정으로 도통을 대표하여 정통이 되는가? 누가 단지 별파[別出]이고 심지어는 이단인가? 배타성은 바로 이것으로 인하여 생겨나게 되었다. 그러나 윗글에서 서술한 것처럼 웅십력 계열의 현대 신유가는 전체 민족의 상도를 도통으로 삼고 도통을 소수의 성현(비록 그들이 부정하지는 않는다고 하더라도 소수의 성현은 특히 자각적으로 도통을 드러낼 수 있다)에게 전적으로 귀속시키지 않으므로 도통 계보의 안배를 중시하지 않는다. 이런 까닭에 송대 유학의 도통론이 이 방면에서 비판 받는 것을 직접적으로 현대 신유가의 도통론에 전가시켜서는 안 된다.

비록 이렇기는 하지만 현대 신유가의 도통론은 여전히 또 다른 유형의 유사한 지적을 피할 수는 없다. 이 지적은 주로 그들이 도통으로 정통과 학통을 통섭하려는 관점을 겨냥한 것이다. 이 관점은 흔히 "범도덕주의"라는 명칭이 덧붙여졌다. 여영시, 방극립 두 사람이 현대 신유가의 도통론에 행하였던 비판은 바로 이런 유형에 속한다. 도통은 도덕 가치를 대표하는데, 만약 여러 가지 가치 영역 중에서 특히 도덕 가치를 두드러지게 강조하게 되면 곧 "범도덕주의"가 된다. 그렇게 되면 "범도덕주의"는 사실상 전체 유가 전통(현대 신유가 뿐만이 아니다)의 특색이 된다. "범도덕주의"가 지적을 받은 것은 그것이 일종의 "환원주의"[化約主

51) 張水儁, 「宋儒之道統觀及其文化意識」, 『臺灣大學文史哲學報』 제38기 (1990년 12월), 299-301쪽 참조.

義: reductionism] 곧 "과학주의"(scientism)와 같은 것으로 보였기 때문이다. 과학주의가 일종의 환원주의가 된 것은 그것이 과학의 방법과 조작의 순서(操作程序)를 모든 지식 영역 내지는 가치 영역에까지 확장하게 되어 그 밖의 가능한 방법을 배척하기 때문이다. 이와 비슷하게 만일 "범도덕주의"를 일종의 환원주의로 본다면 이것은 그것이 특히 도덕 가치와 도덕의식을 두드러지게 강조하고 이것으로 모든 것을 뒤덮으며, 심지어는 그 밖의 영역(예를 들어 정치, 경제, 지식, 예술)을 삼켜버려 이 영역의 독립성을 없애 버리기 때문이다. 그러나 문제는 이렇다. 웅십력 계열의 현대 신유가의 도통론은 정말로 일종의 환원주의를 포함하고 있는가?

필자는 일찍이 「이른바 "유가의 범도덕주의"를 논함」(論所謂"儒家的泛道德主義")에서 두 가지 의미의 "범도덕주의"를 구분하였다. 위에서 서술한 일종의 환원주의적 범도덕주의는 "강한 범도덕주의"(强義的泛道德主義)라 부를 수 있다. 또 다른 한 가지 관점은 비록 도덕 가치를 모든 문화 활동의 핵심 혹은 기초로 삼지만 여전히 기타 문화 영역의 독립적 의미를 인정하는 것이다. 이와 같은 관점은 "약한 범도덕주의"(弱義的泛道德主義)라 부를 수 있다.[52] 만약 누군가 위에서 서술한 모종삼이 완성한 삼통설을 일종의 "범도덕주의"라고 본다면, 이것은 다만 일종의 "약한 범도덕주의"일 뿐이다. 왜냐하면 모종삼 등 현대 신유가는 한 편으로 도통으로 정통과 학통을 "통섭"(統攝) 혹은 "개출"(開出)하지만 다른 한 편으로는 또 정치 영역과 학술 영역의 독립적 의미를 부여하기 때문이다. 도통으로부터 정통과 학통을 펼친다는 것은

52) 李明輝, 『儒學與現代意識』, 69-73쪽 참조.

곧 정치 영역과 학술 영역이 도덕 영역에서 독립하여 나온 것을 의미한다. 그러나 각 영역이 피차 독립적이라는 것을 인정한 것은 이들 영역 사이에 상하 통속(上下統屬)의 관계가 없어서 "층차"(hierachy)를 구성할 수 없다는 것을 나타내는 것은 아니다. 필자는 이 논문에서 피차 상호간에 독립적 영역이 구성한 "층차"의 가능성을 설명하였으므로 독자들은 참고할 수 있다.[53] 이 글의 목적으로 말하면 필자는 여기에서 다만 이렇게 지적하고자 한다. 단지 각 영역의 독립성을 강조하고 그 사이의 통속 관계를 가볍게 보거나 부정한다면 가치 상대주의를 피할 수 없게 된다. 모종삼 등 현대 신유가는 한 편으로 정통과 학통의 건립을 통하여 도덕환원주의를 피하고, 다른 한 편으로는 도통의 정통과 학통에 대한 통섭을 통하여 가치 상대주의를 피하고자 하였다. 이러한 도통론은 전통 유학을 계승하여 그 기본 정신을 보존하면서 또 현대 다원화 사회에 적응하여 새롭게 할 수 있다. 그것은 한 편으로 도통에 대해 긍정으로 문화적 동질감을 유지하면서, 다른 한 편으로는 정통과 학통을 펼쳐 서양 문화에서 충분히 발전한 민주와 과학을 흡수하여 현대화라는 목표를 달성하는 것이다. 이러한 현대적 의미는 모두 이미 전통 유가의 도통론이 담고 있는 것을 초월하는 것이다. 그러므로 우리는 간단히 현대 신유가의 도통론을 전통 유가(특히 송대 유학) 도통론의 복사판으로 볼 수는 없고, 후자가 받았던 비판을 전자에게 옮겨놓아야 한다.

만약 전통 유가의 도통론이 "도"의 보편성에 편중하였다면, 현대 신유가의 도통론은 그 보편성과 특수성을 겸하고 있다. "도"의

---

53) 같은 책, 116-122쪽.

특수성을 겸하고 있으므로 현대 신유가는 다른 민족에 각각 전통이 있음을 인정하고 억지로 그 동일함을 구하지는 않는다. 예를 들어 모종삼은 중서문화의 융합을 논의할 때 이렇게 말하였다.

> 어떤 한 민족에게 그 최초의 가장 근원적 문화 생명이 없다면 그만이지만, 만약 있다면 곧 마땅히 직접적으로 이것에서 자신의 큰 믿음[大信]을 세워야 한다(서양 로마제국이 붕괴된 후에 북방의 노르만 민족이 나와 기독교가 표현한 그 원초적 내재 영혼을 받아들였다). 왜냐하면 여기에는 보편성이 있으므로 상즉상융(相卽相融)할 수 있고 서로 장애가 되지 않았으며, 또 특수성이 있으므로 응당 각자가 믿음을 세우면서 자성(自性)을 버리지 않아 각 민족 문화 생명의 창조와 발전을 보장하였기 때문이다. 나는 분명 기독교화를 원하지 않지만 똑같이 서양 기독교 민족이 그 믿음을 버리고 공교(孔教)를 신앙할 것을 희망하지도 않는다. 그러나 상융상즉(相融相卽)으로 각기 그 자신을 충실하게 개진하는 것은 가능하다.[54]

모종삼 등 현대 신유가들의 도통론으로 말하면 그들은 가치의 보편성을 견지하여 환원주의에 빠지지 않았고, 또 현대 사회의 다원화 추세에 적응하려고 가치 상대주의에도 흐르지 않았으며, 가치의 보편성과 다원성을 겸하였다. 이것으로 볼 때 이른바 "자아중심"(自我中心), "전통을 자임한다"(自居傳統), "천하에 군림한다"(君任天下)와 같은 지적은 그들의 도통론으로 말하면 공평한 것은 아니다.

---

54) 牟宗三, 『生命的學問』, 69-70쪽.

부 록

중국 대륙의 현대 신유학 연구

- 배경 · 성과와 평가

1. 연구의 배경 · 계획과 성과

현대 중국에서 가장 영향력이 있는 사상 가운데 신유가 사상은 원래 자유주의, 마르크스주의와 함께 정립되었다. 그러나 1949년 중국공산당[中共]이 대륙에서 정권을 획득한 뒤에 마르크스주의는 중국공산당의 세력에 힘입어 독존적 사상이 되었고 신유가 사상과 자유주의 세력은 대만과 홍콩 두 지역으로 옮겨 활동하게 되었다. 대륙에 잔류한 웅십력(熊十力)과 양수명(梁漱溟)은 비록 큰 정치적 억압을 받았지만 대체로 원래의 사상적 입장을 견지할 수 있었다. 하린(賀麟)은 방향을 전환하여 서양철학사상을 소개하면서 일찍이 제창하였던 유가사상을 다시는 제기하지 않았다. 풍우란(馮友蘭)은 정치적 상황의 변화로 그 학술적 입장을 여러 차례 바꾸어 현대 중국 지식인의 비극적 역할에 대한 하나의 사례를 제공하였다. 그렇지만 이들처럼 일찍이 유학을 자신의 책무로 삼았던 학자들이 겪게 된 상황과 그 사상발전이 어떠하던지 간에 유가사상은 대륙의 지식계에서 다시는 적극적 영향을 갖지 못하게 되었고, 반대로 중국공산당은 '봉건사회의 남은 독소'(封建餘毒)로 보아 엄혹한 비판과 억압을 하였다.

중국 대륙에서 유학사상의 운명은 70년대 말 등소평(鄧小平)이 재등장하여 개방정책을 실시한 후에야 전환기를 맞게 되었다. 개방정책의 실행으로 대륙의 학자와 지식인들은 해외의 중국인(주로 미국, 홍콩과 싱가포르이다) 지식계와 교류할 기회를 갖게 되면서[1] 대만과 해외에서 원래 이미 성과가 있던 유가사상도 그로 인하여 중국 대륙으로 흘러들어가게 되었다. 당시 대륙의 지식계는 마침 서양세계에 개방되면서 두 문화가 강렬하게 대비됨을 알게 되었고, 그리하여 자신의 문화를 반성하는 "문화열"(文化熱)이 흥기하게 되었으며[2] 대만과 해외의 신유가사상은 이러한 문화열기 속에 대륙 지식계의 주목을 이끌었다. 이밖에 70년대 말기부터 유럽과 미국 학술계는 아시아의 네 마리 작은 용이 일본을 이어 경제적 측면에서 걸출한 성과를 나타낸 것에 주목하면서 독일 사회학자 막스 베버(Max Weber)의 유가사상과 자본주의 이론에

1) 싱가포르 정부는 1983년 동아철학연구소(東亞哲學研究所)를 세워 유학연구를 추동하고, 또 널리 대만·대륙과 해외학자들이 방문 연구하도록 초청하였다. 이것은 대륙지식계가 신유학사상을 접촉하는데 하나의 길을 제공하였다.

2) 대륙의 "문화열"이 일어난 원인에 관해서는 李中華의 「大陸文化熱的起因與知識分子的覺醒」, 『中國論壇』 제295기 (1988년 1월 10일), 40-44쪽을 참조.

관한 새로운 반성을 하게 되었다. 이러한 토론으로 대륙 학술계는 아래와 같은 문제들을 대면하지 않을 수 없게 되었다. 어째서 중국공산당의 의식형태가 지배하면서 유가전통과 철저하게 나뉜 중국 대륙은 시종일관 경제적 낙후라는 곤경에서 벗어나지 못하고, 반대로 유가전통에 반대하지 않은, 심지어 정부의 역량으로 유가사상을 제창한 일본과 아시아의 네 마리 작은 용은 경제적 측면에서 급속하게 발전하여 이른바 "동아시아 경제 기적"을 창조하였는가? 유가사상은 중국공산당이 과거에 인식한 것처럼 중국의 현대화에 장애가 되는 것이 아니라 그 긍정적 작용과 공헌이 있는 것은 아닌가? 대륙 학술계가 유럽, 미국 및 대만 학술계와 마찬가지로 이 문제에 대해 매우 다양한 관점을 가지고 있고 또 지대한 논쟁을 일으켰지만 이러한 논쟁 역시 재삼 현대 신유학의 관점에 미치게 되어 대륙 학술계가 신유학을 연구하는 동기를 조장하였다.

이처럼 내재와 외재라는 이중적 배경 속에서 신유가 사상 역시 중국공산당 당국의 주목을 받게 되었다. 1986년 3월 중국공산당 당국의 국가교육위원회(國家教育委員會)는 한 차례 〈문과과학자문회〉[文科科硏諮詢會]를 열었는데 천진(天津)의 남개대학(南開大學) 철학과 방극립(方克立) 교수는 이 회의에서 「현대 신유학 연구를 중시해야 함」(要重視對現代新儒學的硏究)을 발언하였고, 발언한 후에 『천진사회과학』(天津社會科學) 1986년 5기에 발표하였다. 같은 해 11월 〈전국철학사회과학 '75'규획회의〉(全國哲學社會科學'七五'規劃會議)를 북경에서 열었는데, 이 회의에서 '현대신유가사조연구'(現代新儒家思潮硏究)라는 과제가 '75'기간

국가중점연구과제(七五期間國家重點硏究課題) 가운데 하나로 통과되었다. 또 방극립 교수와 광주(廣州)의 중산대학(中山大學) 철학과 이금전(李錦全) 교수가 이 과제의 책임자로 통과되었다. 조직 작업이 곧 진행되면서 16개 단위 17명의 학자가 총망라되었다. 이 16개 단위는 남개대학, 중산대학[廣州], 무한대학(武漢大學), 복단대학(復旦大學), 남경대학(南京大學), 중국인민대학(中國人民大學), 길림대학(吉林大學), 산동대학(山東大學), 심천대학(深圳大學), 천진사범대학(天津師範大學), 화남사범대학(華南師範大學), 상해사회과학원(上海社會科學院), 절강사회과학원(浙江社會科學院), 안휘사회과학원(安徽社會科學院), 광서사회과학원(廣西社會科學院), 천진시당위학교(天津市黨委學校)이다. 1987년 9월 이 과제의 조직은 안휘(安徽)의 선주(宣州)에서 열린 제1차 소형의 학술연토회기공작협조회(學術硏討會暨工作協調會)를 열어 양수명, 장군매, 웅십력, 풍우란, 하린, 당군의(唐君毅), 모종삼(牟宗三), 서복관(徐復觀), 전목(錢穆), 방동미(方東美) 열 사람을 중점연구대상으로 먼저 결정하였다. 이후 그들은 또 계속해서 마일부(馬一浮), 유술선(劉述先), 두유명(杜維明)과 여영시(余英時) 네 사람을 포함하였다.

선주에서의 회의 이외에 신유가 과제 조직은 또 1989년 1월 〈현대신유가학안연토회〉(現代新儒家學案硏討會)를 열었다. 신유가 과제 조직 이외에 기타 조직도 당대 신유가에 관한 학술모임을 개최하였다. 1985년 12월 북경대학(北京大學), 무한대학 등은 호북(湖北) 황주(黃州)에서 〈웅십력 선생 탄생 100주년 기념 학술토론회〉(紀念熊十力先生誕生一百週年學術討論會〉를 개최하였고, 또 여러 권의 『웅십력논저집』(熊十力論著集)을 편집하였는데, 제1권은 이미 같은 해 말 북경의 중화서국(中華書局)에서 출판하였다. 1986년 10월 중국사회과학원, 북경대학 등은 북경에서 〈하린학술사상토론회〉(賀麟學術思想討論會)를 개최하였다. 1987년 10월 북경중국문화서원(北京中國文化書院)은 북경에서 〈양수명사상국제학술연토회〉(梁漱溟思想國際學術硏討會)를 개최하였다.[3] 1988년 12월 홍콩법주문화학원(香港法住文化學院)은 홍콩에서 〈당군의사상국제회의〉(唐君毅思想國際會議)를 개최하였으며 10여 명의 대륙학자들이 회의에 참가하여 논문을 발표하였다. 1990년 12월 아호월간사(鵝湖月刊社), 동방인문학술기금회(東方人文學術基金會), 중국철학연구중심(中國哲學硏究中心) 등이 대북(臺北)에서 개최한 〈당대신유학국제연토회〉(當代新儒學國際硏討會)에 비록 대륙학자들이 출석하지 않았지만 몇몇은 논문을 제출하였다. 이밖에 1987년 12월 북경에서 개최한 〈전국 제1회 중국 현대철학사 학술연토회〉(全國首屆中國現代哲學史學術硏討會) 및 1989년 8월 경박호(鏡泊湖)에서 개최한 〈20세기 중국철학과 문화사조 학술연토회〉(二十世紀中國哲學與文化思潮學術硏討會)가 비록 현대 신유학을 주제로 한 것은 아니지만 현대 신유학도 회의에서 격렬한 논쟁을 이끌었다.

신유가 과제 조직의 구체적인 성과는 무한대학 철학과 곽제용(郭齊勇)이 원래 이미 쓴 『웅십력과 그 철학』(熊十力及其哲學)이

3) 이 연토회의 상황에 대해서는 李弘祺, 「中國知識傳統獨立的象徵—梁漱溟思想國際學術討論會記述」, 『中國論壇』 제292기 (1987년 11월 25일), 20-23쪽 참조.

있었고 1985년 중국전망출판사(中國展望出版社)에서 출판하였으며, 후에 수정·확대하여 『웅십력과 중국전통문화』(熊十力與中國傳統文化)로 1990년 홍콩의 천지도서공사(天地圖書公司)와 타이베이의 원류출판공사(遠流出版公司)에서 출판하였다. 1988년 북경사범대학(北京師範大學) 출판부는 『풍우란학술정화록』(馮友蘭學術精華錄)을 출판하였다. 1990년 무한대학 철학과의 전문군(田文軍)이 쓴 『풍우란과 신리학』(馮友蘭與新理學) 역시 홍콩의 천지도서공사와 타이베이의 원류출판공사에서 출판하였다. 상해사회과학원 역사연구소(上海社會科學院歷史研究所)의 나의준(羅義俊)이 편찬한 『평신유가』(評新儒家)가 1989년 12월 상해인민출판사(上海人民出版社)에서 출판되었다. 이 책은 주로 대만·홍콩과 해외학자들을 포괄하는 현대 신유가에 대한 평가로 대륙학자들의 연구 성과를 대표하지 않는다. 그러나 편자는 이 책의 앞뒤에 「현대 신유가의 역정과 지위 문제」(當代新儒家的歷程和地位問題)와 「신유가전략」(新儒家傳略)이라는 두 편의 글을 덧붙였는데 현대 신유가에 대한 편자의 이해와 평가라고 할 수 있다. 남개대학 철학과의 정가동(鄭家棟)이 쓴 『현대신유학개론』(現代新儒學概論)이 1990년 광서인민출판사(廣西人民出版社)에서 출판되었다. 이 책은 국내외를 막라하여 첫 번째로 출판된 현대 신유학에 대한 개론서로 그 서술하고 있는 범위가 매우 넓어 대륙학자들이 이 영역에서 도달한 연구 수준을 대체로 보여준다. 이밖에 방극립과 이금전이 주편한 『현대신유학연구논집』(現代新儒學研究論集) 제1집이 1989년 중국사회과학출판사(中國社會科學出版社)에서 출판되었다. 이 논문집에는 모두 18편의 논문과 부록 2편이 수록되었으며 현대 신유가에 대한 통론과 일반적인 소개 이외에도 양수명·장군매·풍우란·당군의·모종삼 이 다섯 사람에 대한 전문적인 논문이 있다. 이 논문집은 대륙학자들의 집단 연구 성과로 위에서 말한 각각의 연구 서적보다 현대 신유학에 대한 대륙학술계의 일반적인 연구 수준을 대표한다.

작년(1990)에 방극립은 한 차례 방문할 때 『현대신유학연구논집』 제2집이 이미 편집·완료되었고, 약 150만자의 학술자료서 『현대신유가학안』(現代新儒家學案)의 편집 작업이 거의 완성되어 곧 인쇄가 들어간다고 말하였다.[4] 이 학안은 신유가과제조의 핵심 작업 가운데 하나로 3책(冊)으로 나누어 출판하려고 하는데, 내용은 〈평전〉(評傳), 〈자료선편〉(資料選編), 〈논저목록〉(論著目錄) 세부분을 포함한다고 하였다.[5] 정가동 역시 작년에 말하기를 중국사회과학출판사에서 〈현대신유학논총·인물연구시리즈〉(現代新儒學論叢·人物研究系列)를 출판할 계획이고, 요녕대학에서 〈현대신유학논총·전제연구시리즈〉(現代新儒學論叢·傳題研究系列)를 출판할 계획인데 이 두 시리즈는 모두 20여 종으로 앞으로 5년 내에 모두 출판할 계획이며, 이밖에 중국광파전시출판사(中國廣播電視出版社)는 앞으로 2년 내에 14종의 〈현대신유학논저집요〉(現代新儒學論著輯要)를 출판할 예정이며 양수명·장군매·웅

4) 關東, 「現代新儒家研究的回顧與展望—訪方克立教授」, 『鵝湖月刊』 제188기 (1991년 2월), 48쪽에 보인다. 이 글은 원래 『哲學研究』 1990년 제3기에 게재하였다. 필자는 아직 이 간행물을 보지 못하였기에 『아호월간』에 근거하여 인용하였다.

5) 李宗桂, 「〈現代新儒家思想研究〉的由來和宣州會議的爭鳴」, 方克立·李錦全 主編, 『現代新儒學研究論集』 제1집(中國社會科學出版社, 1989), 340쪽.

십력 · 풍우란 · 하린 · 마일부 · 당군의 · 모종삼 · 서복관 · 전목 · 방동미 · 유술선 · 두유명 · 여영시 등 여러 인물들의 중요 저작 혹은 그 중의 중요 부분이 포함되고 첫 번째로 7종(당군의 · 모종삼 · 전목 · 방동미 · 유술선 · 두유명 · 여영시)이 모두 1991년에 출판될 계획이라고 하였다.[6] 윗글에서 말한 방문 중에 방극립은 1986년 이래 대륙에서 잡지에 발표된 신유가 관련 학술 논문은 이미 160여 편에 달한다고 추정하였다.[7] 그러나 정가동의 추론에 의하면 그 수는 2백 편에 가깝다.[8]

2. 연구 동기

신유학 연구가 대륙 지식계에서 일어나게 된 배경에 대한 윗글의 설명에서 필자는 이미 대륙 학술계에서 신유학 연구에 종사하게 된 주요 동기를 암암리에 드러냈다.

김융덕(金隆德)은 「현대 신유학 연구의 목적과 방법을 논함」(談談硏究現代新儒學的目的與方法)에서 대륙 학술계의 관점에 근거하여 그들이 신유학 연구를 중시하는 몇 가지 이유를 이렇게 정리하였다. (1) 현대 신유학이 중국 현대 사상사와 철학사에서 차지하는 합당한 지위를 확정하기 위해서이다. (2) 현대 신유가의 이론은 넓이와 깊이에서 부단히 발전하여 갈수록 국내외에서

6) 鄭家棟, 「大陸近年來的新儒家研究與我的一點認識」, 홍콩 『法言』 격월간 제2권 제6기 (1990년 2월), 33쪽.

7) 關東, 「現代新儒家研究的回顧與展望—訪方克立教授」, 48쪽.

8) 鄭家棟, 「大陸近年來的新儒家研究與我的一點認識」, 33쪽.

무시할 수 없는 학술 사조가 되었다. (3) 대만·홍콩 등지의 일부 인사들이 신유가 사상으로 마르크스주의에 대항하고 대체하고자 하는데 이러한 시도를 격파하기 위해서는 반드시 신유가 사상을 깊이 연구해야 한다.[9] 김융덕 자신은 다시 네 번째 이유를 덧붙였다. 현대 신유가 사조를 연구하는 것은 사회주의를 건설하고 국가를 현대화하는데 역사적 임무와 밀접한 관계가 있다. 그는 이렇게 말하였다.

> 현대화라는 이러한 배경으로 볼 때 현대 신유가 사조는 우리나라 자산계급의 사상의식이고, 또 우리 중화민족이 봉건이라는 협소한 사상의식으로부터 현대화로 나가는 전반적인 과정에서 초기 단계의 역정이다. 이 단계의 사상 역정을 분명히 아는 것은 의심할 여지없이 우리민족 사상의식의 현대화를 실현하는데 필수적인 것이다. 나는 이것이 당연히 현대 신유가 사조를 연구하는 근본 목적이라 생각한다.[10]

이 네 가지 이유는 대체적으로 대륙학자들이 현대 신유학을 연구하는 기본 동기를 개괄한 것이다. 그 중에서 앞의 두 가지 사항은 일반적으로 학술 동기에 속한 것으로, 전적으로 중국 대륙의 신유학 연구에만 해당되는 것은 아니다. 어떤 학술사상에 대한 연구라도 이 두 사항의 동기를 포함하지 않을 수 없다. 주목할 점은 뒤의 두 가지 사항이다. 이 두 가지 사항은 모두 실용적 동기에 속한다. 필자의 판단으로 이것은 중국공산당 당국이

9) 方克立·李錦全 主編, 『現代新儒學研究論集』 제1집, 14-15쪽.
10) 같은 책, 16쪽.

〈현대신유가사조연구〉를 중점연구과제로 둔 주요 동기이다.

마르크스·레닌주의 의식형태의 주도아래 연구에 종사하는 대륙학자와는 달리 또 두 가지 유형의 대륙학자들이 있으며 그들도 그 밖의 실용적 동기에 기초하여 현대 신유학을 연구한다. 이들은 자유화 정책을 지지하는 사람과 '유학부흥'(儒學復興)을 주장하는 사람이다. 6·4천안문사건 이전에 전자는 대륙 지식계에서 매우 영향력이 있었고, 또 대만·홍콩과 해외 자유주의 학자들과 서로 호응하였다. 그들이 현대 신유학을 연구하는 목적은 유가사상을 비판하기 위한 것이다. 왜냐하면 그들은 유가사상을 자유화 정책을 추동하는데 중대한 장애로 보고, 또 유가사상과 중국 공산주의 사이에 상당한 정도로 내재적 관련이 있다고 믿기 때문이다. 포준신(包遵信)·감양(甘陽)·유효파(劉曉波) 등과 〈하상〉(河殤)이라는 영화 제작자를 이 부류에 넣을 수 있다. 그런데 다른 한편으로 대륙 지식계에서 일관하여 충만한 반 전통 분위기속에서[11] 공개적으로 '유학부흥'을 주장하는 사람은 과거에 별로 보이지 않았지만 최근에 점차 이런 말이 나오고 있다. 이런 학자들은 앞의 한 부류와 대조된다. 왜냐하면 그들은 유가사상은 중국 현대화에 장애가 되지 않을 뿐만 아니라 오히려 도움이 될 것이라

11) 대륙학자 范學德은 「〈新儒家〉·〈主線論〉及其他」에서 '新儒家'라는 용어를 사용하는 것에 반대하고 있다. 그 이유는 이렇다. "솔직히 말해서 나는 '신유가'라는 이 개념이 국내에서 어떤 경우에는 정치적 덧씌움[政治帽子]과 같아 사람들의 관념 중에 復古主義·保守主義·반 마르크스주의와 연계되기 쉽다. 여러 가지 오해를 제거하려고 하는 것보다는 '신유가'라는 이 개념을 사용하지 않는 것이 좋다."(北京『中國哲學史硏究』 1988년 제1기, 24쪽) 이것으로 대륙 지식인들의 '유가'라는 용어에 대한 거부감을 볼 수 있다.

고 믿기 때문이다. 예를 들어 최근에 심천(深圳)의 행정학원(行政學院) 강사 장경(蔣慶)이 「중국 대륙에서 유학 부흥의 현실적 의의와 그 직면한 문제」(中國大陸復興儒學的現實意義及其面臨的問題)에서 "중국 대륙이 지금 마주하고 있는 가장 큰 문제는 유학 부흥의 문제"라고 주장한 것과 같다.[12] 또 신유가과제조의 구성원인 나의준이 위에서 서술한 〈당군의사상국제회의〉에서 발표한 「유학 · 신유학과 중국현대화의 방향」(儒學 · 新儒學與中國現化的方向)에서 현대 신유가의 "내성을 근본으로 하여 신외왕을 펼친다"(本內聖開出新外王)는 사상 방향에 찬동한 것과 같다.[13] 그러나 이 두 부류의 학자들은 중국 대륙의 신유학 연구에서 주도적 세력이 아니다. 특히 6 · 4천안문사건 이후 앞의 한 부류의 주장은 중국공산당 당국의 큰 억압을 받아 세력이 크게 소멸하였다.

그런 까닭에 우리는 이렇게 말할 수 있다. 오늘날 중국 대륙에서 현대 신유가를 연구하는 학자들은 신유가에 대한 개인적인 평가에 상관없이 대부분 마르크스-레닌주의 의식형태의 영향에서 벗어날 수 없다. 재미있는 것은 포준신처럼 중국공산주의에 이의를 제기하는 학자도 현대 신유가의 도덕 이상주의를 비평할 때 그가 근거하는 것은 여전히 마르크스의 논점이다. "시대를 초월하고 사회를 초월하는 도덕은 없다. 역사는 언제나 도덕에 앞서는 것으로, 인류에게 첫째인 것 역시 시종일관 관통하고 있는 것은 물질적 생산 활동이다. 그러므로 도덕은 역사에 종속될 수밖에 없다. 이상주의 도덕은 인류 발전의 역사적 총체에서 제기되

12) 이 글은『鵝湖月刊』제170/171기 (1989년 8/9월)에 게재하였다.

13) 이 글은 그 후에『鵝湖月刊』제165기 (1989년 3월)에 게재하였다.

는 것이지 인간의 선험주의 중에서 찾을 수는 없다."[14] 우리는 이렇게 말할 수 있다. 대륙 학계에서 이처럼 마르크스·레닌주의 의식형태가 주도하는 신유학 연구는 결코 우연히 형성된 것이 아니라 중국공산당 당국이 의도적으로 이끈 결과이다. 방극립은 거리낌 없이 공개적으로 이렇게 말하였다.

> 대륙에서 현대 신유학을 연구하는 학자들 가운데 '전반서화'(全盤西化)의 입장에서 신유학에 전반적인 부정의 태도를 취하는 것은 극소수이다. 완전히 신유학에 동의하고 '유학의 부흥'(復興儒學)을 중국 현대화 실현의 유일한 희망이라고 하는 것도 극소수이다. 대다수의 학자들은 모두 힘써 마르크스주의 입장·관점과 방법을 써 현대 신유학을 현대 중국 사회역사적 배경 아래에서 필연적으로 생겨난 사상문화 현상으로 보는데, 그것에 대해 구체적인 역사 분석과 이론 분석을 진행하여 신성화하지도 않고 역사적 지위도 말살하지 않는다. 국내에서 현대 신유학을 연구하는 학자들은 절대 다수가 마르크주의파에 속하고, 나는 그 가운데 일원일 뿐이라고 말할 수 있다. 4항의 기본원칙을 위배하지 않는 전제 아래 우리는 연구의 각도·방향·층차·방법의 다양화를 제창하고, 다른 학술 견해의 존재와 상호간에 토론과 논쟁을 진행하는 것은 완전히 정상적인 현상이다.[15]

이 단락의 말을 나는 이렇게 이해한다. 중국 대륙에서 현대 신유가를 연구하는 학자들은 진정한 다원화에 도달하지 못하였고, 그들이 말하는 '다원화'는 마르크스-레닌주의 의식형태를 전제로

14) 包遵信, 「儒家思想和現代化」, 『批判與啓蒙』(臺北: 聯經出版公司, 1989), 24쪽; 『知識分子』(뉴욕: 1987년 동계호), 107쪽.

15) 關東, 「現代新儒家研究的回顧與展望—訪方克立教授」, 51쪽.

한 논쟁일 뿐이다. 이것은 서양 중세의 기독교철학이 교회의 교조(教條)를 전제로 하여 철학사변에 종사한 것과 유사하다. 이런 의미에서 그들이 현대 신유학의 몇 가지 주장을 긍정한다고 하더라도 마르크스·레닌주의 의식형태를 위배하지 않는다는 전제 아래 긍정하는 것일 뿐이다.

이런 배경 아래 우리는 순수한 학술 연구의 관점으로 중국 대륙의 신유학 연구를 볼 수 없다. 방극립과 같은 마르크스주의 학자로 말하면 세상에는 이른바 '순수한 학술'(純學術)은 없고 모든 학술 사상은 모두 의식형태이다. 그가 두유명과 힘써 논쟁한 하나의 관점이 바로 이것이다. 유가사상은 본질상 초 계급·초 역사의 정신원칙이 아니라 '봉건의식형태'이다.[16] 한 가지 분명히 설명해 둘 점은, 이런 유형의 학자로 말하면 모든 학술 토론 혹은 논쟁은 결국 모두 의식형태의 투쟁이다. 그러므로 방극립이 장경의 '유학 부흥'설을 겨냥하여 아무런 거리낌 없이 이렇게 말한 것도 이상하지 않다.

> 그 모토로 삼는 것은 바로 '네 개의 방침'[四個堅持]이다. '유학부흥'설은 결단코 단지 전통문화를 위하여 찬가를 부른 것만이 아니라 오늘날 중국의 현실을 겨냥하여 이론을 제기한 것이다. 국내외에는 모두 동아시아 '네 마리 작은 용'(四小龍)의 경제기적을 사례로 하여 혹은 분명하게 혹은 암암리에 중국은 마땅히 '유가자본주의'(儒家資本主義)의 길을 걸어야 한다고 고취하여 우리의 사회주의 초급 단계 이론에 도전을 제기한다. 우리는 현대 신유학의 연구에서 이런 첨예

16) 方克立, 「展望儒學的未來前景必須正視的兩個問題」(節錄), 『法言』(홍콩: 격월간 제3권 제1기, 1991년 2월호), 38-39쪽 참조.

> 한 현실 문제를 회피할 수 없고 마땅히 마르크스주의를 지도이념으로 삼아 신유가사상과 사회경제발전·민주법치 건설·정신문명 건설의 관계 등과 같은 문제들을 진지하게 연구해야 하며, 이론적 설명을 해야 할 뿐만 아니라 실제적인 조사 연구를 하여 사실·통계[數據]를 가지고 이론 관점을 설명해야 한다. 이후로 사상적 측면에서 이 방면의 투쟁 임무는 갈수록 중요할 것이다. 우리는 마르크스주의 이론 연구자의 책임으로 삼지 않을 수 없다.[17]

대륙 학자들의 신유학 연구 분야의 성과를 합당하게 평가하려면 그들의 이러한 동기와 배경을 이해해야 한다.

3. 연구 성과에 대한 초보적인 평가

마지막으로 필자가 지금까지 살펴본 자료로부터 대륙학자들의 이 분야의 연구 성과에 대하여 개인적인 평가를 제시하고자 한다. 필자는 특히 정가동의 『현대신유학개론』과 신유가과제조의 연구 성과를 대표하는 『현대신유학연구논집』 제1집에 대해 평가함으로써 대륙학자들의 전체적인 연구 성과에 대해 일반적인 평가를 하려고 한다. 필자는 이렇게 생각한다. 정가동의 이 책은 대륙 신유학 연구 제1단계의 가장 높은 수준을 나타낸다. 그 〈개론〉으로 말하면 이 책은 억지로 왜곡한 것은 적고 대체로 사실로 사실을 논하는(就事論事) 객관적 태도를 유지하고 있다. 저작 역시 상당한 이해력을 가지고 있어 몇 가지 유행하고 있는 오해를 피했으며, 어떤 때는 심지어 약간의 오해를 분명히 하기도 하였

17) 같은 논문, 52쪽.

다. 예를 들어 책의 한 단락에서 현대 신유가와 장지동 유형의 '중체서용'(中體西用) 논자 사이의 구별을 논의하면서 한 마디의 말로 분명히 적중하였다.

> 신유가의 한 가지 독특한 점은 바로 정체적 문화관(整體的文化觀)을 주장하는 것으로, 그들이 중국문화를 강조하든 혹은 서양문화를 강조하든 모두 유기적 정체인 것이지 어떤 문화 요소와 특징을 간단히 덧붙이는 것이 아니다. 이것이 바로 그들과 초기 중체서용론자의 근본적 차이이다. 그들의 이론이 여전히 중체서용론에 속한다고 말하는 것은 다음과 같이 이해한 것에 불과하다. 그들은 중국철학문화의 기본정신을 주도로 하여 서양철학문화(서양철학문화의 '체'를 포함한다)를 통섭·흡수·개조·동화할 것을 주장하는 것이지 장지동과 같은 인물이 주장하고 엄복(嚴復)이 비판한 것과 같이 중국문화의 체(中國文化之體)를 서양문화의 용(西洋文化之用)과 결합하여 받아들인 것이 아니다.[18]

이와 같은 통찰이 책 곳곳에서 보이는데 지면의 제한으로 일일이 열거할 수 없다.

그렇지만 중국 대륙에서 처음 나온 현대 신유학에 관한 개론서라는 점으로 말하면 이 책은 결점이 있다. 첫째, 곽제용이 지적한 것처럼 이 책은 대만·홍콩의 전목·당군의·모종삼·서복관 등에 대한 연구가 비교적 약하다.[19] 사실 이 책은 장군매에 대한 연구도 단편적인 것으로 단지 초기에 그가 과현논쟁(科玄論爭)에

18) 鄭家棟, 『現代新儒學概論』 (南寧: 廣西人民出版社. 1990), 18-19쪽.

19) 郭齊勇, 「儒學現代化進程的整體反思—評鄭家棟『現代新儒學概論』」, 『鵝湖月刊』 제186기 (1990년 12월), 42쪽.

서 보였던 관점만을 다루고 그가 뒤에 민주이론과 유가사상에 대해 밝혔던 관점은 거의 완전히 무시하였다. 이 책에 보이는 이러한 결점은 아마도 자료를 얻기 어렵고 대륙 학계가 외부와 격리되었기 때문일 것이다. 바로 이런 까닭에 이 책에서 대만·홍콩의 신유가 학설·사상을 토론할 때 흔히 충분히 깊게 들어가지 못한다. 예를 들어 모종삼이 "양지의 자아 감함"(良知之自我坎陷)설로 신유가의 "내성으로부터 신외왕을 펼친다"는 기본 논지에 이론적 근거를 제시하였는데 그 중요성은 말할 필요도 없다. 그러나 이 책은 오히려 1쪽이 되지 않는 분량으로 이 학설을 토론하였고, 또 그 말을 얼버무린다. 저자는 심지어 "감함"(坎陷)이 곧 "부정"(negation)의 뜻이라는 것을 모르고 여전히 "'감함'은 대략 하강(下降)·실락(失落)·역전(逆轉)의 뜻을 담고 있다"고 추측하여 말한다.[20] 그런 뒤에 문제가 될 것 없는 것을 문제로 제시한다. "이른바 '양지 자아의 감함이 지성주체를 펼친다'(良知自我的坎陷開出知性主體)는 것은 궁극적으로 양지가 잠시 자기 자신이 도덕주체라는 것을 망각하고 인지주체(認知主體)의 지위로 물러나 머물면서 객관사물에 대하여 인지를 실현하는 것인가 아니면 양지가 자기 자신을 전개하여 서로 다른 차원이 되는 것인가? 모종삼은 이 점에 대해 분명히 말하지 않았고, 다른 사람들의 이해 역시 일치하지 않는다."[21] 사실 모종삼의 『역사철학』·『정도와 치도』·『지성의 직관과 중국철학』·『현상과 물자체』 라는 여러 책들을 자세히 읽기만하면 "양지의 자아 감함"설은 이 두 가지

20) 鄭家棟, 『現代新儒學概論』, 32쪽.

21) 위와 같음.

의미를 동시에 담고 있다는 것을 어렵지 않게 이해할 수 있다. 저자가 이 문제를 제기한 것은 바로 이 학설에 대한 몰이해를 나타낸다.

여기에서 필자는 이렇게 제의하고자 한다. 이런 유형의 「서론」을 쓴다면 마땅히 소개·해석·논증의 작업에 치중해야지 경솔하게 저자 자신의 관점 혹은 유행하는 관점에 따라 비평을 제기해서는 안 된다. 왜냐하면 '개론'(槪論)은 '전론'(專論)과 달라 문제에 대한 깊은 탐구가 매우 어려워 감상하는 식의 비판을 솔직히 제기하여도 그 이론적 근거를 충분히 설명하기 어려우므로 평가의 권리를 독자들에게 남겨두는 것이 좋다. 그러나 유감스러운 점은 저자가 흔히 그 당연한 지위를 넘어 사람들이 돌발적이라고 느끼게 되는 논의를 제기한다는 것이다. 예를 들어 그는 책에서 현대 신유가에 대해 이렇게 비평하였다.

> 그들은 전통유가가 사회문제·정치문제의 기초를 개체의 도덕수양에 귀결시키는 사상적 노선은 여전히 유효한 것이라고 확신한다. 이러한 도덕주체의 입장은 그들로 하여금 흔히 두 가지 곤경[兩難]에 빠지게 한다. 하나는 그들이 이미 전통문화의 결함과 그것이 직면하고 있는 도전이 엄중성을 깊이 감수하게 한다는 것이다. 다른 하나는 또 여전히 전통유가의 '내성외왕'(內聖外王)이라는 사유방식에 따라 반응한다는 것이다.[22]

이러한 비평이 성립하는지 여부는 좀 더 연구를 할 필요가 있다. 그러나 저자는 이러한 비평을 할 때 그 이론적 근거를 설명

22) 같은 책, 18쪽.

하지 않았다. 이것은 하나의 학술저작에 대해 매우 합당하지 않은 방법이다. 사실상 현대 신유가 자체의 입장에서 볼 때 이러한 비평은 핵심을 건드린 것이 아니다. 왜냐하면 그들은 분명 전통유가의 '내성외왕'의 사상을 계승하고 있지만 이러한 사상에 대해 새롭게 해석하여 내성으로부터 외왕으로 나가는 과정을 일종의 변증적 역정으로 보기 때문이다. 즉 '곡통'(曲通)으로 '직통'(直通)을 대신하는데 '양지의 자아 감함'설은 이러한 '곡통'의 역정을 설명하고자 한 것이다. 이 측면으로 말하면 그들은 전통유학에 대해 계승한 것이 있고 또 수정한 것이 있다. 그리고 그들이 수정을 하게 된 원인은 바로 그들이 전통유학의 결함에 대해 반성하였기 때문이다. 여기에는 결코 '두 가지 곤경'의 문제는 없다. 우리가 신유가의 이런 해석을 받아들일지 여부와 상관없이 저자의 비평은 적어도 주제에 맞지 않는다.

그러나 정가동의 이 책과 비교해볼 때 『현대신유학연구논집』 제1집의 학술적 수준도 차이가 별로 없다. 이 책에서 나의준의 「당대 신유가의 역정과 지위 문제」(當代新儒家的歷程和地位問題)[이 글은 그가 편찬한 『논신유가』(論新儒家)의 「대편서」(代編序)로 수록되었다]와 시충련(施忠連)의 「신유학과 미국의 유학 연구」(新儒學與美國的儒學研究) 2편의 논문 및 두 편의 부록 — 이종계(李宗桂)의 「『현대신유가사조연구』의 유래와 선주회의의 쟁명」(〈現代新儒家思潮研究〉的由來和宣州會議的爭鳴)과 한강(韓强)의 「현대신유학연구종술」(現代新儒學研究綜述) — 은 주로 사실을 설명하고 논평을 하지 않은 것이기에 우리가 논하지 않아도 된다. 그 밖의 16편의 논문은 대부분 현대신유학에 대한 저자의 평가를 표현하였다. 이 16편을 대표로 하여 우리는 현재 중국대륙에서 신유학 연구에 3가지 특징이 있음을 볼 수 있다. (1) 토론의 중점은 대부분 신유가의 문화관에 있고 그 배후에 해당하는 철학문제에 대해서는 대부분 말하지 않는다. 우연히 논의하게 되더라도 역시 깊게 들어갈 수가 없다. (2) 현대 신유가의 이론에 대해 소개만 할 뿐 깊이 있는 논평을 할 수 없고, 그 논평은 대부분 마르크스-레닌주의를 이용하고 있다. (3) 신유가에 대한 평가는 분명히 국내의 관점을 중시하고 해외의 관점을 경시한다. 대만·홍콩 및 해외의 학자 전목·당군의·모종삼·서복관·장군매에 대한 동정적 이해가 결핍되었다. 첫 번째 항목의 특징은 대륙의 신유학 연구가 오래되지 않은 것과 관련이 있는 것이므로 지나치게 책망할 필요는 없다. 두 번째 항목의 특징은 분명히 대륙 학계가 자주성을 결핍한 것과 관련이 있다. 세 번째 항목의 특징은 대륙 학계가 대만·홍콩 및 해외 신유가의 학술 발전과 오랫동안 격리된 것과 대만·홍콩 및 해외의 신유학이 선명한 반공입장을 취한 것 때문이다. 일반적인 단절은 쌍방의 접촉으로 점차 사라지겠지만 의식형태로 인하여 형성된 단절은 쌍방 학술계의 공통된 노력으로 정치적 역량의 통제를 벗어나 학술의 자주성을 세우는 것이 필요하다. 필자는 이렇게 생각한다. 중국 대륙의 신유학 연구에서 가장 큰 장애는 의식형태의 한계이다. 이러한 한계는 연구 작업이 돌파할 수 없는 장애가 되었다.

마르크스-레닌주의 의식형태가 중국 대륙의 신유학 연구에 대해 만든 한계를 우리는 이 논문집에서 분명히 볼 수 있다. 이 논문집 첫머리에 있는 것은 바로 방극립 교수의 「현대 신유가 연구의 몇 가지 문제에 관해」(關於現代新儒家研究的幾個問題)라는 논문이다. 그는 이 논문에서 연구의 태도와 방법을 말할 때 특히 "마르크스주의 입장·관점·방법을 지침으로 삼아야 한다"고 강조하였다.[23] 우리는 이것을 그저 마지못해서 하는 태도라고 여겨서는 안 된다. 사실상 이 논문집 도처에서 마르크스주의 관점을 이용하여 비판을 제기한 것을 볼 수 있다. 예를 들어 안병정(顔炳罡)은 「신유학의 연변에 대한 시론」(試論新儒學的演變)에서 신유가의 도통설을 이렇게 비판하였다. "이 관점은 완전히 도덕결정론으로 범도덕주의(泛道德主義)이다. 실제적으로 어떤 도덕이라도 모두 일정한 역사조건에서 탄생한 도덕이며 모두 그 시대 특유의 경제 구조·정치 구조에 제약된다. 그것이 비록 사회의 치란에 작용을 한다고 하더라도 결정적 작용이 될 수 없다."[24] 이것은 마르크스 역사유물론 관점을 이용한 것이다. 어떤 경우 그들은 또 "유심론과 유물론 두 노선 투쟁"이라는 형식을 이용하여 신유학을 비판한다. 예를 들어 여희신(呂希晨)과 진영(陳瑩) 두 사람이 함께 쓴 「장군매신유학사상초탐」(張君勱新儒學思想初探)에서 장군매의 송대 유학의 이기관에 대한 해석을 비판하여 이렇게 말하였다. "…장군매는 철학 성질의 핵심 문제를 회피하였는데, 송유의 이기관에 대해 유물주의 혹은 유심주의적 분석을 하지 않았고, 또 객관유심주의 혹은 주관유심주의라는 구분도 하지 않았다. 그리하여 송유의 우주관 측면에서 사이비 결론을 도출하였다."[25] 또 「5·4시기 동양문화사조와 현대 신유가」(「五四」時期

---

23) 方克立·李錦全 主編, 『現代新儒學研究論集』(제1집), 11-12쪽.

24) 같은 책, 67쪽.

的東方文化思潮與現代新儒家)라는 등복(滕復)의 논문에는 아래와 같은 단락의 글이 있다.

> 세계문화의 전도로 말하면 동서문화의 조화는 러시아를 대표로 한 사회주의 신문화를 방향으로 삼아야 한다. 중국문화의 전도로 말하면 서양문화에 대한 융합과 흡수는 한편으로 모름지기 민족문화를 건립함에 있어서 특수한 길에 대한 의식의 각성이 있어야 하고, 동시에 또 세계문화의 조류와 같이 마땅히 러시아를 대표로 한 사회주의 신문화를 방향으로 삼아야 한다. 중국 초기 마르크스주의자의 이 사상은 태양이 동쪽에서 떠오르는 것처럼 중국문화의 전도를 비추어 지도사상에서 중국문화의 특수한 길과 현대 방향 문제를 초보적으로 해결하였다.[26]

이 단락의 글을 볼 때 필자는 다음과 같은 의심을 금할 수 없다. 이것은 결국 학술논문인가 아니면 정치선언인가? 특히 동유럽이 마침 방향을 근본적으로 전환하고 있으며, 소련도 사회주의라는 옛 전철을 벗어나고자 힘겨운 시도를 하고 있는 오늘날 이런 글을 읽게 되니 시대착오라는 감을 느끼게 한다.

그런 까닭에 마르크스주의자의 관점으로 현대 신유학을 보게 된다면 그들은 신유학의 몇 가지 측면만을 한정적으로 긍정할 수 밖에 없을 것이다. 종합하여 말하면 그들은 아래와 같은 몇 가지 측면에서 현대 신유학을 긍정한다. (1) 그 사상의 창조성을 긍정한다. (2) 그 애국주의를 긍정한다. (3) 신유가가 중서문화를 해석

25) 같은 책, 217쪽.

26) 같은 책, 104쪽.

하고 융합하는 측면에서의 노력과 공헌을 긍정한다. (4) 전통과 현대화에 대한 신유가의 이론에 계급적 의미가 있기에 참고할 가치가 있다고 인정한다. 그러나 중국 대륙의 마르크스주의자로 말하면 그들과 신유가 사이에는 더 근본적적인 차이가 있다. 방극립 교수는 이러한 차이를 세 가지로 정리한다. (1) 그들은 신유가의 문화보수주의("내성으로부터 외왕을 펼친다"는 주장과 같다)에 찬성하지 않는데, 이것은 "중체서용"의 사상 형식을 벗어나지 못한 것이라 생각한다. (2) 그들은 신유가의 유심주의 철학 관점을 반대하여 시공을 초월하고(超時空) 역사적 맥락과 사회적 배경을 벗어난 상도(常道)·상리(常理)가 있다고 인정하지 않는다. (3) 그들은 마르크스-레닌주의와 사회주의에 대한 신유가의 공격은 그 대립적 계급 입장에 의한 것이라 생각한다.[27] 그러므로 지금의 이러한 상황에서 대륙학자들이 현대 신유학에 대해 얼마간 긍정적 평가를 하든지 상관없이 마지막에는 여전히 마르크스-레닌주의라는 교조주의를 귀착점으로 삼기 때문에 진정으로 다원화에 도달할 수 없다.

방극립 교수는 일찍이 한 논문에서 현대 신유가의 도통관을 비판하면서 이것은 다른 사상과 대화와 협력에서 장애가 된다고 생각하였다. 그는 이렇게 썼다.

> 현대 신유가는……반드시 자신의 몇 가지 근본적인 한계를 극복하여 기타 사상과 상호작용하는 가운데 더욱 건전한 심적 상태를 유지할 것이다. 그렇지 않으면 얻게 되는 공적 역시 이 사상의 진정한

27) 關東, 「現代新儒家研究的回顧與展望—訪方克立教授」, 50쪽.

> 정화일 수 없다. 내가 여기에서 주로 지적하고자 한 것은 '도통'(道統)관념이다. 현대 신유가는 항상 다른 사람들이 그것을 공평하게 보지 못한다고 원망하고, 마르크스-레닌주의가 '중국에서 주도적 지위에 서게 된 것'(入主中國)과 전반서화론의 광풍이 불었던 것에 매우 불만이지만 그들 자신은 오히려 '도통'관념을 고집하고 강렬하게 도통을 잇는다는 의식을 나타내면서 '정통'(正統)을 자임하였는데, 유학만이 신성한 천도의 체현이고 다른 사상학설은 모두 이단사설(異端邪說), 방문좌도(旁門左道)라 하면서 맹자의 "양주와 묵적을 물리친다"(闢楊墨)는 태도로 배척한다. ……그러므로 현대 신유가가 중국의 현대 기타 사상과 협력 발전하려면 먼저 자아중심의 '도통'관념을 버리고 자신을 합당한 위치에 두어야 한다. ……현대 신유가가 서양의 일류 사상가들과 대화해야 하는데, 정치경제적 차원에서 마르크스-레닌주의와 대화하는 것을 포함한다.[28]

이 단락의 비판이 공정한지 여부는 따지지 않더라도 그것이 "마르크스주의 입장 · 관점 · 방법을 지도사상으로 삼아"(要以馬克思主義的立場 · 觀點 · 方法爲指導) 신유학을 연구해야 한다고 견지하는 학자로부터 나왔다는 점은 풍자적이라 하지 않을 수 없다. 현대 신유가가 "도통"(道統)을 민족문화의 변함없는 진리[常道]로 삼는 것은 한 사람의 학설 · 사상이 아니다. 그러므로 모종삼은 그것을 "학통"(學統) · "정통"(政統)과 나란히 둔 것이다.[29] 모종삼은 중국은 과거에 "도통만 있었을 뿐 학통은 없었기"(只有道統而無學統) 때문에 모름지기 "학통"을 펼쳐야 한다고 재삼 강

28) 方克立, 「展望儒學的未來前景必須正視的兩個問題」, 40쪽.

29) 牟宗三, 「略論道統 · 學統 · 政統」, 『生命的學問』(臺北: 三民書局, 1970), 60-71쪽 참조.

조하였다. "학통"을 폄친다는 것은 곧 학술의 독립성을 폄치는 것이다. 이것은 곧 학술 다원화를 요구한다는 점을 담고 있다. 이것이 어떻게 서로 다른 학술사상과의 대화와 상호작용에 장애가 되겠는가? 방극립 교수의 비판은 아마도 그들 자신에게 묻는 것이 더 적합할 것이다. 마지막으로 필자가 다시 강조해야 할 점은 이렇다. 중국대륙의 학자들이 마르크스주의라는 교조주의와 사상적 구속을 벗어나지 못하면 그들의 현대 신유학에 대한 연구는 진정으로 극복할 수 없을 것이다. 오늘날 그들의 연구 성과로 볼 때 우리는 이미 이러한 한계를 분명히 볼 수 있다.

참고문헌

1. 中文著作

王夫之,『讀通鑒論』, 北京, 中華書局, 1975

方東美,『新儒家哲學十八講』, 臺北, 黎明文化事業公司, 1983

方克立,「現代新儒學與中國現代化」,『南開學報』1989年 第4期

______,「展望儒學的未來前景必須正視的兩個問題」,『天津社會科學』1991年 第1期, 香港『法言』雙月刊 第3卷 第1期 (1991年 2月號) 節錄

______,「現代新儒學研究的自我回省—敬答諸位批判者」,『南開學報』1993年 第2期; 또 臺灣『當代』雜誌 第89期 (1993年 9月)에 수록하여 간행하였다.

方克立·李錦全(編),『現代新儒學硏究論集』, 第1集, 中國社會科學出版社, 1989

包遵信,「儒家思想和現代化」,『北京社會科學』1986년 제5기; 또 뉴욕의『知識分子』1987년 동계호에 수록하여 간행하였다. 또 포준신의『批判與啓蒙』(臺北: 聯經出版公司, 1989년)에 수록하였다.

甘陽,『我們在創造傳統』, 臺北, 聯經出版公司, 1989

朱熹,『朱子大全』, 臺北, 臺灣中華書局, 四部備要本

全祖望,『鮚埼亭集』, 臺北, 華世出版社, 1977

安樂哲(Roger T. Ames), 「孔子思想中宗教觀的特色─天人合一」, 『鵝湖月刊』 第108期 (1984年 5月)

仲維光, 「極權主義的完全意識形態化和科學思想討論─如何看待四九年以後成長的新一代知識分子」, 臺灣 『當代』 雜誌 第86期 (1993年 6月)

呂坤,『呻吟語』, 臺北, 河洛出版社, 1974

牟宗三, 「一個眞正的自由人」, 1952年 1月 2日 香港『自由人』

______,『生命的學問』, 臺北, 三民書局, 1970

______,『心體與性體』, 臺北, 正中書局, 1973-1975

______,『智的直覺與中國哲學』, 臺北, 臺灣商務印書館, 1974

______,『現象與物自身』, 臺北, 臺灣學生書局, 1975

______,『道德的理想主義』, 臺北, 臺灣學生書局, 1978

______,『從陸象山到劉蕺山』, 臺北, 臺灣學生書局, 1979

______(譯註),『康德的道德哲學』, 臺北, 臺灣學生書局, 1982

______(譯註),『康德「純粹理性之批判」』, 臺北, 臺灣學生書局, 1983

______,『中國哲學十九講』, 臺北, 臺灣學生書局, 1983

______,『中國哲學的特質』, 臺北, 臺灣學生書局, 1984

______,『時代與感受』, 臺北, 鵝湖出版社, 1984

______,『圓善論』, 臺北, 臺灣學生書局, 1985

______,『政道與治道』, 臺北, 臺灣學生書局, 1987

______,『歷史哲學』, 臺北, 臺灣學生書局, 1988

______, 『五十自述』, 臺北, 鵝湖出版社, 1989
______, 『認識心之批判』, 臺北, 臺灣學生書局, 1990
______, 『中國哲學之會通十四講』, 臺北, 臺灣學生書局, 1990
______(譯註), 『康德「判斷力之批判」』, 臺北, 臺灣學生書局, 1993
余敦康, 「什麽是儒學?」, 『中國論壇』 제313기 (1988년 10월 10일)
余英時, 『中國思想傳統的現代詮釋』, 臺北, 聯經出版公司, 1987
______, 『猶記風吹水上鱗 — 錢穆與現代中國學術』, 臺北, 三民書局, 1991
______, 『中國文化與現代變遷』, 臺北, 三民書局, 1992
杜維明, 「試談中國哲學中的三個基調」, 北京 『中國哲學史研究』, 1981년, 제1기
______, 『儒學第三期發展的前景問題』, 臺北, 聯經出版公司, 1989
杜念中・楊君實(編), 『儒家倫理與經濟發展』, 臺北, 允晨文化公司, 1987
李顒, 『李二曲全集』, 臺北, 廣文書局, 1978
李明輝, 『儒家與康德』, 臺北, 聯經出版公司, 1990
______, 『儒學與現代意識』, 臺北, 文津出版社, 1991
______, 「學術辯論與意識形態鬪爭 — 敬答方克立教授」, 臺灣 『當代』 雜誌 第90期 (1993年 10月)
李中華, 「大陸文化熱的起因與知識分子的覺醒」, 『中國論壇』 第295期 (1988年 1月 10日)
李弘祺, 「中國知識傳統獨立的象徵—梁漱溟思想國制學術討論會記述」, 『中國論壇』 第292期 (1987年 11月 25日)
李實(徐復觀), 「歷史文化與民主自由 — 對於辱罵我們者的答復」, 『民

主評論』 第8卷 第10期 (1957年 5月 20日)

林毓生, 『歷史與人物』, 臺北, 聯經出版公司, 1983

______, 『政治秩序與多元社會』, 臺北, 聯經出版公司, 1989

林毓生著 · 穆善培譯, 『中國意識的危機』, 貴陽, 貴州人民出版社, 1988

林正弘, 「一個自由主義者的民主科學觀」, 中國論壇編委會 主編, 『知識分子與臺灣發展』 (臺北: 中國論壇雜誌, 1989)

______(編) 『殷海光紀念集』, 林正弘主編, 『殷海光全集』 (臺北: 桂冠圖書公司, 1990)

林安梧, 「"絕地天之通"與 "巴別塔" — 中西宗教的一個對比切入點之展開」, 『鵝湖學志』 第4期 (1990年 6月)

金觀濤, 「當代中國馬克思主義的儒家化」, 1988年 8月 30日 『中國時報』 副刊. 후에 「儒家文化的深層結構對馬克思主義中國化的影向」으로 제목을 바꾸어 金觀濤 · 劉靑峰, 『新十日談』 (臺北: 風雲時代出版社, 1989)에 수록

金耀基, 『中國社會與文化』, 香港, 牛津大學出版社, 1992

柏格(Peter L. Berger)著 · 任元杰譯, 「世俗性 — 西方與東方」, 『中國論壇』 第19卷 第6期 (1984年 12月 25日)

柏格(Peter L. Berger)著 · 蕭新煌譯, 「一個東亞發展的模型: 戰後臺灣經驗 中的文化因素」, 『中國論壇』 第19卷 第6期 (1984年 12月 25日)

范學德, 「"新儒家" · "主線論"及其他」, 北京 『中國哲學史研究』 1988年 第1期

馬若孟(Ramon H. Myers) · 墨子刻(Thomas A. Metzger), 「漢學的

陰影: 美國現代中國硏究近況」,『食貨月刊』 復刊 第10卷 第10記 (1981년 1월)

徐復觀,「給張佛泉先生的一封公開信—環繞着自由與人權的諸問題」,『民主 評論』 第5卷 第16期 (1954年 8月 20日)

______,「如何復活"切中時弊的討論精神"」,『民主評論』 第6卷 第9期 (1955年 5月 5日)

______,「儒家的修己與治人的區別及其意義」,『民主評論』 第6卷 第12期 (1955년 6월 20일)

______,「中庸的地位問題」,『民主評論』 第7卷 第5期 (1956年 3月 5日)

______,「爲什麼要反對自由主義?」,『民主評論』 第7卷 第21期 (1956年 11月 5日)

______,「悲憤的抗議」, 1957年 2月 21日 香港『華僑日報』

______,『中國人性論史・先秦篇』, 臺北, 臺灣商務印書館, 1969

______,『學術與政治之間』, 臺北, 臺灣學生書局, 1980

______,『中國思想史論集續編』, 臺北, 時報文化出版公司, 1982

______,『論戰與譯述』, 臺北, 志文出版社, 1982

______,『徐復觀文存』, 臺北, 臺灣學生書局, 1991

徐復觀著・蕭欣義編,『儒家政治思想與民主自由人權』, 臺北, 臺灣學生書局, 1988

徐復觀著・蕭欣義編,『徐復觀文錄選粹』, 臺北, 臺灣學生書局, 1980

郝大維(David L. Hall)・安樂哲(Roger T. Ames),「殊途同歸—詮釋孔子思想的三項基本預設假定」,『大陸雜志』 第68卷 第5期 (1984年 5月 15日)

郝大維·安樂哲,「孔子思想中"義"概念涵義的再檢討」,『史學評論』第8期 (1984年 7月)

殷海光,「自由日談眞自由」,『自由中國』第10卷 第3期 (1954年 2月 1日)

______,「教育部長張其昀的民主觀—君主的民主」,『自由中國』第15卷 第7期 (1956年 10月 15日)

______,「重整五四精神」,『自由中國』第16卷 第9期 (1957年 5月 1日)

______,「跟着五四的脚步前進」,『自由中國』第18卷 第9期 (1958年 5月 1日)

______,『中國文化的展望』: 林正弘 主編,『殷海光全集』, 臺北, 桂冠圖書公司, 1990에 수록

______,『政治與社會』: 林正弘 主編,『殷海光全集』, 臺北, 桂冠圖書公司, 1990에 수록

______,『學術與思想』: 林正弘 主編,『殷海光全集』, 臺北, 桂冠圖書公司, 1990에 수록

______,『書評與書序』: 林正弘 主編,『殷海光全集』, 臺北, 桂冠圖書公司, 1990에 수록

______,『殷海光書信集』: 林正弘 主編,『殷海光全集』, 臺北, 桂冠圖書公司, 1990)에 수록

唐君毅,『中國人文精神之發展』, 臺北, 臺灣學生書局, 1974

______,『中國文化之精神價值』, 臺北, 正中書局, 1974

______,『說中華民族之花果飄零』, 臺北, 三民書局, 1974

______, 『中華人文與當今世界』, 臺北, 臺灣學生書局, 1975

______, 『書簡』. 『唐君毅全集』 卷26에 수록(臺北: 臺灣學生書局, 1990)

唐君毅 外, 「爲中國文化敬告世界人士宣言」. 원래 『民主評論』 第9卷 第1期 (1958年 1月 5日) 및 『再生』 第1卷 第1期 (1958年 1月)에 수록되었다. 후에 張君勱著·程文熙編, 『中西印哲學文集』 (臺北: 臺灣學生書局, 1981) 및 張君勱, 『新儒家思想史』 (臺北: 張君勱先生獎學金基金會, 1980) (附全文英譯)에 수록되었다. 또 「中國文化與世界」라는 이름으로 唐君毅의 『中華人文與當今世界』 (臺北: 臺灣學生書局, 1975) 및 『說中華民族之花果飄零』 (臺北: 三民書局, 1974)에 수록되었다.

郭齊勇, 「儒學現代化進程的整體反思—評鄭家棟 『現代新儒學概論』」, 『鵝湖月刊』 第186期 (1990年 2月)

張德勝, 『儒家倫理與秩序情結』, 臺北, 巨流圖書公司, 1988

張君勱, 『中國專制君主政制之評議』, 臺北, 弘文館出版社, 1986

張佛泉, 「自由與國際和平」, 『自由中國』 제8권 제9기 (1953년 5월 1일)

______, 「自由之確鑿意義」, 『自由中國』 제8권 제10기 (1953년 5월 16일)

______, 「自由觀念之演變」, 『民主評論』 제4권 제12기 (1953년 6월 20일)

______, 「亞洲人民反共的最終目的」, 『自由中國』 제11권 제2기 (1954년 7월 16일)

張灝, 『幽暗意識與民主傳統』, 臺北, 聯經出版公司, 1989

張亨, 「朱子的志業—建立道統意義之探討」, 『臺灣大學中文學報』 제5기 (1992년 6월)

張永儁, 「宋儒之道統觀及其文化意識」, 『臺灣大學文史哲學報』 제38기 (1990년 12월)

梅蘊理(殷海光), 「我所認識之"眞正的自由人"」, 『自由中國』 제6권 제2기 (1952년 1월 16일)

陳淳, 『嚴陵講義』. 『文淵閣四庫全書』(臺灣商務印書館影印本, 1986) 제709책에 수록

陳榮捷, 『朱學論集』, 臺北, 臺灣學生書局, 1982

______, 『朱子新探索』, 臺北, 臺灣學生書局, 1988

______(編), 『王陽明傳習錄詳注集評』, 臺北, 臺灣學生書局, 1983

陳忠信, 「新儒家"民主開出論"的檢討」, 『臺灣社會研究』 계간 제1권 제4기 (1988년 동계호), 101-138쪽

陳鼓應(編), 『殷海光最後的話語 — 春蠶吐絲』, 臺北, 環宇出版社, 1972

黃宗羲, 『宋元學案』, 臺北, 華世出版社, 1987

黃光國, 『儒家思想與東亞現代化』, 臺北, 巨流圖書公司, 1988

傅偉勛, 『批判的繼承與創造的發展』, 臺北, 東大圖書公司, 1986

______, 『「文化中國」與中國文化』, 臺北, 東大圖書公司, 1988

雷震 外, 「自由的討論」, 『民主評論』 제5권 제6기 (1954년 3월 20일)

熊十力, 『原儒』, 臺北, 明倫出版社, 1971

______, 『讀經示要』, 臺北, 明文書局, 1984

蔡仁厚, 「牟宗三先生學行著述紀要」, 『鵝湖月刊』 제165-167기 (1989년 3-5월)

蔣慶, 「中國大陸復興儒學的現實意義及其面臨的問題」, 『鵝湖月刊』 제170/171기 (1989년 8/9월)

鄭家棟, 『現代新儒學槪論』, 南寧, 廣西人民出版社, 1990

______, 「大陸近年來的新儒家研究與我的一點認識」. 『當代新儒學論文集·總論篇』 (臺北: 文津出版社, 1991)에 수록. 또 香港 『法言』 雙月刊 제2권 제6기 (1990년 12월)에 발간.

錢穆, 「中國傳統政治」, 『民主評論』 제2권 제11/12기 (1950년 12월 5/20일)

____, 「心與性情與好惡」, 『民主評論』 제6권 제12기 (1955년 6월 20일)

____, 「中庸新義」, 『民主評論』 제6권 제16기 (1955년 8월 20일)

____, 「關於中庸新義之再申辯」, 『民主評論』 제7권 제6기 (1956년 3월 20日)

____, 「治統與道統—從中國文化來看國父與故總統孫·蔣二公及當前之學術界」, 「中央研究院三民主義研究所專題選刊」之七 (1977년 5월)

____, 『四書釋義』, 臺北, 臺灣學生書局, 1978

____, 『中國學術通義』, 臺北, 臺灣學生書局, 1984

____, 『中國歷史精神』, 臺北, 東大圖書公司, 1990

關東, 「現代新儒家研究的回顧與展望—訪方克立教授」, 『哲學研究』 1990년 제3기. 또 『鵝湖月刊』 제188기 (199년 2월)에 발간.

羅義俊, 「儒學·新儒學與中國現代化的方向」, 『鵝湖月刊』 제165기 (1989년 3월)

2. 西文著作(英文, 獨文 등)

Ayer, Alfred Jules: *Language, Truth and Logic*. Harmondsworth: Penguin 1971.

Berlin, Isaiah: *Four Essays on Liberty*. Oxford: Oxford University Press 1969.

Cassirer, Ernst: *Das Erkenntnisproblem in der Philosophie und Wissenschaft der neueren Zeit.* 4 Bde., Darmstadt: Wissenschaftliche Buchgesellschaft 1973-1977.

Fichte, Johann Gottlieb: "Erste Einleitung in die Wissenschaftslehre". In: Fichte Werke (Hg. von I. H. Fichte, Berlin: de Gruyter 1971), Bd. 1.

________________: "Zweite Einleitung in die Wissenschaftslehre". In: *Fichte Werke* (Hg. von I. H. Fichte, Berlin: de Gruyter 1971), Bd. 1.

Hall, David L. & Ames, Roger T.: *Thinking Through Confucius.* Albany: State University of New York 1987.

Hayek, Friedrich A. von: *The Constitution of Liberty*. London: Routledge & Kegan Paul 1960.

________________: *Studies in Philosophy, Politics and Economics*, Chicago: The University of Chicago Press 1967.

________________: *Law, Legislation and Liberty.* 3 vols., Chicago: The University of Chicago Press 1973-1979.

Hegel, G.W.F.: *Vorlesungen über die Philosophie der Religion.* In: *G.W.F. Hegel: Werke* (Theorie Werkausgabe, Frankfurt/M 1969ff.), Bd. 16 & 17.

____________: *Vorlesungen über die Geschichte der Philosophie* In: *G.W.F. Hegel: Werke* (Theorie Werkausgabe, Frankfurt/M 1969ff.), Bd. 18-20.

Heidegger, Martin: *Kant und das Problem der Metaphysik.* Frankfurt/M: Klostermann 1973.

Heimsoeth, Heinz: *Studien zur Philosophie Immanuel Kants*, I. Bonn: Bouvier 1971.

Henrich, Dieter: Selbstverhältnisse. Stuttgart: Reclam 1982.

Horkheimer, Max & Adorno, Theodor W.: *Dialektik der Aufklärung*. Frankfurt/M: Fisher 1969.

Kahn, Herman: *World Economic Development: 1979 and Beyond.* London: Croom Helm 1979.

Kant, Immanuel: *De mundi sensibilis atque intelligibilis forma et principiis.* In: *Kants Gesammelte Schriften* (Akademieausgabe, Berlin: de Gruyter 1902ff.), Bd. 2.

____________: *Träume eines Geistersehers, erläutert durch Träume der Metaphysik.* In: *Kants Gesammelte Schriften* (Akademieausgabe), Bd. 2.

____________: *Prolegomena zu einer jeden künftigen Metaphysik, die als Wissenschaft wird auftreten können.* In: *Kants Gesammelte Schriften* (Akademieausgabe), Bd. 4.

____________: *Kritik der Praktischen Vernunft.* In: *Kants Gesammelte Schriften* (Akademieausgabe), Bd. 5.

____________: *Kritik der Urteilkraft.* In: *Kants Gesammelte Schriften* (Akademieausgabe), Bd. 5.

____________: "Erklärung in Beziehung auf Fichtes Wissenschaftslehre". In: *Kants Gesammelte Schriften*

(Akademieausgabe), Bd. 12.

______________: *Kritik der reinen Vernunft*. Hg. Raymund Schmidt, Hamburg: Felix Meiner 1976.

Kroner, Richard: *Kants Weltanschauung*. Tübingen: J. C. B. Mohr 1914.

______________: *Kant's Weltanschauung*. Trans. by John E. Smith, Chicago: The University of Chicago Press. 1956.

Levenson, Joseph R.: *Confucian China and Its Modern Fate*. Berkeley: University of California Press 1958-1965.

Lin, Yü-sheng: *The Crisis of Chinese Consciousness: Radical Antitraditionalism in the May Fourth Era*. Madison: University of Wisconsin Press 1979.

Marcuse, Herbert: *One-Dimensional Man. Studies in the Ideology of Advanced Industrial Society*. Boston: Beacon Press 1964.

Schlick, Moritz: *Fragen der Ethik*. Frankfurt/M: Suhrkamp 1984.

Schwarz, Benjamin I.: “The Age of Transcendence”. Daedalus, Vol. 104 (1975), Spring.

__________________: “Transcendence in Ancient China”. Daedalus, Vol. 104 (1975), Spring.

Silber, John R.: “The Copernican Revolution in Ethics: The Good Reexamined”. In : Kant: *A Collection of Critical Essays*, ed. Robert Paul Wolff (Notre dame 1967).

Spinoza, Benedictus de: *Ethica. In: Spinoza Opera*, im Auftrag der Heidelberger Akademie der Wissenschaften, hg. Von Carl Gebhardt, Heidelberg: Carl Winter 1925/87.

Weber, Max: *Wirtschaft und Gesellschaft*. Tübingen: J.C.B. Mohr 1976.

__________: *Gesammelte Aufsätze zur Religionssoziologie*. Tübingen: J.C.B. Mohr 1988.

찾아보기

인물색인

ㄱ

감양(甘陽) / 26, 256
강유위(康有爲) / 136
고염무(顧炎武) / 92
고요(皐陶) / 225, 226
공자(孔子) / 25, 26, 35, 36, 129-131, 152, 156, 163, 187, 188, 217, 223-228, 235, 236, 237, 241
곽제용(郭齊勇) / 251, 261
김관도(金觀濤) / 19, 20, 26, 27, 31
김악림(金岳霖) / 141
김요기(金耀基) / 29, 30, 31, 34, 43
김융덕(金隆德) / 254, 255

ㄴ

나의준(羅義俊) / 252, 257, 264
네빌(南樂山, Robert Cummings Neville) / 201
노자(老子) / 180
노홍재(盧鴻材) / 183
뇌진(雷震) / 137, 142, 167
니체(尼體, Friedrich Nietzsche) / 86, 150

ㄷ

다윈(達爾文, Charles Darwin) / 183
당군의(唐君毅) / 14, 15, 16, 39, 92, 93, 94, 95, 96, 97, 135, 137, 148, 152, 155, 156, 169, 183-185, 189, 191, 192, 214, 217, 228, 250, 253, 254, 261, 265
당요(唐堯, 堯) / 225, 226, 230, 237
대두형(戴杜衡) / 139
대진(戴震, 東原) / 95
데모크리토스(德謨克利都斯, Democritus) / 198
데카르트(笛卡爾, René Descartes) / 176
동중서(董仲舒) / 35
두유명(杜維明) / 192, 202, 250, 254, 259
등복(滕復) / 267
등소평(鄧小平) / 248

ㄹ

라이프니츠(萊布尼茲, Gottfried Wilhelm Leibniz) / 58
라인홀트(萊因侯爾德, Karl L. Reinhold) / 86
러셀(羅素, Bertrand Russell) / 51, 99
레빈슨(列文森, Joseph R. Levenson) / 13, 15, 23-26
로크(洛克, John Locke) / 58
루소(盧梭, Jean-Jacques Rousseau) / 177
루크레티우스(魯克雷修斯, Lucretius) / 198

ㅁ

마르쿠제(馬庫瑟, Herbert Marcuse) / 48, 49
마르크스(馬克斯, Karl Marx) / 14, 15, 19, 20, 26, 27, 33, 38, 92, 105, 107, 157, 177, 183, 216, 221, 247, 256-260, 265-270
마이스트르(邁斯特, Joseph de Maistre) / 176
마이몬(邁蒙, Salomon Maimon) / 86

마이어스(馬若孟, Ramon H. Myers) / 25
마일부(馬一浮) / 92, 250, 254
맹자(孟子) / 95, 129-131, 194, 214, 217, 219, 223-226, 239, 241, 269
메츠거(墨子刻, Thomas A. Metzger) / 25
모종삼(牟宗三) / 14-17, 39, 40, 44-46, 49, 51, 53-56, 59, 63, 64, 66-70, 73, 81, 83, 84, 88-90, 92, 93, 95-108, 110-114, 117-121, 123, 12-127, 129-134, 137, 139, 141, 148, 149, 152, 155, 156, 169, 183-185, 189, 194, 195, 206-209, 211, 212, 214, 215, 217, 228, 231-237, 241, 242, 244-246, 250, 253, 254, 261, 262, 265, 269
모택동(毛澤東) / 26
뫼세르(莫瑟, Justus Möser) / 176
무대리작(務臺理作) / 159

ㅂ

방극립(方克立) / 20, 216, 243, 249, 250, 252-254, 258, 259, 265, 268, 270
방동미(方東美) / 215, 234, 242, 250, 254
버거(柏格, Peter L. Berger) / 28, 29, 31
버크(柏克, Edmund Burke) / 176
벌린(柏林, Isaiah Berlin) / 150
베르그송(柏格蓀, Henrí Bergson) / 15, 106, 150
베버(韋伯, Max Weber) / 14, 16, 28, 30, 37, 46, 47, 48, 49, 248
벡(貝克, Jakob S. Beck) / 86
보날드(博納爾, L. G. A. Bonald) / 176
복희(伏羲) / 223, 225, 226
볼프(吳爾夫, Christian Wolff) / 58
부맹진(傅孟眞) / 137
부열(傅說) / 225, 226
부위훈(傅偉勳) / 19, 41
부터베크(Friedrich Bouterwek) / 86
비트겐슈타인(維根斯坦, Ludwig Wittgenstein) / 51, 99

ㅅ

사마광(司馬光) / 226
사양좌(謝良佐, 上蔡) / 132
상탕(商湯, 湯) / 217, 225, 226, 237
서복관(徐復觀) / 14, 16, 33, 38-41, 92, 93-96, 135-137, 139, 140, 142-144, 146, 148, 151-156, 159-169, 171-174, 181, 183-186, 189, 214, 217, 228, 250, 254, 261, 265
셸링(謝林, Friedrich Wilhelm Schelling) / 106
소공(召公) / 226
소옹(邵雍) / 226
쇼펜하우어(叔本華, Arthur Schopenhauer) / 86
쉬리크(許立克, Moritz Schlick) / 170
슐라이어마허(許賴爾馬赫, Friedrich E. D. Schleiermacher) / 86
슐츠(舒爾策, Gottlob E. Schulze) / 86
스미스(史密斯, Adam Smith) / 176
스피노자(斯賓諾莎, Benedictus de Spinoza) / 205
시충련(施忠連) / 264
신농(神農) / 226
실버(西爾柏, John R. Silber) / 129

ㅇ

아도르노(阿多諾, Theodor W. Adorno) / 48
아리스토텔레스(亞里斯多德, Aristotle) / 198
아이센슈타트(艾森斯塔, S. N. Eisenstadt) / 181
안병정(顏炳罡) / 266
안연(顏淵) / 225, 226
야코비(雅科比, Friedrich H. J. Jacobi) / 86
양수명(梁漱溟) / 13, 15, 46, 92, 97, 136, 247, 250, 253
엄복(嚴復) / 261

에이어(艾爾, Alfred Jules Ayer) / 170
에임스(安樂哲, Roger T. Ames) / 196, 197, 198, 202, 204, 205, 208, 210, 212
여곤(呂坤) / 239
여돈강(余敦康) / 33
여영시(余英時) / 24, 31, 35, 93, 217, 219, 220, 221, 222, 224, 227-230, 243, 250, 254
여희신(呂希晨) / 266
왕부지(王夫之, 船山) / 240
웅십력(熊十力) / 13, 15, 16, 46, 92, 93, 97, 136, 155, 156, 217, 219, 220, 222-224, 228-231, 238, 243, 244, 247, 250, 253
위정통(韋政通) / 181, 182
유술선(劉述先) / 250, 254
유종주(劉宗周, 蕺山) / 52, 130
유효파(劉曉波) / 256
육구연(陸九淵, 象山) / 52, 130, 219, 220, 224, 227, 230, 231, 242
은해광(殷海光) / 41, 46, 135-137, 139, 140-142, 145-148, 150-152, 154, 157, 159, 161, 162, 167-172, 175, 176, 178, 181, 182, 184-186, 196
이금전(李錦全) / 250, 252
이동(李侗) / 226
이옹(李顒, 二曲) / 240
이윤(伊尹) / 225
이종계(李宗桂) / 264
임육생(林毓生) / 23-25, 31, 32, 41, 42, 185, 196
임정홍(林正弘) / 170, 171

ㅈ

자사(子思) / 225, 226
장경(蔣慶) / 257, 259
장군매(張君勱) / 14, 15, 39, 46, 92, 93, 94, 95, 96, 97, 137, 189, 214, 228, 250, 253, 261, 265, 266
장기윤(張其昀) / 152, 153
장불천(張佛泉) / 41, 46, 142-144, 148
장비개(張丕介) / 92, 137
장자(莊子) / 94, 180
장재(張載, 橫渠) / 52, 130
장지동(張之洞) / 147, 261
장호(張灝) / 181, 183-185, 196
전당(錢唐) / 241
전목(錢穆) / 16, 92, 93-95, 265
전문군(田文軍) / 252
정가동(鄭家棟) / 252-254, 260, 264
정이(程頤, 伊川) / 52, 130, 224
정호(程顥, 明道) / 52, 130, 132
제갈량(諸葛亮) / 132
주공(周公) / 217, 225, 226, 237
주돈이(周惇頤) / 225, 226
주무왕(周武王) / 225, 226
주문왕(周文王) / 225, 226
주원장(朱元璋) / 241
주희(朱熹, 朱子) / 52, 130, 225-228, 235, 242
중유광(仲維光) / 19
증자(曾子) / 225, 226
진고응(陳鼓應) / 179
진순(陳淳: 北溪) / 226, 242
진영(陳瑩) / 266
진영첩(陳榮捷) / 218, 226
진환장(陳煥章) / 136

ㅋ

카시러(卡西勒, Ernst Cassirer) / 86
칸(康恩, Herman Kahn) / 28, 29, 31
칸트(康德, Immanuel Kant) / 15, 45, 51, 52-56, 58-66, 68, 70, 71, 73-90, 99-104, 106, 107, 110-134, 147, 150, 183, 194, 203, 205-207, 210, 212
코르테스(科爾特斯, Donoso, Cortès) / 176
코페르니쿠스((哥白尼, Kopernikus) / 129
콜리지(柯律芝, S. T. Coleridge) / 176
콩도르세(康多塞, Marquis de Condorcet) /

177
크로너(克融納, Richard Kroner) / 85, 128, 129
키케로(西塞羅, Marcus Tullius Cicero) / 188

ㅌ

터커(塔克, Josiah Tucker) / 176

ㅍ

파슨스(帕深思, Talcott Parsons) / 181
퍼거슨(弗格森, Adam Ferguson) / 176
페일리(William Paley) / 176
포준신(包遵信) / 26, 256, 257
풍우란(馮友蘭) / 15, 247, 250, 253, 254
프리스(弗利斯, Jakob F. Fries) / 86
플라톤(柏拉圖, Plato) / 15, 198
피히테(菲希特=費息特, Johann Gottlieb Fichte) / 86-88, 106, 111, 120, 124, 147

ㅎ

하린(賀麟) / 92, 97, 137, 247, 250, 254
하우(夏禹, 禹) / 225, 226, 230, 237
하이데거(海德格, Martin Heidegger) / 16, 53, 66, 114
하이예크(海耶克, Friedrich A. von Hayek) / 175-179
하임소에트(海姆瑟特, Heinz Heimsoeth) / 75
한강(韓强) / 264
한유(韓愈) / 214, 217, 225
허바트(黑爾巴特, Johann F. Herbart) / 86
헤겔(黑格爾, Georg Wilhelm Friedrich Hegel) / 15, 37, 38, 86, 101, 102, 106, 110, 142, 147, 151, 152, 177, 179, 183, 187-190, 196, 212, 232, 236, 238
헨리히(亨利希, Dieter Henrich) / 127
현장(玄奘) / 101
호굉(胡宏, 五峰) / 52, 130
호르크하이머(霍克海默, Max Horkheimer) / 48
호적(胡適) / 46, 113, 137, 180, 183, 185
홀(郝大維, David L. Hall) / 196, 202, 204, 205, 210
황간(黃榦: 勉齋) / 226
황제(黃帝) / 226
흄(休謨, David Hume) / 176

개념색인

ㄱ

가치 상대주의(價値相對主義) / 245, 246
감성세계(感性世界, Sinnenwelt) / 73, 79
견문지지(見聞之知) / 118
경험실재성(經驗實在性, empirische Realität) / 57
경험주의(經驗主義) / 150, 151, 178
공리주의(功利主義) / 105, 163
공산주의(共産主義) / 26, 99, 113, 136, 137, 139, 149, 256, 257
과정본체론(過程本體論, process ontology) / 198
과정철학(歷程哲學, 過程哲學 process philosophy) / 198
과학일원론(科學一元論) / 185
과학일층론(科學一層論) / 45, 46, 49, 105, 112, 113
과학주의(科學主義, scientism) / 46, 48, 105, 138, 221, 244
과학층차화(科層化, Bürokratisierung) / 47, 48
관료주의(官僚主義, Bürokratismus) / 30, 48
구분(區分)
  경험적(經驗的) — / 58
  논리적[邏輯的] — / 58
  선험적(先驗的) — / 58, 88
  초월적(超越的) — / 68, 119
구성적(構成的=構造的) / 103
구조적(構造的) / 45, 109, 111
규제적(規制的, regulativ) / 45

ㄴ

내성외왕(內聖外王) / 16-18, 37, 38, 40, 41, 43-45, 169, 174, 242, 263, 264
내재성(內在性) / 37, 187, 190-192, 194, 195, 197, 198, 199, 201, 205-207, 209, 210, 212
내재성 우주(內在性宇宙) / 198, 199
내재인(內在因) / 205
논리경험론[邏輯經驗論] / 150, 182

ㄷ

덕성지지(德性之知) / 118
도덕주의(道德主義) / 221
도통(道統) / 18, 44, 45, 214, 215-229, 231, 234-246, 266, 268, 269
독단론(獨斷論) / 87
독일관념론[德國理念論, deutscher Idealismus] / 15, 16, 111, 124, 150

ㅁ

마르크스-레닌주의 / 14, 27, 157, 216, 257, 258, 265, 268, 269
마르크스주의[馬克思主義] / 15, 27, 92, 105, 221, 247, 255, 258-260, 266, 267-270
  — 의 유가화[之儒家化] / 26, 91
목적왕국[目的王國] / 116
무조건자(無條件者, das Unberdingte) / 71
무한심(無限心) / 53, 66, 68, 69, 82, 84, 119, 120
문화(文化)
  역사성(歷史性) — / 201
  전통성(傳統性) — / 201
문화주의(文化主義) / 147
물자체[物自身, Ding an sich] / 44, 55-61, 63-71, 73, 74, 76, 79, 80, 81, 84-89, 104, 111, 114-117, 119, 120, 124
  현상과[現象與] — / 53, 54, 56, 58, 63, 64, 65, 68, 70, 80, 88, 115, 117, 119

— 의 소극적 의미[底消極意義] / 60, 119
— 의 적극적 의미[底積極意義] / 64

ㅂ

바라문교(婆羅門教) / 191
반 전통사상(反傳統思想) / 13, 23, 26, 32, 91, 134, 157, 175, 185
배반(背反, Antinomie) / 70
백과전서파(百科全書派) / 177
범논리주의(泛邏輯主義, panlogicism) / 151, 152, 154
범도덕주의(泛道德主義) / 41, 45, 152, 154, 169, 171, 172, 175, 243, 244, 266
범문화주의(泛文化主義) / 147
범민주주의(泛民主主義) / 45, 46, 49
범신론(泛神論) / 191, 192, 205
범정치주의(泛政治主義) / 46, 112, 113, 151, 154
변증법(辨證法) / 102, 110
보수주의(保守主義) / 13, 14, 92, 136, 137, 152, 175, 176, 268
복고주의(復古主義) / 145
본질존재론[基質存有論, substance ontology] / 198
비판적 계승(批判的繼承) / 41, 43, 134

ㅅ

사건존재론[事件存有論] / 198
사상(事相, Phaenomenon) / 58, 60, 61, 118
사회주의(社會主義) / 255, 259, 267, 268
사회화된 유학 / 30
생명철학(生命哲學, Lebensphilosophie) / 15
선의 의지/선의지[善的意志] / 75, 106, 107
선종(禪宗) / 217, 218, 219
선험관념성(先驗觀念性, transzendentale Idealität) / 57
선험통각(先驗統覺) / 80
성격(性格)
경험적[經驗] — / 70
지성적[智思] — / 70
성지(性智) / 46
세계관(世界觀, Weltanschauung) / 213
신실재론(新實在論) / 15
신학(神學)
도덕/도덕적(道德/道德的) — / 53, 124
초월/초월적(초월/超越的) — / 211
실존철학[存在哲學] / 15, 210
실증주의(實證主義) / 48, 105
실천이성이 사변이성에 우선한다[實踐理性優先於思辨理性] / 44, 85, 114, 121, 122, 127, 129, 133
심성지학(心性之學, 心性學, 心性의 學) / 118, 230, 231

ㅇ

양극성(兩極性) / 197, 199, 200
양심(良心) / 130, 131, 162, 164, 172
양지(良知) / 100, 104, 221, 262
— 의 자아감함(之自我坎陷) / 44, 242, 262, 264
양지(量智) / 46
역사(歷史)
철학적(哲學的) — / 232
역사결정론(歷史決定論) / 34
역사성(歷史性) / 160, 161, 197, 200, 201
역사유물론(歷史唯物論) / 33, 266
영웅주의(英雄主義) / 106
예지체(叡智體/理體, Noumenon)
— 의 소극적 의미[之消極意義] / 61
— 의 적극적 의미[之積極意義] / 61
요청[設準, Postulat] / 53, 80, 83, 84, 87
우연적[或然的, problematisch] / 62, 84
원자론(原子論) / 205
유물론(唯物論) / 266
유심론(唯心論) / 266
유학
— 의 본질(之本質) / 22, 29, 33-36, 38, 43

사회화(社會化) — / 29, 30, 31, 34
심층화(深層化) — / 31-33
제도화(制度化) — (=帝制—) / 29, 33, 49
윤리학(倫理學)
자율(自律) — / 52, 81, 114, 127, 129, 132, 133
형식(形式) — / 128
형식주의(形式主義) — / 128
이상주의(理想主義)
낭만적(浪漫的) — / 105, 106
도덕/도덕적(道德的) — / 105, 106, 107, 117, 257
이성적(理性的) — / 105
이성주의적(理性主義的) — / 149, 150
이성(理性, Vernunft) / 104-113, 121, 176-178, 199, 220, 232, 237
관해(觀解) — / 108, 109
도덕(道德) — / 46, 113
사변(思辨) — / 85, 104, 107, 114, 121, 122, 124, 126, 127, 129, 133
실천(實踐) — / 44, 74, 78, 80, 81, 85, 104, 105, 106, 107, 108, 109, 110, 111, 114, 121, 122, 123, 124, 125, 126, 127, 129, 130, 133
이론(理論) — / 75, 104, 105, 106, 107, 108, 109, 110, 111, 112, 113
이원론(二元論) / 196, 209, 210
이원성(二元性, duality) / 197, 199, 200
이지일원론(理智一元論) / 46, 49, 105
이지주의(理智主義) / 46, 49, 105
이체(理體, Noumenon) / 58-64, 71, 78, 111, 116, 118
— 의 소극적 의미[底消極意義] / 60, 61
— 의 적극적 의미[底積極意義] / 60
인문교(人文教) / 195
인문주의(人文主義) / 106
인의내재설(仁義內在說) / 129
일상언어분석철학(日常言語分析哲學) / 48
일심개이문(一心開二門) / 54, 104, 108, 114, 117, 133
일차원적 사회[單向度的社會] / 48
일차원적 철학[單向度的哲學] / 48, 49

ㅈ

자발성(自發性, Spontanität) / 71
자아자신(自我自身, Ich an sich) / 87, 124
자연주의(自然主義) / 95, 105
자유 / 46, 48, 53, 59, 68-85, 124-127, 131, 132, 142, 143-145, 148, 150, 167-170, 176, 203
국가(國家) — / 142
내심(內心) — / 168, 169
덕성(德性) — / 144, 155
도덕(道德) — / 143, 144, 149, 169
마음[心靈] / 169
사회적(社會的) — / 180
선험(先驗) — / 78
소극(消極) — / 150
외부(外部) — / 168, 169
의지(意志) — / 83, 106, 142
적극(積極) — / 150
정치(政治) — / 143, 144, 149, 151, 152, 155, 156, 164, 169
지성(知性) — / 156
자유주의(自由主義) / 14, 17, 41, 46, 92, 96, 112, 113, 133, 136-139, 141, 144, 148-154, 162, 164, 179, 182, 185, 186, 196, 247, 256
전통주의적(傳統主義的) — / 163
자율(自律, Autonomie) / 52, 71, 82, 99, 127-130
전통(傳統) / 137, 138, 147-189, 192
— 의 도구론[底工具論] / 158, 161, 175
— 의 주체론[底主體論] / 161, 162, 166
고차원의(高次元的) — / 160, 161
저차원의(低次元的) — / 160, 161
전통성(傳統性) / 197, 200, 201
전통주의(傳統主義) / 152, 162

도구이성/도구적 이성[工具理性] — / 30
이성/이성적(理性/理性的) — / 30, 31
정감(情感) / 87, 184, 221
도덕(道德) — / 130, 131, 132
정언명령 [定言令式, kategorischer Imperativ, 定言命令] / 81, 82, 88
정통(政統) / 44, 45, 99, 102, 131, 205, 215, 216, 220, 221, 223, 224, 231, 234, 235, 239, 241-245, 269
제1 성질[初性, primary qualities] / 58
제2 성질[次性, secondary qualities] / 58
제일원인[第一因] / 82
종교(宗教)
실체적[實體底] — / 188
자연(自然) — / 188
직접(直接) — / 188
종법봉건주의(宗法封建主義) / 33
주체주의(主體主義) / 128
윤리학적(倫理學的) — / 129
지식론적(知識論的) — / 128, 129
중농학파(重農學派) / 177
지성(知性, Verstand) / 51-54, 58, 59, 61-66, 68, 69, 70, 72, 75-79, 81, 111, 112, 114-116, 118, 119, 120-27, 131, 132, 155, 156, 166, 221, 232
순수(純粹) / 60, 62, 99, 116
이성과[理性與] — / 111
지성세계(智思世界, mundus intelligibilis; intelligible Welt) / 116
지성세계(智性世界, intellektuelle Welt) / 73
지성세계(知性世界, Verstandeswelt) / 73
지식(知識)
역사적(歷史的) — / 55
이성적(理性的) — / 55
직관[直覺] / 53, 54, 57-64, 66, 68, 69, 74-79, 81, 83, 84, 86-88, 111, 119
감성(感性) — / 79
지성의 직관(知的直觀=智性直觀] / 53, 54, 61, 63, 64, 66, 68, 69, 74, 76-79, 81, 84, 86, 87, 111, 119, 120, 121, 125, 127, 131, 132
직관주의[直覺主義] / 105, 106
진화론(進化論) / 95, 183
질풍노도[狂飆運動, Sturm und Drang] / 106

ㅊ

창조적 전환[創造性轉化] / 41
초월성(超越性) / 34-37, 117, 187-192, 194, 195, 196-199, 20-210, 212, 213
내재(內在) — / 18, 37, 187, 190, 196, 206, 212, 213
외재(內在) — / 18, 37, 187, 213
초월인(超越因, causa transiens) / 205
최고선(最高善=圓善) / 54
치통(治統) / 215, 240, 241

ㅌ

타율(他律, Heteronomie) / 128, 130
토리당(脫利黨, Tory) / 176

ㅍ

프랑크푸르트학파[法蘭克福學派] / 16, 48, 49

ㅎ

학통(學統) / 21, 44, 45, 102, 215, 216, 221, 231, 234, 235, 243, 244, 245, 269, 270
한계개념[界限槪念] / 62
합리성(合理性)
가치(價値) — (Wertrationalität) / 47, 48
기술(技術) — / 48
목적(目的) — (Zweckrationalität) / 47, 48
실질(實質) — (matetile Rationalität) / 47, 48, 49
형식(形式) — (formale Rationalität) / 47, 48

해석[詮釋]
본질적[本質性] — / 200
유기적[機體性] — / 200
행위주의(行爲主義) / 95
현상(現象, Erscheinung) / 26-28, 44, 53, 54, 56-68, 70, 72-81, 84, 88, 104, 110, 114-119, 122, 179, 258
— 과 물자체[與物自身] / 63, 64, 65, 68, 70, 80, 88, 115, 117, 119
현실주의(現實主義) / 105
형이상학[形上學] / 53, 84, 121-123, 125, 144, 150-152, 155, 156, 169-171, 191, 194
도덕/도덕적[道德的] — / 52, 53, 84, 99, 100, 123, 124, 126, 127, 156, 211
도덕에 관한[道德底] — / 52, 53, 84, 100, 122, 123, 124
사변적(思辨的) — / 53, 156
실천적(實踐的) — / 84
자연에 관한[自然底] — / 122
초월적(超越的) — / 103
해탈적(解脫的) — / 84
환원주의[化約主義=歸約主義] / 45, 172, 243, 244, 246

지은이 소개

이명휘(李明輝)는 대만 중앙연구원(中央研究院) 중국문철연구소(中國文哲研究所) 연구원으로 있다. 독일의 본(Bonn) 대학에서 철학박사학위를 받았다. 주요 저작으로 『유가와 칸트』(儒家與康德), 『유가와 현대의식』(儒家與現代意識), 『칸트윤리학과 맹자 도덕사고의 중건』(康德倫理學與孟子道德思考之重建), 『맹자중탐』(孟子重探) 등이 있다.

옮긴이 소개

최대우(崔大羽)는 전남대학교와 동 대학원 철학과를 졸업하고 충남대학교 철학과에서 철학박사 학위를 받았다. 현재는 전남대학교 교수다. 저서로는 『이제마의 철학』(경인문화사, 2009), 『정다산의 경학』(민음사, 1989, 공저), 『유학사상』(전남대학교출판부, 광주고전국역총서, 1992, 공저) 등이 있으며, 편저로는 『형식논리학입문』(전남대학교출판부, 1986, 공편저) 등이 있다. 역서로는 『동의수세보원 역해』(경인문화사, 2012), 『유학사상 (연보집성)』(한국전산출판사, 광주고전국역총서, 1994, 공역)이 있다.

이경환(李敬煥)은 전남대학교와 동 대학원 철학과를 졸업하고 중국사회과학원에서 철학박사 학위를 받았다. 논문으로는 「老子의 道와 德의 關係에 관한 硏究」(碩士學位論文, 1993)와 「莊子的自由論」(博士學位論文, 2004)이 있다.

중국 현대 신유학의 자아전환

인 쇄 2013년 10월 10일
발 행 2013년 10월 15일

발행인 지병문
옮긴이 최대우 · 이경환
발행처 전남대학교출판부

등 록 1981년 5월 21일 제53호
주 소 500-757 광주광역시 북구 용봉로 77
전 화 062-530-0571~2
마케팅 062-530-0573
팩 스 062-530-0579
홈페이지 http://www.cnup.co.kr

가 격 13,000 원

ISBN 978-89-6849-056-9 (93150)

이 도서의 국립중앙도서관 출판시도서목록(CIP)은 e-CIP홈페이지(http://www.nl.go.kr/ecip)와 국가자료공동목록시스템(http://www.nl.go.kr/kolisnet)에서 이용하실 수 있습니다.
(CIP제어번호: CIP2013020561)